Lauren F. Winner

Zwei Welten meines Herzens

Der ungewöhnliche Weg einer Jüdin

BRUNNEN

VERLAG GIESSEN · BASEL

Für Jo Bailey Wells,
die für mich beides war:
Paulus und Apollos (1. Korinther 3,6)

und zur Erinnerung an
Iola Jimeson Cogdill (1909-1994)

Die amerikanische Originalausgabe erschien unter dem Titel
„Girl meets God: On the Path to a Spiritual Life",
published by arrangement with Algonquin Books of Chapel Hill,
a division of Workman Publishing Company Inc., New York
Copyright © by Lauren F. Winner

Deutsch von Wolfgang Schrödter

Wiedergabe der Bibelzitate, soweit nicht anders angegeben, nach:
„Hoffnung für alle" (Brunnen Verlag Basel und Gießen),
© 1996/2002 by International Bible Society

© der deutschen Ausgabe
Brunnen Verlag Gießen 2008
www.brunnen-verlag.de
Umschlagfoto: Abby Ayers
Umschlaggestaltung: Sabine Schweda
Satz: Die Feder GmbH, Wetzlar
Druck: GGP Media GmbH, Pößneck
ISBN 978-3-7655-1989-5

INHALT

Laubhüttenfest

Oxford in Mississippi

Als es seinerzeit in Mississippi nichts Alkoholisches zu kaufen gab, fuhren die Studenten der Universität Oxford und andere Oxforder mit Durst nach Memphis, direkt hinter der Grenze, deckten sich dort mit Bier und Whiskey ein und transportierten das im Kofferraum wieder nach Hause. Nach Memphis fuhr man auch, wenn man schickere Klamotten brauchte als die, die es beim Kaufhaus Neilson gab, oder wenn man Hummeln im Hintern bekam und sich in der engen, heißen Innenstadt eingesperrt fühlte oder tanzen gehen wollte. Für eine Cherry-Cola hingegen musste man nicht raus aus Oxford – die konnte man im Gathright-Reed-Drugstore mit zwei Strohhalmen zusammen trinken –, und um in die Kirche zu gehen, musste man auch nicht raus aus Oxford. Kirchen gibt es in Oxford reichlich: Baptisten, Methodisten, Pfingstler, Episkopalkirche, alles Mögliche.

Bis zu dieser Woche, wo ich wegen einer Tagung zur Geschichte des amerikanischen Südens hier weile, war ich jeweils exakt einmal in Oxford und einmal in Memphis, auf zwei verschiedenen Touren. Als meine Freundin Tova in Memphis geheiratet hat, war ich Brautjungfer, im Peabody, dem berühmten Hotel mit einem Brunnen drinnen, in dem Enten schwimmen und wo, wie es heißt, das Mississippi-Delta beginnt.

An Oxford kann ich mich weitaus schlechter erinnern – die Stadt war für mich Zwischenstopp auf einer ziemlich wilden Forschungsreise für meine Abschlussarbeit, ein Nebel aus Archiven und Oral-History-Interviews. Zu den Dingen, die man traditionell in Oxford tut, war ich nicht gekommen, wie etwa auf eine Tailgate Party vor einem Footballspiel zu gehen oder eine Ode an Faulkner zu rezitieren.

Mein Aufenthalt in Oxford wird sich diesmal wahrscheinlich nicht entspannter gestalten. Ich werde hier auf einer Tagung über die Bürgerrechtsbewegung einen Vortrag halten, und mein Terminplan ist schon allein damit voll ausgefüllt, im Konferenzraum zu sitzen und anderen Historikern zu lauschen. Die Tagung endet allerdings am Freitag, und ich werde noch bis Sonntagmorgen bleiben, weswegen ich vorhabe, am Samstag etwas zu machen, was typisch für Oxford ist. Dass ich den Samstag mit dem für Oxford am Typischsten überhaupt verbringen würde – nämlich nach Memphis zu fahren –, darauf wäre ich nicht gekommen.

Die Tagung ist insgesamt stressig. Stressig, weil ich mir wie der jugendlich unbeholfene Doktorand vorkomme, der all den berühmten Historikern einen Vortrag hält, darunter meinem Doktorvater und anderen Leuten, deren Bücher meine Regale füllen. Stressig, weil mein Kleid ein klitzekleines bisschen zu eng ist und ich es fertig gebracht habe, New York ohne ein einziges Paar Strümpfe im Gepäck zu verlassen. Stressig auch, weil einer der anderen Redner ein Verflossener von mir ist. Die Tagung ist klein, nur ein rundes Dutzend Teilnehmer; ich werde ihm unmöglich aus dem Weg gehen können.

Er heißt Steven; wie ich schreibt er gerade an seiner Diss, also an seiner Doktorarbeit. Wir haben eine Fernbeziehung über den Atlantik hinweg ausprobiert, Steven in Arkansas (wo er seinen Doktor macht) und ich in Cambridge in England (wo ich mit meinem Masterabschluss zugange war). Aber ich bin aus Gründen, die ich selbst noch immer nicht ganz verstehe, ausgeflippt und hab mich im Mai von ihm getrennt.

Das letzte Mal hab ich ihn vor sechs Wochen gesehen, Anfang August, ein ziemlich verkrampfter Nachmittag in Virginia. Er hatte in der Alderman Library zu tun und stattete mir einen Besuch daheim bei meiner Mutter ab, genau an dem Tag, als ich meine Sachen zusammenpackte, um nach New York zu ziehen. Ich war müde und unkonzentriert, wir haben uns gestritten, und er hat gesagt, ich würde ihn so anschreien, wie man jemanden anschreit, den man liebt, und ich habe das bestritten und er ist gegangen. Später hat meine Freundin Hannah mit spitzem Blick (wir haben zwar telefoniert, aber ich konnte spüren, wie spitz sie guckte) zu mir gesagt: „Das war sehr unklug von dir. Du hättest dich von ihm nicht zu einem Treffen überreden lassen sollen."

„Tja", habe ich gesagt. Das war alles. Mehr fiel mir dazu nicht ein.

Zwei Monate später rufe ich Hannah vom Flughafen aus an, diesmal bin ich auf dem Weg nach Mississippi. „Viel Spaß bei der Tagung", sagt sie, „ruf uns an, wenn du da bist." Dann setzt sie hinzu: „Pass auf, dass Steven dich nicht allein abpasst, wie neulich in Virginia."

Anfänglich ignoriert Steven mich, meidet jeden Augenkontakt, grüßt nicht; aber am zweiten Abend der Tagung gehen wir alle zu einem Empfang in der Episkopalkirche, und als ich eintreffe, hat er vom Rotwein schon leicht einen sitzen. Es ist das erste und einzige Mal, dass ich ihn annähernd betrunken erlebe. Er hat's in jungen Jahren ziemlich wüst getrieben, hat seit seinem zwölften Lebensjahr tagtäglich gekifft, hat auf offener Straße von Angel Dust das Bewusstsein verloren, hat nach Genuss von zu viel Bourbon den Wagen seiner Mutter zu Schrott gefahren, Antiquitäten und Lebensmitteldosen geklaut.

Einmal hatte einer seiner Freunde Geld bekommen, um damit Proviant für einen Ausflug der Jugendgruppe der Gemeinde zu kaufen. Steven und er haben das ganze Geld für Drogen ausgegeben und dann Lebensmittel im Gegenwert von 400 Dollar gestohlen: Schinken, kanisterweise Milch, Tüten voll Äpfel. Die zeitliche Abfolge der Geschehnisse ist immer ein bisschen verschwommen geblieben – ich bin mir nicht sicher, wann genau er mit seinen Gesetzesverstößen aufgehört hat, meine aber, während des Colleges. Seitdem wandelt er auf dem Pfad der Tugend. Und zwar zielstrebig. Raucht nicht. Ist nicht hinter den Röcken her. Trinkt nicht viel. Schwimmt jeden Tag. Isst zum Frühstück seinen Haferbrei mit Weizenkeimen.

Doch da steht er nun auf der Terrasse von St. Peter's Episcopal, kippt Rotwein und bekommt allmählich einen glasigen Blick, was ich weiß, weil er sich schließlich doch noch entscheidet, Blickkontakt mit mir aufzunehmen. Der Blick ist Einladung genug. Ich gehe zu ihm hin, und wir reden über dies und das, wie geistreich seine Arbeit gewesen ist, ob er vorhat, mich für den Rest unseres Berufslebens zu ignorieren. Als alle zum Dinner nach drinnen gehen, bleiben wir draußen und reden, schließlich verkrümeln wir uns durch den Hinterausgang der Kirche und entdecken ein Restaurant, wo ich einen Gimlet trinke und das beste Hühnchen seit Monaten esse. Danach gehen wir zu Faulkners Grab – eine spannende original Oxforder Aktion –, und Steven, der sich bei so was auskennt, sagt, dass man an Faulkners Grab zu seinen Ehren Bourbon trinken muss.

Wir suchen uns also einen Getränkeladen und kaufen eine winzige Flasche Maker's Mark, die Art, wie man sie im Flugzeug bekommt, danach setzen wir uns an den Grabstein. Ich friere leicht in der Septemberluft, muss daran denken, wie Willie Morris im Sommer gestorben ist und wie mein Freund Pete, der sich seinerzeit in Jackson aufhielt, zu Ehren von Willie Morris eine Flasche George Dickel getrunken hat und danach in die Buchhandlung gegangen ist und einen seiner Romane gekauft hat. Ich denke darüber nach, dass Faulkner hier neben seiner Frau begraben liegt, obwohl ihre Ehe ziemlich erbärmlich war. Und ich denke darüber nach, wie sehr Steven mich liebt, und ich versuche mich daran zu erinnern, warum ich mich eigentlich von ihm getrennt habe. Genau das hat Hannah wahrscheinlich befürchtet.

„Was machst du Sonntag?", frage ich. Ich erinnere mich vage, dass Steven vor ein paar Monaten gesagt hat, er wolle vielleicht nach Hattiesburg, um da zu arbeiten, und wenn er das immer noch vorhat, gehe ich vielleicht mit. Ein Tag in den Archiven von Hattiesburg kann nie schaden, und das wäre auf jeden Fall besser, als allein und ohne Auto in Oxford zu sitzen, vor allem, wo ich das Thema Faulkner jetzt schon erledigt habe.

„Ich habe vor, nach Memphis zu fahren", sagt er.

„Super, was hast du vor?"

„Es gibt da so eine Kirche, in der ich im August war und wo ich noch mal hinwollte."

„Aber Steve, morgen ist Samstag. In die Kirche geht man sonntags."

Er räuspert sich und hustet. „Das ist eine messianisch-jüdische Gemeinde. Die versammeln sich samstags, weißt du."

Natürlich weiß ich das. Schließlich bin ich Jüdin. Unzählige Samstage habe ich bei Gottesdiensten in Synagogen aller Art verbracht. Auf besagter Hochzeit in Memphis waren Unmengen orthodoxer Juden, koscher lebende, Sabbat haltende, einfach angezogene Orthodoxe, die hebräische Lieder sangen und ekstatische, wirbelnde, getrenntgeschlechtliche Tänze tanzten; die Hochzeit fand sonntags statt, und ich hatte den vorherigen Morgen mit vertrauten Gebeten auf der Frauenempore der orthodoxen „Schul" von Memphis verbracht.

Das war, bevor ich Jesus nachgab, eingestand, dass ich die

ganzen Jahre mit ihm so gestritten hatte, wie man sich mit jemandem streitet, den man liebt; bevor ich meine Sünden bekannt hatte und mich hatte taufen lassen. Über jüdische Gottesdienste am Samstag wusste ich Bescheid. Das ist eine von den Sachen, die man weiß, wenn man Teil jenes Olivenbaums ist, auf den all die anderen Christen aufgepfropft worden sind.

Evangelikale Freunde von mir versuchen immer, die Kanten von dem wegzufeilen, was sie als „mein Zeugnis" bezeichnen, um eine ordentliche Wiedergeburtsbekehrungsgeschichte daraus zu machen. Sie würden gerne ein genaues Datum hören, ja sogar die genaue Uhrzeit, und ich weiß nie, was ich ihnen sagen soll. Die datierbare Bekehrungsgeschichte hat eine ehrwürdige Geschichte. Paulus, der berühmteste Jude, der Jesus annehmen sollte, begründete den Prototyp der dramatischen, datierbaren Wiedergeburt. Er war, so Lukas, auf der Straße nach Damaskus unterwegs, um die eifernden Jünger des noch nicht lange toten Zimmermanns zu verfolgen – da erschien Jesus ihm, und aus dem Verfolger wurde der Anhänger Paulus. Jahrhunderte später besuchte John Wesley, der Begründer des Methodismus, eine Zusammenkunft an der Aldersgate Street in London; er hörte Luthers Vorrede zum Römerbrief und ihm wurde „seltsam warm ums Herz". In diesem Moment, so Wesley später in seinem Tagebuch, „wurde ich inne, dass ich für das Heil meiner Seele wirklich auf Christus vertraute, auf Christus allein. Dazu wurde mir die Gewissheit geschenkt, dass er meine Sünden, ja gerade die meinigen, weggenommen und mich vom Gesetz der Sünde und des Todes erlöst habe".

Auch weniger hervorragende Menschen haben dramatische Bekehrungsgeschichten. Meine Physiklehrerin las eines Tages in der Küche sitzend das Markusevangelium, als ihr mit einem

Mal klar wurde, dass Jesus Gott war und für ihre Sünden gestorben war. Mein Freund Tim vertraute sein Leben Christus im Alter von vier Jahren auf einer Tagung bei Bibletown in Florida an. Er hatte ein Puppenspiel gesehen, in dem gezeigt wurde, wie Jesus einem ans Herz klopft. Er öffnete es also und ließ ihn ein.

Diesem Muster folgt meine Geschichte eher schlecht als recht. Ein Literaturwissenschaftler würde sagen, dass die „Erzählung" zu viele „Brüche" hat. Er würde allerdings vielleicht auch sagen, dass die Brüche an einem Text das Interessanteste sind, dass wir nur durch sie etwas Neues erfahren.

Ich habe kein Damaskuserlebnis gehabt. Ich kann meinen Freunden nicht erzählen, ich sei am 8. Januar 1993 Christin geworden, oder an meinem zwanzigsten Geburtstag. Ich kann ihnen allerdings sagen, dass ich als Jüdin aufgewachsen bin. Ich kann ihnen davon erzählen, wie ich mal geträumt habe, dass Jesus mich aus den Händen eines Entführers rettete; ich kann ihnen erzählen, wie ich mir beim Wachwerden ganz sicher war, so sicher wie nie zuvor bei etwas anderem, dass Gott mir den Traum geschickt hatte und es darin um Jesus ging, darum, dass er wirklich und wahrhaftig war. Ich kann ihnen erzählen, wie ich „Daheim in Mitford" gelesen habe, einen charmanten, wenngleich etwas süßlichen Roman um einen Pfarrer der Episkopalkirche in North Carolina, einen Roman, der bei mir die Sehnsucht nach etwas weckte, das Christen zu haben schienen. Ich kann ihnen von meiner Taufe erzählen.

Ein paar Jahre nach dem Traum und ein Jahr vor meiner Taufe saß ich mit einem presbyterianischen Pfarrer zusammen, den ich seit meiner ersten Woche als Studentin an der Columbia Universität in New York kenne. Wir tranken gemeinsam Cidre, der mir fast die Zunge verätzte. „Pfarrer Mike", sagte ich, „ich glaube, ich fange an, an Jesus zu glauben."

Schweigend nippte Pfarrer Mike an seinem Glas. Schließlich

sagte er: „Laura, du weißt, dass du dich nicht einfach vom Judentum scheiden lassen kannst."

Ich hatte das Gefühl, einen Tritt in die Magengrube bekommen zu haben. Pfarrer Mike legte mir dringend nahe, mit dem Campus-Rabbiner zu sprechen, und sagte dann: „Als du mich gebeten hast, mich mit dir zu treffen, wäre ich nie auf die Idee gekommen, dass du dich mit mir über den christlichen Glauben unterhalten willst. Ich hatte eher vermutet, dass du dich mir gegenüber als Lesbe outen würdest." Was zu einer Uni, die von Antidiskriminierungspolitik förmlich besessen ist, vielleicht eher gepasst hätte als eine jüdische Studentin, die über Jesus klönt.

Ein paar Wochen darauf bin ich zum Buchladen der Theologischen Fakultät gegangen und habe ein „Book of Common Prayer" (das offizielle Gebetbuch für den anglikanischen Gottesdienst; d. Übers.) gekauft. Es kam mir wie das Mutigste und Frechste vor, was ich gemacht hatte. Am Tag darauf habe ich meine jüdischen Gebetbücher komplett verschenkt. Ich hab sie einfach in der Nähe einer Schul auf die Treppe gelegt, wie in früheren Zeiten vielleicht eine unverheiratete Mutter ihr Baby auf den Stufen eines Waisenhauses abgelegt hätte.

Seit jenem Morgen habe ich nicht mehr mit Pfarrer Mike gesprochen. Drei Jahre ist das nun her. Ich habe ein, zwei Mal versucht, ihm einen Brief zu schreiben, um ihm zu sagen: *Sie haben mich mit diesem Scheidungs-Spruch, den Sie so locker über Ihren Streuselkuchen weg gesagt haben, ziemlich fertiggemacht.* Aber irgendwie wurde nichts aus dem Brief. Ich kam bis: *Lieber Pfarrer Mike, erinnern Sie sich noch an unser letztes Gespräch, in der ungarischen Konditorei,* und weiter kam ich nicht.

Pfarrer Mikes Metapher war durchaus brauchbar, wie ich später feststellte: Mein hebräisches Gebetbuch gegen ein „Book of Common Prayer" einzutauschen, war für mich wie die

Scheidung einreichen. Mir fiel dafür kein besserer Begriff ein. Je christlicher ich wurde, desto weniger wollte ich mit dem jüdischen Glauben zu tun haben. Jede neue christliche Gewohnheit, jeder Kauf, jedes Gebet wurde vom Verlernen einer jüdischen Gewohnheit begleitet, jedes Mal wurde ein jüdisches Gebet kassiert. Mein Geschirr für den Sabbat und einen meiner Gebetsschals spendete ich einer Synagoge. Ich schlug mir den Bauch mit Hummer voll und betrank mich an der trockensten, teuersten Flasche Amarone, die ich im Laden finden konnte. Kistenweise habe ich jüdische Lyrik des sechzehnten Jahrhunderts und hebräische Thora-Kommentare an einen Buchladen in Chapel Hill verkauft. Ich bekam eine E-Mail von meiner Freundin Leah, die damals Judaistik in Durham studierte. „Ich hab gerade aus einem Antiquariat an der Franklin Street für einen Spottpreis eine ‚Mikraot G'dolot' mitgenommen. Innen drin steht der Name ‚Lauren Winner' – sag mal, das bist nicht zufällig du?" *Warum* ich meine Bibliothek verkaufe, hat sie aber nicht gefragt.

Die einzige jüdische Angewohnheit, die ich nicht ablegen konnte, war *Challa* zu backen. Jeden Freitag backte ich aus Vollkornweizenmehl zwei unförmige geflochtene Brote, ein Rezept, das mir meine Freundin Simone beigebracht hatte. Ein paar Wochen vor meiner Bat-Mizwa (der Feier anlässlich der religiösen Mündigkeit eines jüdischen Mädchens; d. Übers.) hatten wir einen langen Nachmittag damit verbracht, in ihrer Küche Challa zu backen. Diese Challa haben mir den Weg aufs College geebnet: In meinem Aufnahmeaufsatz ging es ums „Brotbacken als feministische Erfahrung", um Frauen, die in der Küche geheimes Wissen von einer zur nächsten Generation weitergeben.

Ziemlich anspruchsvoll, dachte ich damals, mit fünfzehn. Sechs Tassen Mehl, vier aufgeschlagene Eier, ein Päckchen Hefe, das in lauwarmem Wasser aufgelöst wird, etwas Butter, Mohnsamen für obendrauf, wenn man das mag, oder zu Rosch Haschana, dem jüdischen Neujahrsfest, Rosinen für drinnen, zur Erinnerung daran, dass das neue Jahr süß ist. Alles vermengen, einen Teil des Eis beiseite stellen, um am Schluss den Teig zu bestreichen. Verkneten und in einer gut geölten Schüssel an einem warmen Ort gehen lassen. Wenn der Teig zur doppelten Größe aufgegangen ist, nochmals durchkneten. Danach den Teig in Strähnen teilen und flechten. Im Rohzustand sieht der Zopf immer besser aus als nach dem Backen, genauer: perfekter.

Eine Scheidung ist kein Kinderspiel. Mich verbindet immer noch viel mit dem Judentum, so wie auch meine Eltern noch einiges verbindet. Sie sind zwar nicht mehr verheiratet, aber sie haben gemeinsame Töchter, und von daher sehen sie sich noch immer zuweilen, bei Hochzeiten und College-Abschlussfeiern, und manchmal telefonieren sie miteinander, zum Beispiel um mir oder meiner Schwester ein teures Geburtstagsgeschenk zu kaufen.

Ich habe zwar alle meine jüdischen Bücher verschenkt und auch alle jüdischen Gewohnheiten abgelegt, dennoch musste ich im Zusammensein mit Christen feststellen, dass das Judentum meine Sicht auf den christlichen Glauben prägte. Es wirkte sich darauf aus, wie ich die Bibel las, wie ich über Jesus dachte, wie ich verstand, was er meinte, wenn er vom „Joch des Gesetzes" sprach. Manchmal erwischte ich mich dabei, jüdische Lieder zu singen. Ich hatte gedacht, alles Jüdische weggegeben zu haben, musste aber feststellen, dass das nicht stimmte. Ich hatte bloß ein paar Bücher, die kleinen Kapseln mit Bibelversen für den Türpfosten und Kerzenleuchter weggegeben, nicht aber meine Sicht auf die Welt oder die Wörter, die ich für Gott kannte. Und beide waren in erster Linie jüdisch.

Kurz nachdem ich mir das „Book of Common Prayer" zugelegt hatte, ging ich nach England, um dort am Clare College in Cambridge meinen Master in Geschichte zu machen. In Cambridge wurde ich getauft und konfirmiert, dort empfing ich mein erstes Abendmahl, erlernte ich christliche Liturgie und Choräle. In Cambridge lernte ich auch, einfache Sätze wie „Ich bin Christin" oder „Ich geh jetzt in die Kirche" zu sagen.

Als ich zwei Jahre später nach New York zurückkehrte, um dort meine Diss zu schreiben, musste ich noch etwas anderes lernen: In einer Gegend, in der ich allgemein als Jüdin bekannt war, Christin zu sein. Ich wusste nicht, wie ich jüdischen Freunden beibringen sollte, dass ich Christin geworden war, wusste nicht, wie ich alten Profs erklären sollte, dass ich jetzt an Rosch Haschana und Jom Kippur an Lehrveranstaltungen teilnehmen konnte, wusste nicht mal, was ich meiner anpassungsfähigen katholischen Bekannten sagen sollte, die aus Freude über meine Rückkehr in einem koscheren Restaurant in der East Side für uns hatte Plätze reservieren lassen.

Unmittelbar nach dem Labor Day, knapp drei Wochen, nachdem ich wieder nach New York gezogen war, fuhr ich nach Baltimore, um mich dort mit einem Ehepaar zu treffen, Juden, die zu Episkopalen geworden waren (Mitgliedern der anglikanischen Kirche im Ausland, die dort „Episkopalkirche" heißt; d. Übers.). Wir saßen verlegen in der Küche ihres sanierten viktorianischen Haus, tranken Kaffee und machten Small Talk. Sie wussten nicht so recht, warum ich eigentlich da war, und ich konnte es auch nicht erklären. Schließlich stieß ich hervor: „Jedes Mal, wenn mir jemand mit einem Samtkäppchen begegnet, verstecke ich mein Kreuz in meiner Bluse. Freitagabend habe ich mich sogar hinter einem Obstkarren versteckt, weil ich eine alte Freundin vom College erblickt hatte – sie kam offensichtlich vom Sabbatgottesdienst, und genauso offensichtlich war ich zu einem hiesigen Italiener unterwegs, wo ich so verbotene Dinge tun wollte wie am Sabbat Geld auszugeben und Scampi und Prosciutto zu essen."

„Ach", sagte die Frau. „Jetzt verstehe ich. Sie sind uns besuchen gekommen, weil Sie herauszufinden versuchen, wie Sie Ihr Leben wieder auf die Reihe bekommen können."

Im Zug von Baltimore zurück nach New York fasste ich ein paar Entschlüsse: Ich würde ein hebräisches Gebetbuch kaufen, meine Freundin Tova anrufen, der ich seit meinem Kircheneintritt aus dem Weg gegangen war, und ich würde eine messianisch-jüdische Synagoge besuchen.

Messianisch-jüdische Synagogen sind die geistliche Heimat von Juden, die zwar Christen geworden sind, aber einige jüdische Gebräuche beibehalten haben. Der Gottesdienst findet samstags statt, bisweilen wird auf Hebräisch gebetet, man beachtet einen Teil der jüdischen Festtage. Ihre Männer tragen Gebetsschals und schwarze Käppchen. Ihre Frauen kleiden sich züchtig und bedecken manchmal ihr Haar.

Ich habe messianische Juden lange gehasst. Am liebsten wäre ich immer laut schreiend vor ihnen weggerannt. Dieser Hass ist keine besonders christliche Regung, aber ich verspürte ihn trotzdem. Sie haben mich immer genervt, sind mir auf den Senkel gegangen. Am liebsten würde ich sie schütteln und sagen: „Entscheidet euch! Sucht euch eine Religion aus!" Doch im Zug von Baltimore wurde ich von einer jähen Sympathie durchdrungen. Diese Entscheidung ist gar nicht mal so einfach. Es ist nicht leicht, all sein Judentum am Fuß des Kreuzes abzulegen. Vielleicht wissen messianische Juden etwas, was ich nicht weiß.

Man hätte es also für Vorsehung halten können, als Steven am Grab von Faulkner meinte, dass er vorhabe, den Samstagmorgen in der Brit Hadascha, Heimat der messianischen Juden von Memphis, zu verbringen.

Wie sich herausstellt, ist auch Tova an diesem Wochenende, dem Wochenende meiner Historikertagung, in Memphis. Sie besucht zu Sukkot, dem Laubhüttenfest, ihre Familie. Auf der Fahrt von Oxford male ich mir aus, ihr über den Weg zu laufen. Ich weiß, dass das nicht passieren wird, weil sie bei ihren Eltern und in der Schul festhängt, meilenweit von der Brit Hadascha entfernt, wo sie in der Sukka (der Laubhütte; d. Übers.) der Familie das Festessen ihrer Mutter isst und meine Lieblingssabbatlieder singt.

Sukkot gehört auch zu den Dingen, auf die ich wegen Jesus verzichte. Genau wie auf Purim, das ich ganz großartig finde, und auf die *Kaschrut* (die jüdischen Speisegesetze; d. Übers.), die ich auch großartig finde, und darauf, am Neujahrstag Challa in Honig zu stippen, was ich nicht minder großartig finde. Und das alles, weil ich von einem entschlossenen Zimmermann aus Nazareth umgarnt worden bin. Ich werde immer wieder gefragt, ob ich denn das Judentum nicht vermisse. Natürlich vermisse ich es. Ich vermisse Purim, die Challa und wie jeder Bissen, den man sich in den Mund steckt, von den Kaschrut geheiligt wird. Und vor allem vermisse ich es, in einer Sukka zu sitzen.

Wie wir Sukkot zu feiern haben, sagt uns Gott in Exodus/ 2. Mose 23, Levitikus/3. Mose 23 und Deuteronomium/ 5. Mose 16. Als Erstes lernen wir: „Ihr sollt feiern", zu Gottes Ehre, „wenn die Ernte eingebracht ist." Danach lernen wir, dass das Laubhüttenfest am 15. Tag des 7. Monats beginnt und sieben Tage dauert. Während des Festes „sollt ihr in Laubhütten wohnen; das gilt für alle Israeliten im Land. So behalten eure Nachkommen für alle Zeiten im Gedächtnis, dass ich, der Herr, euch Israeliten in Laubhütten wohnen ließ, als ich euch aus Ägypten führte". Und die Bibel gebietet uns Sukkot-Freude: „Es soll ein fröhliches Fest werden. Feiert zusammen mit euren Kindern und euren Sklaven, mit den Leviten und den Ausländern, mit Witwen und Waisen!"

Zu Sukkot errichten jüdische Familie für sich eine Hütte, die Sukka, zur Erinnerung an die Sukkot (Pluralform von Sukka; d. Übers.), in denen die Juden während ihres vierzig Jahre währenden Aufenthalts in der Wüste wohnten. Wie diese allerersten Hütten ausgesehen haben, wissen wir allerdings nicht genau. Der Talmudgelehrte Rabbi Akiba meint, dass die ursprünglichen Sukkot wacklige Angelegenheiten aus Zweigen, Rinde und Kaktusstacheln waren, während ein anderer Rabbi namens Elieser sagt, dass die Sukkot um einiges stattlicher waren – sie waren „Wolken der Herrlichkeit", welche die Juden auf ihrem gesamten Zug durch die Wüste begleiteten, sie vor den Tieren der Nacht schützten und ihnen halfen, sich nicht zu verirren.

Heutzutage ist die Sukka meistens ein zweieinhalb Meter hoher und breiter Sperrholzwürfel, der mit Nägeln und Schnüren zusammengehalten wird. Das Dach wird mit Zweigen gedeckt (die Sterne müssen allerdings hindurchscheinen können), und dann lädt man Nachbarskinder ein, die Hütte mit Bildern auszustaffieren. Sämtliche Mahlzeiten und Getränke werden in der Sukka eingenommen, und manchmal schläft man sogar darin. Ich vermisse Sukkot, weil man einiges über die Abhängigkeit von Gott lernt, wenn man in der Hütte hockt, zum Beispiel, dass selbst die Wände deines gemauerten Hauses nicht unbedingt stabil sind. Was sich auch bei diversen Hurricans bestätigt hat. Der Trick besteht darin, das in der Sukka Gelernte zu nehmen und sich dessen zu entsinnen, wenn die wacklige Hütte zerlegt ist und man seine Mahlzeiten wieder in der geräumigen Küche seines Reihenhauses zu sich nimmt.

Während des Gottesdienstes in der messianisch-jüdischen Brit Hadascha stelle ich mir vor, hinterher einfach bei Tova zu Hause vorbeizufahren, mich in die Sukka ihrer Familie plumpsen zu lassen und mit ihnen Mittag zu essen. Ich male mir aus, mich da draußen in der Sukka über eine Tischdecke aus Spitze zu beugen, über Festtagsdinge zu reden, in die Wolken und den Himmel zu spähen, durch die Zweige und Blätter über mir.

Natürlich überfallen Steven und ich am Ende die Sukka doch nicht. Wir fahren stattdessen in die Stadt und gehen Barbecue essen.

Die Brit Hadascha ist ein unscheinbarer Bau. Wenn man nicht wüsste, dass der Name „Neuer Bund" bedeutet, könnte man ihn ohne Weiteres mit einer Reformsynagoge verwechseln. Steven und ich bleiben ein paar Minuten in seinem grünen Zweitürer sitzen und gucken zu, wie sich der Parkplatz mit der üblichen Mischung aus Vans, SUVs, ramponierten Hondas und alten Volvos füllt. Ich sehe Wagenladungen von lachenden Frauen und Kindern in die heilige Stätte stolzieren und frage mich, was ich hier eigentlich tue? Hätte ich das nicht anonym in New York machen können? Habe ich wirklich gedacht, es sei eine gute Idee, den Samstag mit meinem Ex-Freund in einem messianisch-jüdischen Gotteshaus zu verbringen? Meine Hände zittern. Ich erwäge, im Wagen sitzen zu bleiben und zwei Stunden lang einen Roman zu lesen, während er hineingeht und betet.

Steven reißt mich aus meinen Träumen. „Ich find's hier gut, weil die Leute Außenseiter sind", sagt er. „Die gehören nirgendwo dazu – nicht zu den Juden und nicht zu den Christen. Christ zu sein bedeutet, Außenseiter zu sein, Lauren; es bedeutet, nirgends auf dieser Welt dazuzugehören. Deine Episkopalen sind keine Außenseiter."

Beim Hineingehen werden wir von einer Frau mittleren Alters mit kurzem grauen Haar und baumelnden Ohrringen begrüßt. „Guten Schabbes. Willkommen in der Brit Hadascha. Sind Sie zum ersten Mal hier?"

Steven antwortet umständlich, dass er schon mal an Rosch Haschana da gewesen sei, während es bei mir das erste Mal ist. „Und woher kommen Sie?"

Bevor er noch eine umständliche Antwort geben kann, sage ich schnell „Arkansas", denn da lebt Steven, nehme meine Neuer-Gast-Karte und gehe mir einen Sitzplatz suchen.

Ein Mann mit Gebetsschal steht vor einem Podest am Ende des Raumes, neben ihm ein kleiner Chor, und lässt die Gemeinde Lieder singen, die auf Folie gedruckt sind und auf eine große Leinwand projiziert werden. In der Ecke des Raums tanzen Frauen im Kreis, eine Variante irgendeines jüdischen Volkstanzes. Das trifft mich jetzt nicht unvorbereitet. Ich habe eine neuere Ethnografie über eine Gemeinde messianischer Juden gelesen, und der Autor erklärt, dass Tanz ein wichtiges Element messianischer Gottesdienste ist. Ich verspüre einen unerwarteten Drang mitzumachen. Die Tänze ähneln denen bei Tovas Hochzeit. Eine Gruppe Anglikaner, die jüdische Volkstänze liebt, habe ich bis dato noch nicht gefunden.

Der Gottesdienst besteht in erster Linie aus Liedern, dazwischen gibt's immer wieder mal ein kleines spontanes Gebet. Von Sukkot kein Wort. Dass heute Sukkot ist, scheint nicht im Ansatz Teil dieses Gottesdienstes zu sein. *Warum sich überhaupt die Mühe machen, sich jüdisch zu geben,* frage ich mich genervt, *wenn man sich nicht zum Rhythmus des jüdischen Kalenders bewegt?* Seit meiner Taufe habe ich zu lernen versucht, nach dem christlichen Jahreskreis zu leben, Adventszeit, Fastenzeit, doch bisher denkt mein Körper noch immer in Begriffen des jüdischen Festkalenders.

Dass Sukkot so gar nicht vorkommt, ist nur ein Punkt von vielen, die mich am Gottesdienst ärgern. Mich ärgern die pinken Satin-Kippas, die direkt aus den 80ern aus einer Reform-Synagoge stammen könnten. Mich ärgern die gold-violetten Spruchbänder, auf denen groß „Yeshua" steht („Jeschua" ist die hebräische Form für „Jesus"; d. Übers.). Und mich ärgert die Musik. Statt die tief bewegenden Melodien zu singen, die jedem zur Auswahl stehen, der sich auch nur beiläufig mit der jahrhundertealten Chortradition auskennt, sind die Leutchen in der Brit Hadascha anscheinend mit Liedern zufrieden, die sich so anhören, als ob sie aus dem Lobpreisliederbuch irgendeiner evangelikalen Freikirche stammten, nur mit ein bisschen Hebräisch als Dreingabe.

Genauso kommt mir das den ganzen Morgen vor: Dass das Judentum der Brit Hadascha nur Rosinen sind, die man noch mit in den Kuchenteig gegeben hat – man schmeckt sie, aber der Kuchen wird dadurch nicht anders. Der Gottesdienstablauf hat nicht das Geringste mit der jüdischen Liturgie zu tun, und ich vermag nicht zu sagen, ob meine Mitbeter glauben, dass sie durch ihr Jüdischsein einen anderen Zugang zu Jesus bekommen als jeder x-beliebige Presbyterianer. Hebräisch hinzugeben und dann gut umrühren. Ich langweile mich und gebe damit an, dass ich nicht die Übersetzungen von der Leinwand vorne ablesen muss, mache die Augen beim Singen fest zu, damit Steven und alle anderen es auch ja mitbekommen.

Hin und wieder bete ich im Stillen, der Heilige Geist möge mich so lange von meinen Vorurteilen abhalten, bis ich begreife, dass diese Menschen den auferstandenen Herrn anbeten, aber eigentlich möchte ich gar nicht, dass mein Gebet erhört wird.

Sukkot findet am Ende der Reuezeit statt, nach Jom Kippur, dem Versöhnungstag, und zwei Wochen nach Rosch Haschana, dem jüdischen Neujahrsfest. Zur Versöhnung sprechen die Juden spezielle Bußgebete, genannt *S'lichot*. Die S'lichot fangen um Mitternacht am Samstag vor Rosch Haschana an, denn die

Rabbinen wussten, dass der Himmel um Mitternacht am weitesten für Gebete offensteht. Zu den S'lichot-Gebeten gehört auch eines, das man an Rosch Haschana wiederholt, sowie an allen Tagen zwischen Rosch Haschana und Jom Kippur und auch noch mal zu Jom Kippur selbst, beim Endgericht Gottes darüber, wer leben und wer sterben wird, wem er vergeben und wen er strafen wird: *Adonai, adonai el rachum w'chanun …* – „Der Ewige, der Ewige, Gott, barmherzig und gnädig, nachsichtig, von unendlicher Liebe und Treue; bewahrt Gnade bis in die tausendste Generation, vergibt Verkehrung, Eigensüchtigkeit und Verfehlung und verzeiht." Das ist eine Liste, die aus dem 34. Kapitel des 2. Buch Mose stammt, aus Gottes dreizehn Eigenschaften, Eigenschaften, die den Rabbinen zufolge während der Reuezeit am hellsten strahlen.

Das Gebet, mit dem Gott nicht an unsere Verdienste, sondern an seine Fähigkeit, uns unsere Sünden nachzusehen, erinnert wird, singt man zu einer besonders ergreifenden Melodie, meinem Lieblingslied aus der ganzen Chorliteratur. Es steht in einer Molltonart, die Melodie wiederholt sich immer wieder, klageliedartig, und es wird erzählt, dass die Juden es auf dem Weg in die Gaskammern von Treblinka und Sobibór sangen.

In der Brit Hadascha singen wir ein größtenteils englisches Lied mit einem Schuss Hebräisch, das auch auf jenem S'lichot-Gebet basiert, doch ist die Melodie schwungvoll, mit Rhythmus und Pep. Mitten im Lied schleiche ich mich aus dem Saal und begebe mich, durch den Kreis tanzender Frauen hindurch, auf die Damentoilette, wo ich in den Spiegel starre und nachdenke. Ich möchte, dass dieser Gottesdienst organisch ist und ohne Makel, doch leider kann man die Nähte überall erkennen. Welcher Teil von mir auch immer in der Hoffnung, den Schlüssel zur Verbindung von Judentum und Kreuz zu finden, in die Brit Hadascha gekommen ist – er ist enttäuscht worden. In einer Kirche, die meint, sich durch *Adonai el rachum w'chanun* zu klatschen und zu schellentrommeln, sei eine gute Idee, werde ich keine Antworten finden. „Wahrscheinlich hasse ich sie deswegen", sage ich laut zu meinem Spiegelbild. „Ich hasse sie bestimmt, weil ich von ihnen ein Rezept dafür haben möchte, wie ich christliche Jüdin sein kann, und weiß, dass ihr Rezept niemals mein Rezept sein wird." Nach geradezu unanständig langer Zeit in der Toilette kehre ich auf meinen Platz neben Steven zurück und lasse noch mehr Lobpreis, eine Thoralesung und die Predigt über mich ergehen. Auf der anderen Seite des Mittelganges lächelt mich ein Mädchen mit Strohhut an und tanzt einen kleinen Tanz.

Der Rabbi ist gerade mitten in einer Predigtreihe über das Buch Josua. „Das ist doch mal eine erfreuliche Abwechslung", flüstere ich. „Eine ganze Predigtreihe über irgendwas aus dem Alten Testament. In einer normalen Kirche bekäme man so was nicht zu hören." Steven pscht mich, und meine Lieblingsvolksrede: „Christen meinen, die Bibel fängt erst mit Matthäus an" bleibt ungeschwungen.

In der Predigt geht es um Kapitel 7. In Kapitel 7 stiehlt Achan aus dem Stamm Juda Silber, Gold und ein prächtiges Gewand; Josua bringt Achan in ein Tal, und dort wird er gesteinigt. Von da an trug das Tal laut Josua den Namen Achor, „Unglück".

Der Rabbiner liest dieses Kapitel so vor, wie Rabbis aus dem Talmud, der Zusammenstellung der jüdischen mündlichen Überlieferung aus dem 15. Jahrhundert, lesen. „Wo wird das Tal Achor noch in der Bibel erwähnt?", fragt er. Das ist eine bei Rabbinern beliebte Strategie: Wenn ein Wort nur ein- oder zweimal vorkommt, dann sagt uns Gott damit, dass wir bei der einen Erwähnung des Wortes auch an die anderen Stellen, in denen es vorkommt, denken sollen. Zum Beispiel haben die Rabbinen so herausbekommen, welche Tätigkeiten am Sabbat verboten sind. Es gibt im Hebräischen zwei Wörter für „Arbeit", *awodah* und *melacha*. *Awodah* findet sich häufig in der Thora, wohingegen *melacha* von Gott nur zweimal benutzt worden ist – in der Liste mit den 39 Tätigkeiten, die beim Bau der Stiftshütte verrichtet wurden, und in den Versen, die verbieten, dass man am Sabbat arbeitet, zum Beispiel Exodus 31,15: „Sechs Tage könnt ihr arbeiten, aber der siebte Tag ist ein Ruhetag, der mir, dem Herrn, geweiht ist." Die Rabbinen kamen zu dem Schluss, dass er an diesen beiden Stellen *melacha* verwendet hat, damit wir eine Verbindung zwischen ihnen herstellen: Die Stiftshüttentätigkeiten müssen jene Tätigkeiten sein, die am Sabbat verboten sind.

Achor taucht in Josua auf, und dann wieder in Hosea 2,17, wo Gott verspricht, aus dem Tal Achor ein Tor der Hoffnung zu machen. „Und was meint Gott damit?", fragt der Rabbiner in der Brit Hadascha jetzt, „wenn er davon spricht, das Tal Achor, dieses Unglückstal, in ein Tor der Hoffnung zu verwandeln? Das verrät er uns in Johannes 10,9, wo Jesus verkündet: ‚Ich bin das Tor. Wer durch mich hineingeht, wird gerettet werden.' (Übers. Neues Leben, alle anderen deutschen Übersetzungen haben „Tür"; d. Übers.). Das in Hosea verheißene Tor, eine Verheißung, die wiederum auf Josua zurückverweist, war Jesus, das einzige Tor, das das Unglück von Achor rückgängig machen kann."

Seine Auslegung ist glänzend. Ich bin geblendet. Seit ich Christin geworden bin, habe ich niemanden mehr die Heilige Schrift auf diese speziell rabbinische Art auslegen hören. Der Rabbi hat das Gleiche gemacht wie die Rabbinen des Talmuds, als sie die Sabbatverbote aus dem Wort *melacha* herausquetschten. *Es hat doch was Jüdisches hier,* denke ich, *das Wichtigste von allem Jüdischen. Sie lesen wie Juden.*

Ich bin dermaßen frappiert davon, wie der Rabbi Altes und Neues Testament verknüpft hat, dass ich fast nicht mitbekomme, was als Nächstes passiert – ein Altarruf. „Wenn irgendwer hier den Herrn nicht kennt", sagt der Rabbi, „so möchte ich ihn einladen, nach vorn zu kommen und mit mir zu beten und unseren Erlöser in sein Leben hereinzubitten." Wir hätten auch bei Billy Graham sein können. Steven weint während des Altarrufs, vornübergebeugt auf seinem Stuhl, weint, als ob ihm soeben die allertraurigste Nachricht der Welt mitgeteilt worden wäre – wo ihm doch in Wahrheit etwas sehr Wundervolles gesagt worden ist, nämlich dass Jesus gestorben ist, um für seine Sünden zu büßen. Er schluchzt, ich habe eine Hand in sein Kreuz gelegt, eine Wange an sein Schulterblatt gedrückt sitze ich neben ihm. Ich bitte den Heiligen Geist darum, in seinem Herzen einen Laden aufzumachen, und sehe zugleich erstaunt, was der Heilige Geist alles schon bewirkt hat.

Das Paar hinter uns schreit, bombardiert die Worte des Rabbis mit *Amen*-Rufen, wie schwarze Baptisten. Niemand reagiert auf den Altarruf, was ich nicht verwunderlich finde, aber auch ein bisschen traurig. So ein Altarruf ist ein bisschen wie ein Stück Kuchen, das liegen bleibt.

Die Rückfahrt nach Mississippi geht ohne Weinen ab. Wir hören, wie vorherzusehen war, die Countrysängerin Patsy Cline, Steven fährt zu schnell, und wir werden von einem Polizisten rausgewinkt, der aussieht wie einem Fernsehkrimi entstiegen. Nachdem der Polizist wieder weg ist und Steven das Knöllchen nach hinten auf die Rückbank geschmissen hat, dreht er sich zu mir und sagt: „Ich wette, du hältst die Bullen für deine Freunde, was? Du wirst kein Stück nervös, wenn sie dich rauswinken." Man hätte meinen können, er wäre ein schwarzer Highschool-Schüler im nächtlichen Dunkel von Los Angeles, aber er lässt bloß vor der behüteten Richterstochter aus dem Süden den rotzfrechen Bad Boy aus Boston raushängen.

Ich lache und küsse ihn auf den Hals, und für den Rest der Fahrt bleibt Steven unter der 70, womit wir aber auch noch schnell genug nach Oxford kommen. Der Nachmittag ist ein Eistee-Nachmittag unter Bäumen auf dem Campus, wir hoffen am Abend auf einen heftigen Schauer (der aber ausbleibt), halten Händchen und vielleicht beten wir auch ein wenig.

Am nächsten Morgen steht er um fünf auf, um mich nach Memphis zurückzufahren, zum Flughafen, und ich fliege zurück nach New York und er nach Arkansas. Er meint zu mir, dass ich das Wochenende bestimmt vergessen hätte, sobald ich wieder zu Hause bin, dass es geschenkte Zeit gewesen sei, vier surreale Tage, die wir in einer surrealen kleinen Stadt herumgefaulenzt hätten, und dass ich wieder mein normales Leben leben und bequemerweise alles vergessen würde.

Ich glaube ihm. Er kennt mich ziemlich gut und er ist ziemlich überzeugend. Ich stelle mir vor, dass alles weg ist, sobald mein Flieger über Queens schwebt. Was natürlich so nicht passiert. Es ist nicht weg, und ich komme nach Hause, rufe ihn an und sage ihm das, und ich staune, wovon wir alles weinen: Abschied, Jesus, zu viel Whiskey. Er fragt mich, ob wir es noch mal miteinander versuchen sollten, „versuchen, ein Uns aufzubauen", sagt er, und ich sage ja, wir sollten es meiner Meinung nach versuchen, und wir lächeln, er in Arkansas und ich in New York, und wir legen auf, ich strecke mich, trinke ein Glas Wasser und gehe dann für länger unter die Dusche.

Simchat Tora, der Festtag, der unmittelbar auf Sukkot folgt, ist der Tag, den die Juden der Feier des Lesens vorbehalten. Jede Woche lesen Juden in der Synagoge ein paar Kapitel aus der Thora, und zwar so viel, dass man in einem Jahr den kompletten *Chumasch*, also die fünf Bücher Mose, hört. An Simchat

Tora (wörtlich „Thora-Freude") liest ein Kantor die letzte *Parscha* vor, den letzten Abschnitt, die beiden Schlusskapitel von 5. Mose, und dann fängt die Gemeinde wieder von vorn an, spult an den Anfang zurück, noch vor Mose und die Sklaverei, vor Abraham und Noah und sogar vor Adam, zurück zur Erschaffung der Welt. Jüdische Feiertage beginnen am Abend, und als ich aus der Dusche steige und mich in ein großes rosa Badetuch wickele, wird es bereits dunkel. Simchat Tora fängt an.

Ich habe allerlei zu tun: Auspacken, Waschen, Hausarbeiten. Ich brauche noch Bücher aus der Bibliothek und ich habe meinem Vater versprochen, ihn anzurufen, sobald ich zurück in New York bin, und Milch fürs Frühstück habe ich auch keine. Doch statt mich um Wäsche und Milch zu kümmern, suche ich ein langes violettes Kleid aus dem Schrank heraus, finde irgendwo eine Strumpfhose und auf der Spüle eine Haarspange aus Holz, ziehe das alles an und gehe hinaus in die Welt, den Block entlang, an der Bibliothek vorbei, und dann zur Schul, zum Simchat Tora. In eine Schul, in die ich während des Colleges manchmal ging, als ich noch orthodoxe Jüdin war, eine Schul, wo man Hebräisch kann und Melodien und über Jesus nichts weiß.

Simchat Tora gehört zu den wenigen Fällen, wo Männer und Frauen in einer orthodoxen Synagoge nicht getrennt sitzen. Nach dem Maariw, dem Abendgebet, kommen die Frauen von ihrer Empore herunter, dann werden sämtliche Thorarollen aus dem Thoraschrein geholt, alle tanzen um sie herum, Rolle für Rolle, einer nach dem anderen, bilden das, was auf Hebräisch *hakafot* heißt, Kreise, Runden, tanzen im Kreis durch die Synagoge, ein Kreis, der jenen Kreis widerspiegelt, den man jedes Jahr durch die Thora „tanzt". Im Tanzen betet man: „O Herr, rette uns." Die Gemeinde bildet sieben Hakafot, sieben verschiedene kreisförmige Umzüge. Wir tragen unser gerolltes, zyklisches Buch durch die Schul im Kreis herum, wieder und wieder. Die Hakafot können Stunden dauern, immer weiter.

Als ich in der Schul ankomme, ist das Maariw vorbei, Männer und Frauen sind schon im Gebetsraum zusammengeströmt, küssen Thorarollen und bombardieren die Träger mit guten Wünschen: „Ein langes Leben!", singen wir den Männern, die Thorarollen tragen, vor. Und das Gebet erfüllt alles. „O Herr, rette uns, rette uns, rette uns."

Nach den Hakafot wird es eine Lesung aus der Thora geben, die Verse über den Tod des Mose. Heute wird es in der Lesung um seinen Tod gehen, und morgen früh wird die Thora von Neuem beginnen, „am Anfang schuf Gott Himmel und Erde".

Ich werde allerdings schon vor der Thora-Lesung wieder gehen. Ich bleibe nur für eine Stunde Hakafot. Ich tanze und es geht mir so, wie es mir mit Steven am Grab von Faulkner gegangen ist: Ich denke darüber nach, wie viel Liebe es doch hier gibt, und frage mich, warum ich davor abgehauen bin. Ich sehe das Entzücken der Menge, jene Freude, die von einem Jahr des Thoralesens herrührt. In der Kirche arbeiten wir gerade das Markusevangelium durch, diese Woche fangen wir mit dem 10. Kapitel an, in dem Jesus, an die Pharisäer gerichtet, die mosaischen Gesetze zum Thema Scheidung neu deutet. Ich muss daran denken, dass in zwei Monaten die Adventszeit beginnt, und zu Adventsbeginn feiert die Kirche ihr eigenes Simchat Tora – dann geht ein jährlicher Lesezyklus zu Ende, beginnt sofort ein neuer. Während wir unsere Hakafot durch die Synagoge drehen, singe ich die Gebete, ich singe: „O Herr, rette uns, rette uns, rette uns." Ich bete mit geöffneten Händen, bete, dass der Herr, unser Gott, uns retten möge. Und ich sehe die Thorarollen vorbeitanzen, und ich weiß, dass ich bereits gerettet bin.

ADVENT

Morgengebet

Eine Zeit lang läuft es toll mit Steven. Wir schreiben uns wilde E-Mails, telefonieren zu oft und zu lange, und er ignoriert den Rat seiner Freunde, sich vor dem Miststück, das vor ein paar Monaten aus heiterem Himmel mit ihm Schluss gemacht hat, in Acht zu nehmen.

Ich baue mir allerlei behäbige Arkansas-Luftschlösser. Meine Hirngespinste drehen sich in erster Linie darum, ihm beim Schlafen zuzuschauen und eine gemeinsame Kirche zu finden, ein Leben in Arkansas mitten zwischen all den Hühnerfarmen und politischen Skandalen aufzubauen, darum, das Nebenzimmer, das Steve eigentlich nie benutzt, in einen Raum mit Schreibtisch und Bücherregal für mich und gelben Gardinen vor allen Fenstern zu verwandeln.

Ich merke, wie ich alles über die Gegend erfahren möchte, über den Boden und die Pflanzen. Also fange ich an, Bücher von Sue Hubbell zu lesen, die zwanzig Jahre lang eine Honigfarm in den Ozarks betrieb. Ich bestelle bei der Ozark Society Foundation Broschüren über die Bäume von Arkansas, die Sträucher von Arkansas, die Kletterpflanzen von Arkansas. Als Erstes bringe ich mir bei, wie man Nadel- von Laubbäumen unterscheidet, was ganz einfach ist, wenn man einmal begriffen hat, dass Nadelgehölz nur ein langes Wort für Kiefer ist. Wilde

Bartnelken tanzen in meinem Kopf herum und ich stelle mir vor, wie ich endlose Arkansas-Stunden damit verbringe, den heimischen Korallenottern beim Häuten zuzusehen oder dem heimischen Fußblatt, wie es seine Blattschirme entrollt.

Es kommt mir vor, als seien wir schon ewig lang ineinander verliebt, und gleichzeitig, als ob alles funkelnagelneu ist und für immer so neu bleiben wird.

Der Einzige, in den ich mich noch so verliebt habe, ist Jesus, und ich hoffe, dass das besser laufen wird. Ich denke hoffentlich daran, wenn er mich langweilt oder ich ungeduldig mit ihm bin – denke hoffentlich daran, ihn nicht zu verlassen. Dass er *mich* verlässt, davor habe ich weniger Angst. Die Bibel ist schließlich voller Geschichten davon, wie Gott zu seiner Braut (der Gemeinde) hält, egal, wie halsstarrig, hochmütig und untreu sie auch sein mag.

Es kommt mir zwar alles funkelnagelneu vor mit Steven, aber eigentlich stimmt das nicht, es ist alles wie früher, bloß angespannter, und wir streiten und schreien und machen einander unglücklich. Wir streiten über das Wetter, darüber, wie man als Historiker zu schreiben hat, über meine Stimme, wie man ein Wohnzimmer tapeziert. Wir wissen, dass wir das eine, das wir wollen, nämlich zusammenleben, nicht schaffen.

Hannah und ich haben uns in einem Buchladen kennengelernt, direkt nach meinem Abschluss, im Sommer, bevor ich nach England gegangen bin. Sie selbst ging nach Frankreich. Wir standen beim Buchstaben „W" der Romanabteilung. Ich griff zum „Haus der Freude". Mir gefiel Hannahs strassbesetzte Schmetterlingsbrille, und ich sagte ihr das. Ich hatte kurz zuvor auf einem Flohmarkt meine eigene Martha-Mitchell-Schmetterlingsbrille gefunden, und wenn Hannah und ich zusammen sind, lachen die Leute, zeigen auf uns und sagen: „Zwillinge!"

Als sie in Paris lebte und ich im englischen Cambridge, trafen wir uns öfters übers Wochenende in London. Sie brachte französische Schokolade mit, und wir saßen stundenlang gemeinsam in Pubs und Teestuben herum. Wir rannten in Kirchen und Buchhandlungen und gingen in Parks spazieren. Als ihr Mann mit dem Studium fertig war, zogen sie nach New York, im selben Monat, als ich dort wieder an der Columbia University anfing. Hannah und Jim wohnen in Brooklyn. Manchmal besuche ich sie und sehne mich dabei nach einem Wohnviertel mit Bäumen und rötlichem Sandstein und wünsche mir, nie in meine Straße zurückkehren zu müssen. Einmal im Monat trifft sie sich mit mir zum Morgengebet. Wir sprechen das Morgengebet und lesen die täglichen Lesungen. Wir gehen anschließend einen Latte macchiato bei Starbucks trinken, und die Leute bewundern unsere zusammenpassenden Brillen.

Heute ist der Mittwoch der zweiten Adventwoche. Hannah liest aus der Schrift, aus dem achten Kapitel des Johannesevangeliums: Die Schriftgelehrten und die Pharisäer wollen wieder einmal Jesus auf die Probe stellen, um herauszubekommen, wer er wirklich ist, und ihm ein Bein stellen, ihn mit einem Trick dazu bringen, etwas Verräterisches zu sagen. Sie schleifen eine Frau, die beim Ehebruch ertappt worden ist, zu ihm hin und verlangen von ihm zu erfahren, was seiner Meinung nach zu tun sei. „Wenn wir das Gesetz des Mose befolgen wollen", sagen sie, „müssen wir sie steinigen. Was meinst du dazu?"

Jesus sagt erst mal nichts. Stattdessen macht er etwas Komisches, Kindisches. „Er bückte sich und schrieb mit dem Finger auf die Erde." Die Pharisäer nerven ihn weiter, und schließlich sagt er: „Wer unter euch ohne Sünde ist, der werfe den ersten Stein auf sie." (rev. Lutherbibel, Johannes 8,7)

31

Die heutige Brieflesung kommt aus dem fünften Kapitel des ersten Briefs an die Thessalonicher. Paulus sagt ihnen, dass Jesus wie ein Dieb in der Nacht wiederkehren wird. „Doch ihr, liebe Brüder, lebt ja nicht in der Finsternis. Also kann euch der Tag des Herrn auch nicht wie ein Dieb in der Nacht überraschen. Als Christen sind wir Kinder des Lichts, Kinder des hellen Tages; wir gehören nicht zur Nacht mit ihrer Finsternis." Ich lese Paulus jetzt seit drei Jahren fast täglich, und es überwältigt mich noch immer, dass ich eines der geliebten Kinder des Lichts bin.

Seit vier Jahren sind die beiden verheiratet. Hannah nimmt die Tageslesung über die ehebrecherische Frau zum Anlass – der Kaffee dampft in ihrem Becher –, um mir zu sagen, dass sie vielleicht einen Seitensprung begehen wird. Oder vielleicht auch nicht. Jedenfalls vielleicht.

Steven und ich unternehmen einen letzten Anlauf, um zu retten, was zu retten ist. Ich fliege nach Arkansas, und im Flugzeug denke ich über Hannah nach und über das, was sie mir erzählt hat. Ich überlege, wie ich ihr helfen könnte, was meine Aufgabe wäre. Aber ich überlege auch, was ich daraus für mich mitnehmen soll. *Heirate nicht den Falschen?* Dann frage ich mich, ob das überhaupt irgendwas damit zu tun hat. Ihr Gatte, welche Art Mann er ist oder wie er im Bett ist oder ob er die richtigen Geburtstagsgeschenke aussucht – hat das mit diesem Verhältnis, auf das sie sich vielleicht einlässt, überhaupt etwas zu tun?

Unsere Aussprache ist nicht erfolgreich. Steven vergisst, mich am Flughafen abzuholen. Ich verbringe drei Tage mit Schluchzen. Er baut ein Bücherregal, und wir spielen jeden Abend Schach, die Damen und Bauern bekommen die volle

Wucht unserer kaum unterdrückten Wut zu spüren. Ich verliere sämtliche Partien. Ich kehre nach New York zurück, und in einem Anfall von großer Feigheit trennen wir uns voneinander per Telefon.

All Angels'

In New York eine Kirche zu finden, braucht eine Weile. Die Gemeinde, in der ich mich schließlich niederließ, ist in einem kleinen, schlichten Gebäude an der 80. Straße zu Hause, zwischen Broadway und West End Avenue. „All Angels' Episcopal Church", wie in jener Anweisung aus Psalm 148: „Lobt ihn, alle seine Engel, lobt ihn, ihr himmlischen Heere!"

Es handelt sich dabei um genau die Gemeinde, zu der mir alle meine Freunde in England geraten haben, als sie erfuhren, dass ich nach New York zurückgehe. Ihr eilte ein Ruf voraus: Lebendig, alle Hautfarben vertreten, eher jung, evangelikal. Jeder interessante evangelikale Episkopale, der je in New York gelebt hat, scheint bei All Angels' gewesen zu sein. Es ist die Gemeinde der Schriftstellerin Madeleine L'Engle, aber da wir keinen Aufzug haben und der Saal im Obergeschoss ist, ist sie seit ihrem Oberschenkelhalsbruch nur noch selten da.

Anonym machte ich hier, in All Angels', einen Gottesdienst mit, am allerersten Sonntag, den ich wieder in New York war. Während der Abkündigungen, nach dem Friedensgruß, wurden neue Besucher gebeten, aufzustehen und sich vorzustellen, doch ich war zu schüchtern. Ich blieb an meinen Stuhl geklebt. Es dauerte lange, bis ich das nächste Mal hinging. All Angels' befand sich gerade auf der langwierigen Suche nach einem neuen Pfarrer, und ich dachte mir, wenn es mehr als drei Dutzend episkopale Gemeinden in Manhattan gab, gab es keinen zwingenden Grund, mich einer ohne Pfarrer anzuschließen. Also machte ich Kirchen-Hopping und besuchte an einem einzigen Sonntag bis zu drei Gemeinden. Ich dachte mir gute Gründe aus, warum ich nie zu einer zurückging, doch der wahre Grund war wahrscheinlich, dass es einfacher war, anonym und auf Distanz zu bleiben, als die schwere, intime Arbeit zu leisten, tatsächlich Teil einer Gemeinde zu werden.

Als ich schließlich zu All Angels' zurückkehre, hat sich zweierlei geändert. Sie haben einen Pfarrer berufen, den ich sofort mag, einen Inder namens Milind Sojwal mit wachen Augen, der gut zuhört; und die Anonymität, die mich am Kirchen-Hopping anfänglich angezogen hat, beginnt ihre Spuren bei mir zu hinterlassen. Ich bin das Suchen leid, bin es leid, dass meine geistliche Gemeinschaft bloß aus einer zusammengeflickten Gruppe christlicher Freunde besteht, die über die ganze Welt verteilt ist, Leute die ich zu jeder Tages- und Nachtzeit anrufen kann, mit denen ich aber niemals gemeinsam von Angesicht zu Angesicht beten oder beim Kirchenkaffee Käsestangen knabbern kann. Ich bin es leid, dass ich nirgendwo sonntagmorgens erwartet werde. Ich brauche dermaßen dringend eine Gemeinde, dass ein leichter Schubs genügt, mich auf All Angels' fallen zu lassen, so wie auf ein superdauniges Federbett. Als ich an der Columbia einen Kaplan kennenlerne, der zufällig bei All Angels' Gottesdienste abhält und zu mir sagt: „Komm einfach mal und sieh's dir an", da mache ich das und bleibe.

In den 80er-Jahren des 19. Jahrhunderts sagte man im Süden: „Errichtet mir ein Haus der Anbetung", und heraus kam eine Kirche, selbst wenn man ursprünglich eine Synagoge erwartet hatte. Wenn man es von außen betrachtet, könnte man meinen, die Synagoge „Congregation Beth Israel" in Charlottesville sei eine der frühen Episkopalkirchen gewesen, oder vielleicht auch presbyterianisch. Sie besteht aus Backstein, besitzt bunte Bleiglasfenster und ist beinah kreuzförmig; die Decke ist übersät mit winzigen Fleur de lys, zierlichen Beinahkreuzen. Dort bin ich groß geworden. Manchen Menschen, die an ihre Kindheit denken, fällt dabei nur das verschachtelte, halbverfallene alte Bauernhaus ein, in dem ihre Großeltern lebten; oder das Sommerhäuschen, das sich ihre Familie immer für den Strandurlaub im Juli gemietet hat; oder vielleicht erinnern sie sich an den asphaltierten Basketballplatz, auf dem sie ihre Dribbel- und Wurfkünste perfektioniert haben. Wenn ich mich in meine Kindheit zurückbegebe, dann begebe ich mich zu jener backsteinernen, kirchenförmigen Synagoge an der Ecke Jefferson und Third.

In den Jahren nach meinem Weggang aus Charlottesville hat man eine große Spendenaktion gestartet und einen Anbau ganz aus Glas und Licht errichtet, neue Räume für die Sonntagsschule, einen größeren Gemeinschaftsraum. Ich bekomme sie immer zu sehen, wenn ich meine Mutter besuche, die nur zwei Häuserblocks von der Synagoge entfernt wohnt. Bei meinen Besuchen gehe ich jeden Morgen daran vorbei, wenn ich zur Mall gehe, wo ich mich ins Café setze und darauf warte, dass der Tag beginnt. Ich bin immer nervös, dass ich jemandem aus der Schul begegne, jemandem, mit dem ich in der Hebräischschule unterrichtet habe oder samstagmorgens im Gottesdienst gewesen bin, jemandem, den ich seit etlichen Jahren nicht gesehen habe.

Es gibt nur noch eine Frau aus der Congregation Beth Israel, zu der ich immer noch Kontakt habe. Randi lebt jetzt in Ohio, ist verheiratet und hat ein kleines Kind, eine ganz anständige Stelle an der Uni und ein Haus mit drei Schlafzimmern. Sie ist meine beste Gesprächspartnerin und der Mensch, der es am besten schafft, mich zum Lachen zu bringen.

Ich habe ein Foto von Purim 1992, wo sie drauf ist. Das Purimfest erinnert an Ester und die Errettung der persischen Juden durch Mordechai, vor Tod und Vernichtung durch den bösartigen Haman. Es ist der jüdische Karneval, samt Jubel, Trubel, Heiterkeit. Wenn das Buch Ester in der Synagoge vorgelesen wird, buht und trampelt und trötet man, sobald der Name Haman kommt; man trampelt und kreischt, um den Befehl, seinen Namen auszulöschen, zu befolgen; und man ist verpflichtet, sich dermaßen zu betrinken, dass man seinen Namen und den Namen Ahasveros – der König, der Haman schließlich exakt an einen jener Galgen schickt, die Haman für die Juden hatte errichten lassen – nicht mehr auseinanderhalten kann.

Außerdem verkleidet man sich. Die Kostüme sind ein weiteres Zeichen für das Auf-den-Kopf-Stellen, das Farcenhafte an Purim. Auf dem Foto stehe ich im Saal der Synagoge, den Arm um Randi gelegt. Randi trägt einen lustigen Hut, höher als eine dreistöckige Torte, goldglitzernd. Ich habe den Uni-Talar meiner Mutter angelegt, samt viereckigem Doktorhut. Ich war als Hillary Clinton verkleidet, wie sie ihre berühmte Abschlussfeier-Rede am Wellesley-College hielt. (Ja, ich weiß. Die meisten Teenager lassen sich beim Verkleiden für Purim von der Bibel anregen, oder schlimmstenfalls von MTV. Ein durchschnittlicher fünfzehnjähriger Teenager könnte sich niemals so eine wichtigtuerisch-ernste Verkleidung wie Hillary im Uni-Ornat ausdenken, aber da seht ihr's – so war ich, und die Leute von der Congregation Beth Israel haben mich trotzdem akzeptiert.)

Hinter Randi und mir kann man auf dem Bild alle anderen sehen, die ich mochte: Fran, Homöopathin und Musikerin mit drei Kindern und einem strahlenden Lächeln, sie ist als Engel verkleidet, mit hauchdünnen, glitzrigen Flügeln, die hinter ihrem Rücken hervorschauen; ihre beste Freundin Simone, von der Kamera weggewandt, ihre rothaarige Tochter auf der Hüfte haltend; die sechzigjährige Allie, die am Rand steht und wie Randi einen extravaganten Hut aufhat; und Chava, die sich in eine geschmeidige schwarze Katze verwandelt hat, ihr langer schwarzer Schwanz saust durch die Luft.

Ich hatte mit fünfzehn die üblichen Heranwachsenden-Probleme mit meiner Mutter, und mir gefiel die damals populäre Redensart, dass die Familie ein Kreis von Freunden ist, die einen lieben. Falls ich jemals nach einem Familienfoto gefragt werden sollte, dann ist dies das Bild, das ich zeigen werde. Wir sind alle darauf, prächtig herausgeputzt, feiernd. Ich habe von meiner Mutter eine Menge Wertvolles bekommen – ihre Wangenknochen und ihre großen Augen, ihre Arbeitsmoral, ihren Schwung und ihr Temperament, ihre seelische Stärke und ihren Willen. Von den Juden der Congregation Beth Israel habe ich so ziemlich alles andere bekommen.

Nachdem sich meine Eltern hatten scheiden lassen und meine Schwester aufs College ging, sind meine Mutter und ich von Asheville in North Carolina nach Charlottesville in Virginia gezogen, und sie hat mich in der (jüdischen) Sonntagsschule der Congregation Beth Israel angemeldet. Mit jedem Jahr habe ich mehr Zeit in der Synagoge verbracht: samstägliche Morgengottesdienste, bei denen ich oft aus der Thora vorlas oder die Predigt hielt; die jüdische Andachtsgruppe; die Sonntagsschule, wo ich jedes Jahr eine andere Altersgruppe unterrichtete. Schritt für Schritt tauschte ich Lacrossetraining, Ballettstunden und Feldhockeyschläger, peinliche Verabredungen zum Kino, freitagabendliche Football-Spiele und viele andere normale Teenager-Aktivitäten gegen weitere Stunden, Nachmittage und Wochenenden in der Synagoge ein.

Ein Therapeut würde sicher erklären, dass ich mir die ganzen vierzigjährigen Frauen, mit denen ich herumhing, zu Ersatzmüttern erkoren hatte, dass ich auf der Suche nach einem

Zuhause war, das für das Zuhause einspringen sollte, das meine geschiedenen Eltern zerstört hatten. Aber ich habe dort auch die für mich wichtigsten, grundlegendsten, elementarsten Wahrheiten erlernt: etwa, wie man betet, die Bibel liest, wie man eine Glaubensgemeinschaft aufbaut und Gott in deren Mitte erfährt, wie man Hebräisch liest und wie man die Thora küsst, wenn der *gabbaj* sie im Sabbatmorgengottesdienst bei einem an der Reihe entlangträgt, und auch, wie man Challa bäckt, und wie man einen Unterrichtsraum wieder sauber bekommt, in dem die achtzehn Zweitklässler, für die man zuständig war, überall Fingerfarbe und Honig hingeschmiert haben. Wie man fastet, wenn Gott einem das befohlen hat, wie man den Armen zu essen gibt und wie man eine Sukka baut. Wenn ich Anglikaner von *geistlicher Entwicklung* sprechen höre, denke ich an die Fingerfarbe, den Honig und den Fastenunterricht, und dann bin ich froh und glücklich, dass ich bei der Congregation Beth Israel entwickelt wurde.

Ich habe andere Bilder, von etwas mehr als einem Jahr nach diesem Purim-Gottesdienst in der Synagoge, Bilder von der Ausstandsparty, die Freunde von der Congregation Beth Israel bei irgendwem am Pool für mich organisiert hatten, bevor ich nach New York ans College ging. Ich trage einen grün-weißgestreiften Badeanzug, mein Haar ist nass und ich posiere, Foto um Foto, mit Leuten, die ich seitdem nicht mehr gesehen habe: Fran und Simone und Allie und Chava; mit Sarah, Anwältin im Ruhestand und eifrige Frauenrechtlerin, die vor Kurzem aus New York nach Charlottesville gekommen war; mit Patty, einer Geschiedenen aus Alabama, die jetzt wieder zur Uni ging und sich ein zweites Leben aufbaute; mit Abe, einem weihräuchernden, veganen, hilfsbedürftigen Mann, der kürzlich aus Yogahausen zum Judentum zurückgekehrt war; mit Sharon, einer etwas unentspannten Philosophieprofessorin, die vor Jahrzehnten bei ihrer Hochzeit zum jüdischen Glauben konvertiert war. Als sie mich verabschiedeten, nach New York, um aufs College zu gehen, ging man davon aus, dass ich zurückkehren würde. Eines der Geschenke, die ich an jenem Abend bekam, war ein Exemplar des Romans „Always Coming Home" der Science-Fiction- und Fantasy-Autorin Ursula K. LeGuin. Ich habe es von Allie, der sechzigjährigen Frau mit dem komischen Purim-Hut, bekommen, was passend war – der Roman erzählt die Geschichte eines alten Weibes, einer weisen alten Frau und Großmutter, und genau dazu hatte Allie sich meiner Meinung nach in den Jahren, die ich sie kannte, entwickelt: einer weisen alten Mentorin; dieses Geschenk, dieser Roman, war Teil ihres Mentorings. Ich packte das Buch aus, und Allie las mir ein Gedicht daraus vor. Das Gedicht riet mir zu Vorsicht und Furchtlosigkeit, dazu, neue Speisen auszuprobieren und in neuen Flüssen zu schwimmen. "

Karen, die Töpferin war, hat mir an jenem Abend auch etwas geschenkt: zwei schwere grüne Becher, die sie auf ihrer Töpferscheibe getöpfert hatte. Andere Beinah-College-Anfängerinnen hätten sie wahrscheinlich als Liebeszaubergerätschaften verwendet, die man verstecken muss, um sie zusammen mit einer Flasche Sekt hervorzuzaubern, wenn man Männerbesuch hatte, den man beeindrucken oder verführen wollte. Ich hingegen wusste, dass das Kelche für den Freitagabend waren, dass es sich um Kidduschbecher handelte. Man rechnete damit, dass ich sie für immer und ewig benutzen würde, auf einem Tisch beladen mit Challa und Sabbatkerzen. Man erwartete von mir, dass ich ein Leben lang den Kiddusch (das Gebet am Sabbat und Feiertag) sprechen würde, dass ich heimkehren würde. Nichts davon habe ich getan.

39

Wir haben Adventszeit, die Wochen vor Weihnachten, und das bedeutet, dass wir auf Christus warten. Es ist die Zeit der Erwartung, die Spannung steigt, die Jahreszeit, in der man seine Sehnsucht nach ihm hegen und pflegen soll, die Art Sehnsucht, die man hat, wenn der Geliebte drei Wochen lang auf Reisen gewesen ist, und jetzt weiß man, dass er heute Abend nach Hause kommt. In All Angels' lesen wir das Lukasevangelium, sprechen spezielle kurze Gebete, die an seine Ankunft erinnern.

Die Weihnachtszeit ist vielleicht die schwerste Zeit für Gemeinden. Wir haben uns nicht nur an die Weihnachtsgeschichte selbst gewöhnt, sondern auch an die alljährliche Tirade, mit der unser Pfarrer die Konsumgesellschaft anprangert. Jeder nur denkbare kreative Versuch, der Zeit ihre Bedeutung zurückzugeben, sie sich wieder in die Kirche zurückzuschnappen, weg von den Einkaufszentren und geschmacklosen Radiosendungen, ist unternommen worden. Die meisten dieser kreativen Versuche haben sich als unzulänglich herausgestellt. Vielleicht ist das Problem, dass wir die Bedeutung dieses Festes, von Jesu In-die-Welt-Drängen nicht kennen. Andernfalls müssten wir uns nämlich keine Sorgen wegen der Konsumgesellschaft machen; wenn wir wüssten, was die Fleischwerdung bedeutet, wären wir so von Ehrfurcht ergriffen, dass wir von der ganzen Einkauferei gar nichts mitbekämen.

All Angels' ist die zweite Gemeinde, der ich beigetreten bin. Die erste befand sich in England, und auch da habe ich eine Weile für die Suche gebraucht, obwohl das eigentlich gar nicht nötig gewesen wäre. Ich hatte bei meinem Umzug nach England Horrorstorys über die Christen von Oxbridge im Ohr, dass die Gemeinden der Colleges mit grauhaarigen Pfarrern besetzt seien, die an nichts glaubten und die alten Rituale nur aufrechterhielten, nicht weil sie wahr waren, sondern aus Traditionsgründen, nicht wirklicher oder ewiger als Tee und Teegebäck.

Nach meiner Ankunft in Cambridge mied ich daher die Kirche meines Colleges und verbrachte etliche Monate damit, flüchtig in die Dutzenden von anderen Kirchen, die es dort an jeder Straßenecke gibt, hineinzuschauen. An einem Novembersonntag gab ich endlich auf. Zehn andere Gemeinden hatte ich in Cambridge durchprobiert. Da konnte ich es genausogut mit der Gemeinde meines Colleges versuchen.

Morgengottesdienste, zu denen nur ein paar wenige Getreue kamen, wurden im Vorraum abgehalten, auf im Viereck aufgestellten Bänken. Die Collegepfarrerin, Jo Bailey Wells, war eine hochgewachsene, elegante Frau, die ein bisschen wie eine jüngere Mary Poppins aussah. Ich zwängte mich auf eine Bank und wusste in dem Augenblick, dass ich für die nächsten zwei Jahre meine Zelte in dieser Kirche des Clare Colleges aufschlagen würde.

Jo Bailey Wells hat sich für den Advent eine Regel aufgestellt. Vor Weihnachten geht sie auf keine Weihnachtsfeier. Sie sagt, dass es beim Advent um die Vorfreude und Erwartung geht, und nicht darum, Wochen vor seiner Geburt zu feiern. Das Warten soll ihr zufolge ein wenig gespannt sein. Ich stelle mir dabei Heldinnen aus Jane-Austen-Romanen vor. Nie sind sie sich ganz sicher, ob ihr Zukünftiger wirklich kommen wird. Wir Christen können sicher sein, wir können uns auf die Verheißungen der Bibel verlassen. Dennoch sollen wir auch etwas von jener taschentuchwringenden, gespannten Erwartung spüren.

Der Kalender sagt uns, dass all das am 24. und 25. Dezember seinen Höhepunkt findet, doch eigentlich latscht die ganze Festzeit auf Ostern zu. Jesus wird zwar jetzt Mensch, in dieser Krippe in Bethlehem, doch wenn seine Fleischwerdung eine Verbindung zu uns herstellen, für uns verständlich sein soll, wenn wir einen besseren Zugang zu Gott bekommen sollen, weil Gott einen Körper wie unseren hat, wenn wir ihn besser verstehen können, weil er weiß, was es heißt, zu weinen und sich zu erbrechen, versucht zu werden und zu leiden – dann ist die Menschwerdung, die zu Weihnachten beginnt, erst mit Karfreitag vollendet. Und die Wunder, die mit der sonderbaren, unerklärlichen Jungfrauengeburt, sind erst mit der Auferstehung vollendet. Wie eine Pfarrerin über die Jungfrauengeburt schrieb: „Auch wenn das ein ziemlicher Brocken ist, der geschluckt werden muss, so ist das doch gar nichts verglichen mit dem, womit wir am Ostermorgen fertig werden müssen, bald, in wenigen Monaten. Sehen Sie's als Aufwärmphase an" (B. Cawthorne Crafton).

Sogar seine Geburtsstätte verweist uns auf das letzte Abendmahl: Jesus, das Brot des Lebens, wird in Bethlehem, *Beit Lechem*, „Haus des Brotes" geboren; beim letzten Mahl bricht er Brot für uns, und dann am Kreuz bricht er seinen Leib. In der Bibel ist nichts dem Zufall überlassen, nicht einmal die Namen von Geburtsorten.

Das war also in Cambridge. Zurück zu New York: Mir gefällt, dass ich mich zum Advent hier in All Angels' hineinzwänge. Mir gefällt, dass ich hier Heiligabend verbringen werde. Mir gefällt es, in diesen Bänken die Adventsgebete zu sprechen. Sie kommt mir wie eine Gemeinde im Umbruch vor, in der Entfaltung, und sie ist ein guter Ort, um das Warten zu lernen.

Eine Gemeinde richtig kennenzulernen, braucht viel Zeit, und noch habe ich All Angels' nicht richtig kennengelernt. Von vielen weiß ich den Namen noch nicht, auch wenn man sich zunickt und sich unterhält, wenn man in den Gottesdienst kommt; ich muss nicht mehr das Programm und das Liederbuch einer genauen Prüfung unterziehen, weil ich niemanden habe, mit dem ich mich unterhalten könnte. Ich weiß aber noch nicht, wie das Herz der Gemeinde schlägt, kenne noch nicht alle Geschichten und weiß nicht, welche Leichen man im Keller hat. Ich weiß nicht, welche Spannungsfelder es gibt und wer zu welcher Partei gehört, wer wie wechselt und sich zu wem auf die Seite schlägt.

Dieses Jahr ist ein Kirchenältester, eine Stütze der Gemeinde, verstorben, und alle waren traurig und erschüttert. Daher wusste ich, dass ich noch neu bin: Ich hatte den Namen des Mannes gehört, hätte ihn aber unter Menschen nicht erkannt.

Es gibt in der Gemeinde noch eine Jüdin, Esther, eine blonde Frau in mittleren Jahren mit Fältchen an den Augen und einer Stimme wie Maria Callas. Ich sitze gern neben ihr, um zuzuhören, wie ihr dunkler Sopran sich die Lieder aneignet. Sie ist Laienpredigerin und eines der Gemeindeglieder, die am Sonntagmorgen eine weiße Albe anlegen und uns anderen den Abendmahlswein reichen. „Das Blut unseres Herrn Jesus Christus", sagt sie und hält den silbernen Kelch an unsere Lippen. Den Wein von ihr zu bekommen, ist mein Lieblingsteil des Sonntagsgottesdienstes. Sie spricht den Satz mit so einer Freude, als ob es um die großartigste Sache der Welt ginge, was es natürlich auch tut.

Bekehrungsgeschichten

Niemand in meiner Familie – weder mein reformjüdischer Vater, noch meine abgefallene Southern-Baptist-Mutter, noch meine Schwester – hat je von Gott gesprochen. Leanne und ich wussten, dass wir jüdisch waren; das gehörte zur Abmachung meiner Eltern bei der ersten Mischehe in ihren jeweiligen Familien – dass die Kinder jüdisch werden. Es war keinem aufgefallen, dass Leanne und ich nach jüdischem Gesetz, laut orthodoxem und konservativem Judentum, ungefähr so jüdisch waren wie Betsy Ross (Quäkerin; die angebliche Näherin der ersten amerikanischen Flagge; d. Übers.), weil das Jüdischsein von der Mutter an die Kinder weitergegeben wird. Auf einer Liste hätten Leanne und ich dennoch Jüdisch angekreuzt: Südstaatler, Juden, Tar Heels (Einwohner des Bundesstaates North Carolina; d. Übers.), Demokraten. Diese Liste hatte eine Menora neben unserem Weihnachtsbaum zur Folge. Und an Rosch Haschana und Jom Kippur konnten wir die Schule schwänzen. Wir gingen in der Synagoge von Asheville zur Sonntagsschule. Wir begingen alljährlich den Sederabend vor Pessach.

Zusätzlich zum Sedermahl und zum Weihnachtsbaum hatte ich meine eigenen religiösen Rituale. Ich dachte mir ein Gebet aus und sprach es jeden Abend im Bett, nachdem das Licht aus war, wich mit keiner Silbe von meinem Text ab: Als Erstes einen Abschnitt voller „danke", als Nächstes: „was ich versuchen werde besser zu machen", gefolgt von einer Liste mit Dingen, die ich gern gehabt hätte. Und ganz gleich, wie gern ich den ersten und zweiten Teil ausgelassen hätte – ich habe mich immer zuerst durch Dank und Reue hindurchgezwungen.

Meine Mutter setzte meine jüdische Erziehung nach der Scheidung fort. Ich habe mich manchmal gefragt, warum. Sie sagt, dass sie bei der Hochzeit zugesagt habe, uns im jüdischen Glauben großzuziehen; unabhängig davon, dass sie keine Jüdin war und ob mein Vater seine Zusage ihr gegenüber gehalten hatte oder nicht. Nach unserem Umzug nach Charlottesville trafen sich meine Mutter und ich mit dem örtlichen Rabbi. Ganze Nachmittage habe ich mit einer Hebräischlehrerin namens Rita verbracht. Ich machte bei einer jüdischen Meditationsgruppe mit. Ich ging zu einem Antiquariat im Einkaufszentrum und ergatterte billig einen Ratgeber für jüdisches Leben und ein paar Bücher über den Sabbat. Ich las und las und las. Die Weihnachtswunschliste, die ich meiner Mutter jedes Jahr gab, bestand aus nichts anderem als Buchtiteln, die bei einem gutbestückten jüdischen Buchladen in Maryland bestellt werden sollten.

Ich las Bücher über jüdische Geschichte, jüdische Riten, das jüdische Gesetz. Ich brütete über alten Ausgaben von „Lilith", einer jüdischen feministischen Vierteljahreszeitschrift, die nach der resoluten Frau benannt war, mit der, jüdischer Überlieferung zufolge, Adam vor Eva verheiratet war. Mit Fran und Simone und anderen Frauen der Andachtsgruppe in der Congregation Beth Israel las ich intensiv in einem Buch mit frisch geschaffenen jüdischen Ritualen für Frauen.

Ich las Bücher über die Geschichte des amerikanischen Judentums, über die jüdischen Gemeinden in South Carolina und Rhode Island, die schon in der Kolonialzeit entstanden waren, und über die Wellen von russischen jüdischen Einwanderern, die im späten 19. Jahrhundert über Ellis Island kamen. Ich hockte in der Jefferson-Madison-Bibliothek, die nur einen Häuserblock von der Synagoge entfernt liegt, und las und las noch mal die Handvoll Bücher über das Judentum, die man dort in den Regalen hatte – eine vergilbte Übersicht über die jüdischen Feiertage samt körnigen Fotos von Haube tragenden Frauen, die sich lächelnd neben kunstvoll geflochtenen Challa-Broten und brennenden Sabbatkerzen präsentieren; ein kurzer Purim-Leitfaden und Anita Diamonds Buch über jüdische Hochzeiten. Letzteres war das unwichtigste von allen, aber ich habe es wieder und wieder gelesen, wollte jedes Detail des jüdischen Lebens auswendig lernen, selbst Hochzeitsdetails wie die Chuppas oder das Glas, das der Bräutigam zertreten muss, Details, die für mich als Teenager nicht unmittelbar von Interesse waren.

In erster Linie las ich allerdings Bücher zum orthodoxen Judentum. Lis Harris' liebevolles Porträt einer chassidischen Familie in Brooklyn erschien, als ich in der achten Klasse war, und ich habe es ungefähr einmal pro Monat gelesen. Ich las jeden Roman, den Chaim Potok geschrieben hat, und ich stellte mir vor, dass ich eines Tages eine Tochter hätte und sie Davita nennen würde, wie eine von Potoks Hauptfiguren. Von dem Buchhändler in Maryland beschaffte ich mir eine Ausgabe eines aus dem 13. Jahrhundert stammenden Handbuchs zu den Mitzwoth, den 613 Geboten aus der Thora.

Meine Lektüre wirkte sich auf meine Arbeiten in der Schule aus, aber meine Lehrer hatten Nachsicht mit mir. In Gemeinschaftskunde hielt ich ein Referat über den Zionismus und die Gründung des israelischen Staates. Als wir einen Aufsatz über unsere Sommerferien verfassen sollten, schrieb ich darüber, wie ich Einladungen zur Bat-Mizwa bestellt hatte. In der achten Klasse mussten wir in Englisch jeden Monat ein Buch, egal welches, lesen und einen Lesebericht schreiben. Wir sollten sie auf ein spezielles Arbeitsblatt schreiben, das Felder für Titel, Autor, Inhaltsangabe und Bewertung hatte; sämtliche Arbeitsblätter wurden in einem großen Ordner abgeheftet, und am Jahresende hatte die Klasse Berichte zu über 100 Büchern gesammelt. In einem Monat habe ich das Deuteronomium gelesen. „Dieses Buch ist ein wenig schleppend", schrieb ich. „Im Wesentlichen werden darin Gesetze wieder aufgewärmt, die schon in früheren Büchern der Bibel behandelt wurden." In die Lücke für den Namen des Autors schrieb ich: „Gott".

Die Sommer verbrachte ich außerhalb von Charlottesville. In einem Sommer besuchte ich ein Sommeruni-Camp in Pennsylvania, wo ich eine Schreibwerkstatt mitmachte. Dort lernte ich einen orthodoxen Jungen namens Benjamin kennen; er und ich gehörten zu dem vielleicht halben Dutzend Kids, die zum jüdischen Freitagabendgottesdienst erschienen (weitere sechs oder so zockelten am Sonntagmorgen in die Kirche, während der Rest des Camps Volleyball spielte oder T-Shirts batikte). Nach dem Gottesdienst begleitete Benjamin mich zurück zu meinem Schlafsaal, und ich vergaß, die Bücher, die ich dabeihatte – ein jüdisches Meditationsbuch und eine Einführung in die Thora –, in seinem Rucksack. „Willst du nicht deine Bücher zurückhaben?", fragte er.

„Ach, nein", sagte ich kokettierend zu ihm. „Ich lasse sie mit Absicht bei dir. Dann musst du mich nämlich morgen früh suchen und sie zurückgeben."

Genau das tat er. Er machte mich nach dem Frühstück ausfindig und gab mir meine Bücher, und wir verbrachten den Sabbatmorgen damit, auf einer Bank zu sitzen, uns über unsere Lieblingsromane zu unterhalten und über unsere Gedanken zu Gott. Am Tag darauf besuchte er mich wieder und machte mir mit seinem Spielen auf der Gitarre den Hof. Wir gerieten in Streit darüber, was die Ursache für den amerikanischen Bürgerkrieg gewesen war, und wir verbrachten den Rest des Sommers in Gesellschaft des anderen, unternahmen lange Spaziergänge und saßen manchmal nur nebeneinander und lasen.

Benjamin kam aus Washington, was von Charlottesville nicht allzu weit entfernt ist, und so begann ich nach Ende des Camps und Beginn des neuen Schuljahrs gelegentlich ein Wochenende oder einen Feiertag bei seiner Familie zu verbringen. Wenn ich an diese Besuche zurückdenke, bin ich am meisten von seiner Mutter beeindruckt. Seinerzeit habe ich sie wohl als etwas beschränkte, langweilige Sekretärin abgeschrieben, mit einem Brooklyner Akzent, so dick wie ihre Taille. Heute weiß ich, dass sie großzügig und freundlich war, oder vielleicht ein bisschen unbedarft oder eine auch hippe Mutter, die sich nicht einmischen wollte. Was wird sie von diesem jungen, unbekannten Mädchen gedacht haben, das aus Virginia ihren ältesten Sohn besuchen kam? Die meisten Mütter in ihrer Lage wären von unserer Freundschaft nervös geworden, von unseren Hunderten von Briefen und den Telefonkosten, die im Laufe eines Schuljahres zusammenkamen. Vielleicht war sie tatsächlich nervös – ich weiß es nicht. Aber vielleicht sah sie auch, dass ich meinen Weg zu Gott hin entlangstolperte.

Wenn ich zu Besuch war, quartierte Benjamin sich bei einem jüngeren Bruder ein, während ich in seinem Zimmer schlief. Spätabends schlich er sich dann immer herein und wir lagen im Bett und küssten uns. Vielleicht hätte mir die Küsserei in dem Haus in Washington, mit Brüdern und Eltern, die nebenan auf dem gleichen Flur schliefen, aufregend oder spannend vorkommen sollen. Seine Eltern hätten wahrscheinlich jeden Augenblick hereinkommen und uns erwischen können; sie hätten ausrasten, Benjamin in das Zimmer seines Bruders und mich nach Charlottesville zurückschicken können. Aber es kam mir nicht aufregend, verboten oder rebellisch vor, sondern häuslich. Es war nicht das erste Mal, dass ich einen Jungen küsste, Küsse in sturmfreien Buden in Charlottesville – aber nur meine Mutter bekam mich in meinem Flanellnachthemd von Lanz zu sehen.

Meine Generation hatte nicht mehr die Ausdrücke meiner Eltern. Wir „gingen" nicht mehr „miteinander" und hatten keinen „festen Freund", aber selbst wenn wir diese Begriffe gekannt hätten, hätten Benjamin und ich sie höchstwahrscheinlich nicht benutzt. Wir führten oft genug intensive Gespräche über den *Stand der Dinge*, aber niemals hätten wir gesagt, dass wir eine Beziehung hätten. Er hätte mich niemals als seine Freundin bezeichnet. Und dennoch haben wir beide uns vorgestellt zu heiraten. Meine eigenen Tagträume bestanden zu einem Teil aus „Die Erwählten" von Chaim Potok und zum anderen aus „Anne of Green Gables" (Kinderbuch von 1908; d. Übers.). Wir würden wie Gilbert und Anne sein, mit dem Unterschied, dass wir fromme Juden gewesen wären. In einem meiner Tagträume wurden wir als Erwachsene beide zu Lehrern, die an einer jüdischen Highschool in New York oder Washington unterrichteten, er Geschichte und ich Religion, und manchmal würden wir Liebeszettelchen zwischen unseren Klassenzimmern hin- und herschicken, befördert von einem

Lieblingsschüler, bei dem man sich darauf verlassen konnte, dass er sie nicht las oder zumindest den Inhalt nicht verriet.

Ich verbrachte einen weiteren Highschool-Sommer in New York, belegte Kurse am „Drisha Institute for Jewish Education", einem der wenigen Orte in Amerika, wo Frauen den Talmud studierten. Ich wohnte in jenem Sommer bei einer orthodoxen Familie, Liz und Arthur Goodman mit ihren fünf Kindern. An der Wohnungstür hatten sie eine Hutschachtel voll mit schwarzen Baretts und violetten Kappen; jedesmal, wenn sie das Haus verließ, setzte Liz eine auf. Arthur stand jeden Morgen früh auf, legte die Gebetsriemen an – Bänder mit kleinen, schwarzen, würfelförmige Kapseln aus Leder mit Pergamentstückchen darin, auf denen Verse der Thora stehen –, und sprach das Morgengebet. In jenem Sommer gewöhnte ich es mir an, nur knöchellange Röcke zu tragen, wie die meisten orthodoxen Frauen, und T-Shirts, deren Arme mindestens über die Schultern gingen. Meine Nasenringe, ein Bügel und ein Stecker, verursachten einiges Aufsehen, aber einer meiner Talmudlehrer wies darauf hin, dass auch Rahel mit einem Nasenring geschmückt war.

Ich beachtete die Sabbatgesetze, lernte das etwas lang geratene hebräische Tischgebet nach dem Essen, aß koscher. Und am Drisha studierte ich den ganzen Tag lang den Talmud. Alle anderen Teilnehmerinnen stammten aus orthodoxen Familien, gingen auf orthodoxe Schulen, waren mit Hebräisch großgeworden und fanden sich in rabbinischen Texten so zurecht, wie sich die meisten Mädchen im Highschool-Alter in einem Einkaufszentrum zurechtfinden. Sie waren lieb zu mir. Sie halfen mir dabei, mit Aramäisch-Englischen Wörterbüchern zurechtzukommen. Sie liehen mir lange Röcke und erklärten mir, woran man erkennt, welche Joghurtmarken koscher sind. Ich schloss Freundschaften. Ich lernte. Ich freute mich jeden Morgen auf den Unterricht, ich freute mich auf das frische helle

Holz der Unterrichtsräume, ich freute mich sogar darauf, mir die Zähne am Aramäischen auszubeißen, auf den sterbenslangweiligen Frust mit fremden Wörtern in fremden Sprachen auf fremden Seiten fremder Bücher.

Allmählich führten die Wochenenden in Washington und die Sommer dazu, dass ich ein orthodoxes Leben führen wollte. Jede andere Art, den jüdischen Glauben zu begreifen, schien mir unsinnig. Wenn die Thora wahr ist, dann sollten wir all unsere Zeit mit ihrer Lektüre verbringen und unser ganzes Leben damit, nach ihr zu leben. Ich weiß noch, wie ich Lisa, eine Frau aus der Congregation Beth Israel, für die ich babysittete, fragte, wie es sein konnte, dass sie die Sabbatgesetze befolgte, nicht aber die Speisevorschriften. Alle Gesetze stammten aus demselben Buch; warum fühlte sie sich durch die eine Gruppe gebunden und durch die andere nicht?

Sie sagte etwas von Tradition. „Wenn du meinst, die Menschen sollten den Sabbat halten, weil es im Talmud steht", sagte Lisa, „dann bin ich bloß inkonsequent. Aber ich beachte den Sabbat nicht deshalb, weil ich mich durch das jüdische Gesetz daran gebunden fühle, sondern weil ich am jüdischen Glauben teilhaben möchte, und das ist ein Weg, der für mich sinnvoll ist. Koscher leben ist für mich nicht besonders sinnvoll."

Die Theologie ist mir lieb und teuer geworden, aber ich habe immer eine theologisch schlichte Denke gehabt. Lisas Ansichten über Vorschriften als sinnvoll statt als bindend erschienen mir unsinnig. Entweder waren diese Gesetze wahr, oder sie waren es nicht. Entweder hat Gott das alles Mose auf dem Berg Sinai offenbart, oder er hat es nicht. Wenn ja, waren wir daran gebunden, an alles, jedes Wort, jede Silbe, jeden Buchstaben. Oder Gott hatte damit nichts zu tun, vielleicht gab es keinen

Gott, Mose war ein Größenwahnsinniger oder das Produkt der Fantasie eines Romanautors. Entweder gab es kein Judentum, oder es gab orthodoxes Judentum.

Für einen orthodoxen Lebensstil waren für mich gewisse Veränderungen vonnöten – nicht zuletzt, weil ich nach jüdischem Gesetz keine Jüdin war. Reformrabbiner haben in einem Gutachten aus dem Jahre 1983 zum Status von Kindern aus Mischehen die Definition von Judesein so erweitert, dass auch jemand wie ich mit jüdischem Vater und nicht-jüdischer Mutter dazugehört. Doch Konservative und Orthodoxe halten an der alten Lehre fest: Jude ist jemand, der von einer jüdischen Mutter geboren wurde.

Ich hatte seit der achten Klasse erwogen, zum Judentum zu konvertieren. Bei der Congregation Beth Israel hatte mich Rabbi Dan in sein Büro kommen lassen und mir erklärt, dass mich Reformjuden als Jüdin ansehen würden, konservative und orthodoxe Juden hingegen eine förmliche Konversion erwarteten: Unterricht bei einem Rabbiner, danach untertauchen in der Mikwe, dem rituellen Bad. Die Congregation Beth Israel war eine Reformsynagoge, von daher hatte ich momentan keine Probleme. Doch Rabbi Dan wünschte sich von mir, dass ich über die Konversion nachdächte. Was wäre, fragte er, wenn ich irgendwann mal nach Israel ziehen wollte? Ohne orthodoxe Konversion hätte ich nach dem Rückkehrgesetz keinen Anspruch auf die israelische Staatsbürgerschaft. Oder was wäre, wenn ich einen Mann würde heiraten wollen, der strenger nach dem Gesetz lebte? Ein konservativer oder orthodoxer Rabbi würde einen Nachweis verlangen, dass ich nach der Halacha, nach jüdischem Gesetz, jüdisch bin, bevor er mich traut. Oder was wäre, wenn ich selbst mich stärker an das Gesetz halten wollte?

Erst mal war ich beleidigt. Was sollte das heißen, ich wäre nicht wirklich jüdisch? Das gab meiner jugendlichen Angst

Nahrung. Ich fing einen Briefwechsel mit unserer einzigen orthodoxen Verwandten an, mit Jane, der Cousine meines Vaters. Stimmte das wirklich, was mein Rabbi gesagt hat? Woher stammten diese Grundsätze zur Abstammung von der Mutter? Ich schrieb ihr auf gelben Notizblockseiten, bis tief in die Nacht. Ich reimte sogar, um das Melodramatische meiner Lage noch zu verstärken: „Ich sitz in meiner Bude / und frag mich: ‚Bin ich Jude'?" Jane schrieb gelassen und verständnisvoll zurück. Sie lachte nicht über meine Theatralik und riet mir nicht, dass ich lieber bei ungereimter Prosa bleiben solle. Sie sagte freundlich, dass die Halacha eindeutig war. Meine Mutter war keine Jüdin, also war ich auch nicht jüdisch.

Am Ende meiner Highschool-Jahre schien die Antwort auf Rabbi Dans Frage offensichtlich. Natürlich würde ich konvertieren. Ich würde förmlich zum Judentum konvertieren, mein Leben ändern und orthodoxe Jüdin sein.

Aus diesem Grunde suchte ich mir die Columbia in New York als College aus – nicht weil sie einen schönen Campus hatte oder eine gute Lacrossemannschaft (einem Spiel mit Elementen aus Eishockey und Basketball; d. Übers.) oder dort Männerüberschuss herrschte, sondern weil es dort Hunderte von orthodoxen Juden gab. Vom ersten Tag an vergrub ich mich dort in die Orthodoxie. Ich fing an, täglich in orthodoxe Gottesdienste zu gehen; stand um 6 Uhr in der Früh auf, um ein Traktat zu den Sabbatvorschriften zu lesen. Jobbte Teilzeit in einem koscheren Deli. Verkündete meinen Eltern, dass ich zu Hause nicht mehr von ihren Tellern essen könne. Wurde zur Organisatorin des jüdischen Lebens der „Jüdischen Studentenunion" an der Columbia auserkoren. Gewöhnte mir die rituelle Händewaschung an, die Juden jeden Morgen als Erstes vornehmen. Lernte das Gebet, das man nach einem Gang auf die Toilette spricht (in dem Gott dafür gedankt wird, dass er uns exakt so, wie wir sind, geschaffen hat, keine Körperöffnung zu viel und keine zu wenig). Passte auf, dass ich mir jeden Morgen erst den rechten Schuh anzog und dann den linken, den Anweisungen des Talmuds entsprechend. Besuchte tugendhaft an Samstagnachmittagen die Kranken in einem benachbarten Krankenhaus und begann, mich bei einem Rabbi auf meine Konversion vorzubereiten.

Bei einer Konversion wird ein *Beth Din*, ein Gerichtshof aus drei Rabbinern, gebraucht. Ich kannte exakt drei orthodoxe Rabbiner: einen Lehrer vom Drisha Institute, Rabbi S.; Rabbi W., einen Gemeinderabbiner aus der West Side von Manhattan, der mit der Familie, bei der ich in meinem Drisha-Sommer gewohnt hatte, befreundet war; und Rabbi M., Rabbiner in Boston, Leiter der Studienfahrt nach Israel, bei der ich direkt vor dem College mitgefahren war. Von den dreien war mir Rabbi M., der Rabbiner aus Boston, am nächsten, doch war er zu weit weg, um meine Konversion richtig betreuen zu können. Rabbi W. war bereit, als *av bet din*, Vorsitzender (oder wörtlich „Vater") des Dreigestirns zu fungieren, und so trafen wir uns zweimal im Monat in seinem Büro in der Synagoge in der West Side; Treffen, die halb Test, halb Seminar waren. Er stellte mir alle möglichen Fragen zum jüdischen Gesetz, und ich haspelte mich durch die Antworten. Ich fand diese Gespräche einschüchternd und aufregend zugleich.

Ich kam mir vor, als ob ich an den ausführlichen Auseinandersetzungen teilnahm, die Danny, der chassidische Junge aus Potoks „Die Erwählten", jeden Sabbatnachmittag mit seinem Vater hatte. Rabbi W. befragte mich zur *Zedaka*, zur Wohltätigkeit: Wie viel war ich zu geben verpflichtet? Ich wusste, dass die Antwort darauf „zehn Prozent" lautete. „Selbst wenn die sozusagen einzige Einkommensquelle die monatliche Unterstützung durch die Eltern ist?", fragte Rabbi W. *Ja*. „Und erzähl mir mal etwas über die Gesetze, die sich mit *Muktza* befassen", sagte er, die Gesetze, in denen festgelegt wird, was am

Sabbat benutzt und bewegt werden darf und was nicht. Ich war ratlos. Ich hatte keine Ahnung. In der Woche darauf strich ich durch den Midrasch, die Auslegung der Heiligen Schrift, und las alles über die Vorschriften zur Muktza, was ich finden konnte.

Alle paar Wochen rief ich Rabbi M. in Boston an. Auch wenn er in einem anderen Bundesstaat wohnte, so war er ohne Frage mein Rabbi. Er war in allen religiösen Angelegenheiten mein Mentor und meine maßgebliche Autorität. Ihn fragte ich, wenn ich Fragen zum Gesetz hatte (durfte ich in einem nicht-koscheren Restaurant Kaffee trinken?), und an ihn wandte ich mich, wenn ich geistlichen Rat brauchte. Wenn er in irgendein fernes Land gezogen wäre, wäre ich dorthin gepilgert, um ihn zu besuchen. Wenn ich einen seiner gelegentlichen Vorträge in Boston besuchte, schrieb ich mit, in einem speziellen glitzernden Heft, das ich in meinem Schreibtisch aufbewahrte.

Es gab einen ganz bestimmten Augenblick, in dem er zu meinem Rabbi wurde, und ich entsinne mich daran wie manche Menschen an ihre Verlobung. Wir waren mit dem Bus unterwegs nach Jerusalem, an einem der letzten Tage der Freizeit, und ich erzählte ihm, dass ich nach New York gehen und an der Columbia anfangen würde, und übers Konvertieren. Ich hatte Angst, dass ich mir einsam und verlassen vorkommen würde, dass ich Orientierung bräuchte und nicht wissen würde, woher ich die bekäme. „Dafür gibt's doch mich", sagte Rabbi M. „Orientierung kannst du von mir bekommen." Und damit war das geregelt. Später erzählte er mir, dass er schon den ganzen Sommer darauf gewartet hätte, dass ich dieses Gespräch anfing.

Rabbi M. war ein *Baal Teschuwa*, „ein Meister der Um-kehr", jemand, der nicht als strenggläubiger Jude aufgewachsen war und später orthodox wurde. Er war intelligent, ein wenig linkisch, und er mochte die Highschool- und Collegeschüler. Er war mit einer charmanten Französin verheiratet und hatte eine wunderbare Tochter namens Rayzl, die damals ungefähr sieben war. Er liebte Rayzl über alles, war total vernarrt in sie. Er gehörte zu jenen Vätern, die sogar zu lernen versuchen, wie man die Haare seine Tochter wieder ordentlich macht. (Ohne großen Erfolg. Rayzl hatte immer Hubbel, wenn er versuchte, ihr Haar ordentlich zu kämmen.)

Und er mochte mich. Er mochte und verstand mich. Oft ahnte er, was ich sagen wollte, bevor ich überhaupt zum Sprechen angesetzt hatte. Im Laufe der Jahre meiner Bekanntschaft zu Rabbi M. begriff ich, dass wir uns ziemlich ähnlich waren, dass wir die gleichen Stärken und Schwächen hatten, dass er in mir etwas von sich selbst sah. Letzeres sorgt fast immer für Intensität. Ich sehe das jetzt hier an der Geschichtsfakultät der Columbia. Die Dozenten hier sind freundlich, entgegenkommend, ihren Studenten zugetan. Manchmal aber sieht man eine ganz besondere Zuneigung, eine Art Herausgreifen, und man weiß, der Professor sieht in dem Studenten etwas von sich selbst. Er sieht sich selbst, von Neuem, in jüngeren, frecheren Jahren. Ich sehe das auch, in den Studenten, die an meinen Übungen teilnehmen.

Ich habe so ziemlich all meine Studenten gemocht, aber manchmal gibt es einen besonderen Studenten, der Geschichte liebt und spitzfindige Fragen spannend findet, einen Studenten, der nicht die leiseste Ahnung hat von Vorkriegs-Südstaaten-Pflanzern und dann das sklavenhalterkritische „Rausch, Jordan, rausch" liest oder ein berühmtes Buch über die Geschlechtergeschichte des Südens und auf einmal wie besessen ist von Themen wie Baumwolle und Aufseher, Reifröcken und Sklaverei. Diese Studenten erinnern mich daran, wie ich selbst vor wenigen Jahren war, und ich liebe sie dafür.

Also rief ich Rabbi M. ein paar Wochen vor meiner Konversion an und fragte ihn, was genau an dem Tag passieren würde. Dass Rabbi M. aus Boston herkommen würde, war mir klar, und auch, dass die drei Rabbiner und ich gemeinsam zur *Mikwe* gehen würden. Und dann? Ich wusste, dass es vor der eigentlichen Konversion eine Prüfung geben würde. Eine konvertierte Freundin von mir aus Arkansas hatte mir Gruselgeschichten von ihrer Prüfung erzählt. Sie sagte, die Rabbiner hätten sie zwei Stunden lang gelöchert, nach allen Details der Halacha, dem jüdischen Gesetz, gefragt. Ich erzählte Rabbi M., dass ich Angst hätte, nicht genug zu wissen, um die Prüfung zu bestehen. Er meinte immer, ich müsse mir keine Sorgen machen, ich wüsste ziemlich viel, und dass er und die beiden Rabbiner nicht den ganzen Morgen damit vergeuden würden, mich einem lächerlichen Test zu unterziehen. „Wir erwarten nicht von dir, dass du jede Einzelheit der Halacha weißt", sagte Rabbi M. „Wir möchten bloß, dass du genug weißt, um eine faire Chance zu haben, eine anständige Jüdin zu werden. Ich werde dir nur eine einzige Frage stellen. Ich werde dich fragen, ob du das *Ani ma'amin* gelesen hast und dem zustimmen kannst."

Das *Ani ma'amin* heißt wörtlich „Ich glaube", so wie das lateinische *Credo.* Es wurde im zwölften Jahrhundert von Moses Maimonides verfasst. Das *Ani ma'amin* ist ungefähr eine Seite lang; es stellt 13 Glaubensgrundsätze auf und wird von Juden typischerweise am Ende des Morgengebets aufgesagt. Jede Zeile beginnt mit *„Ani ma'amin be'emuna schlema"*:

„Ich glaube mit voller Überzeugung." Ich glaube mit voller Überzeugung, dass der Schöpfer, gepriesen sei sein Name, jegliche Kreatur schafft und lenkt; ich glaube mit voller Überzeugung, dass der Schöpfer, gepriesen sei sein Name, einzig ist; dass er unkörperlich ist; dass er Anfang und Ende ist; dass die Worte der Propheten alle wahrhaftig sind; dass diese Thora, wie wir sie jetzt besitzen, die gleiche ist, die unserem Lehrer Moses übergeben wurde; dass der Messias kommt und ich ungeachtet seines langen Ausbleibens seine Ankunft täglich erwarte; und dass einst die Toten auferstehen werden.

Es wird oft gesagt, dass das Christentum eine Religion des Glaubens sei, das Judentum hingegen eine Religion des Handelns; dass Juden sich darum kümmern, was man tut, und nicht um das, was man glaubt. Diese Kurzfassung kursiert seit Langem, nicht ganz zu unrecht. Das Judentum interessiert es leidenschaftlich, was man tut, was man isst, wann man arbeitet, wie man sein Geld ausgibt, ob man tratscht oder nicht und welchen Stoff man für seine Kleidung verwendet. Doch das Judentum ist auch eine Religion des Glaubens. Juden ist das Glauben alles andere als egal. *Ani ma'amin be'emuna schlema.*

Mitten in einer Serie aus kurzen Büchern von obskuren Propheten gibt es in der Thora die Prophezeiung des Obadja. Obadja war dem Talmud zufolge ein Edomiter, der zum Judentum konvertierte. Im Mittelalter nahmen männliche Konvertiten vom Christentum zum Judentum häufig „Obadja" als neuen Namen an, und Maimonides schrieb einst einen berühmten Brief an „Obadja den Konvertiten". Jener Obadja hatte an Maimonides geschrieben und ihn gefragt, ob er das Gebet: „Unser Gott und der Gott unserer Väter" sprechen solle, da seine Väter ja keine Kinder des abrahamitischen Bundes seien. Maimonides antwortete ihm: „Natürlich sollst du ‚Unser Gott und der Gott unserer Väter' beten, denn es gibt in keiner Hinsicht einen Unterschied zwischen uns und dir. Denke nicht schlecht über deine Herkunft. Wenn wir unsere Abstammung von Abraham, Isaak und Jakob herleiten, so stammst du von ihm, durch dessen Wort die Welt geschaffen wurde, ab."

Eines Dezembermorgens stieg ich in die U-Bahn, fuhr zur 79. Straße und ging dann einen Häuserblock weit zur *Mikwe*. Das rituelle Bad ist für jüdische Gemeinden so unverzichtbar, dass Juden verpflichtet sind, eine Mikwe zu errichten, noch bevor sie mit dem Bau der Synagoge anfangen. Männer springen zwar manchmal kurz hinein – zum Beispiel vor Jom Kippur, wenn sie sich reinigen wollen –, aber insgesamt sieht man selten einen Mann in der Mikwe, die in erster Linie von Frauen in der Mitte ihres Menstruationszyklus besucht wird. Während ihrer Regel und sieben Tage danach kann eine jüdische Frau keinen Sex mit ihrem Mann haben. Und die Rabbis, denen klar ist, wie versucht man nach auch nur einem Kuss sein kann, wandten eine beliebte rabbinische Strategie an: Sie errichteten Zäune. Um sicherzustellen, dass ein Mann keinen Sex mit seiner Frau hat, während sie blutet, fügten die Rabbiner hinzu: *Rühr deine Frau überhaupt nicht an. Küss sie nicht, halte sie nicht bei der Hand, leg im Kino nicht den Arm um sie, streif nicht ihr Handgelenk, wenn sie schwer beladen mit Einkaufstüten nach Hause kommt und du ihr ein paar abnimmst; hilf ihr nicht, den Reißverschluss an ihrem Kleid zu öffnen, damit du nicht mit den Fingern aus Versehen über ihren Nacken streichst. Reich ihr beim Essen keine Schüssel. Schlaft nicht im selben Bett,* was im Regelfall bedeutet, *habt zwei Einzelbetten, die ihr während der Wochen, in denen ihr euch berühren, küssen, knuddeln könnt, zusammenschiebt und mit einem Doppelbettlaken bezieht. In den anderen Wochen richtet sie als Einzelbetten ein. Stopft die Bettdecke schön unter der Matratze fest, strampelt sie nachts nicht weg ...*

Wenn ihre Regel zu Ende ist und sieben Tage vergangen sind, begibt sich eine Frau abends zur Mikwe. Dort wird sie von einer Bademeisterin ins Bad begleitet, wo sie sich auszieht, ihre Perücke abnimmt, ihren gesamten Schmuck und sämtliche Pflaster, die sie vielleicht auf eine Wunde am Finger oder an der Wade geklebt hat. Sie duscht sich, entfernt allen Nagellack, nimmt Zahnseide, denn das Wasser der Mikwe muss jede Stelle ihres Körpers berühren; das kleinste Fitzelchen Spinat zwischen ihren Zähnen würde da stören. Manchmal wird sogar Schorf als bedenklich angesehen.

Der andere Zweck, dem eine Mikwe dient, zusätzlich zur fraulichen Reinigung nach der Periode, ist als rituelles Zeichen für die Konversion. Männliche Konvertiten müssen zusätzlich beschnitten sein, Frauen jedoch müssen nur in Gegenwart eines „Gerichtshofs" von drei Rabbinern, die über die Konversion entscheiden, in der Mikwe untertauchen und sind danach Jüdin.

In der 78. Straße angekommen, wurde ich von einer Mikwe-Frau empfangen, die, dem Klischee gehorchend, einen osteuropäischen Akzent und eine schlechte Perücke auf dem Kopf hatte. Ihre Aufgabe war es, dafür zu sorgen, dass ich nackt und sauber war, bevor ich in die Mikwe tauchte, und aufzupassen, dass ich vollständig eintauchte. Der Beth Din war bereits da, und wie Rabbi M. vorhergesagt hatte, war die Prüfung reine Formsache. Rabbi W. befragte mich zu den Wohltätigkeitsgeboten, von denen er bereits wusste, dass ich sie kannte; Rabbi S. lehnte es ab, mich überhaupt etwas zu fragen; und Rabbi M. sagte: „Nun, Lauren, hast du das *Ani ma'amin* gelesen?" Ich nickte. „Und glaubst du alles darin?" – „Ja", sagte ich. „Ich glaube das alles."

Danach scheuchte mich die Mikwe-Frau ins Bad, wo ich mich auszog, wusch, schrubbte und einen weißen Papierumhang anlegte. Wenn ein Mann konvertiert, stehen die Rabbiner einfach so dabei, doch die Sittlichkeitsregeln verbieten es, dass Rabbiner dabei zusehen, wie eine nackte Frau in der Mikwe herumschwimmt. Daraus ergibt sich eine Art logistischer Herausforderung. Also drehten mir die Rabbiner alle den Rücken zu, als ich den Mikwe-Raum betrat, und ich sprang samt Umhang ins Wasser. Die Rabbiner hörten das Platschgeräusch und gingen im Gänsemarsch aus dem Raum. Ich entkleidete mich und die Mikwe-Frau überwachte mein dreimaliges Untertauchen, passte auf, dass auch jedes Haar auf meinem Kopf genässt war und ich beim Tauchen nicht Finger und Zehen zusammengepresst hatte. Und dann war ich eine Jüdin.

Irgendwie bewirkte die Mikwe eine Bluttransfusion. Die Rabbinen lehren, dass alle Juden, tote und lebende, Zeuge der Offenbarung der Thora auf dem Berg Sinai waren. Sie sagen, dass auch die Konvertiten zugegen waren, doch dann wurden unsere *Neschamot*, unsere Seelen, versehentlich in nichtjüdischen Körpern geboren. Wenn man aus der Mikwe klettert, ist all dies anders geworden. Jetzt war es der richtige Körper. Meine *Neschama* konnte es sich nun zu Hause gemütlich machen. Ich war eine Jüdin.

Als Allererstes am Christentum gefiel mir die Fleischwerdung, lange Zeit, bevor ich auf die Idee kam, in die Kirche zu gehen, das Glaubensbekenntnis zu sprechen oder mich als Christin zu bezeichnen; die Vorstellung, dass Gott sich herabließ und ein Mensch wurde, sodass wir ihn besser verstehen, eine bessere Beziehung zu ihm finden konnten. Im christlichen Glauben war Gott sowohl zu einem fernen, transzendenten Vatergott geworden, wie auch zu einem gegenwärtigen, immanenten Sohn, der unter uns weilte. Christen unterhalten sich, anders als Juden, mit einem Gott, der aus Erfahrung weiß, was es heißt, Hunger zu haben, schwimmen zu gehen, einen besten Freund zu vermissen.

Die Menschwerdung sprach vor allem den Literaturfan in mir an. Sie war der erzählerische Gipfelpunkt der Zuweisung menschlicher Eigenschaften an Gott. Gott wird in der Thora durchweg mit Händen und einem Gesicht dargestellt. Die Rabbinen sagen: *Selbstverständlich hat Gott nicht wirklich Hände, aber die Thora spricht von Gesicht, Händen, Augen, damit wir es einfacher haben, diesen unendlichen, handlosen Gott zu begreifen.* So etwas sagt man, wenn man Rabbi ist. Wenn man aber ein guter Romanautor ist, gibt man ihm am Ende des Buches tatsächlich Augen und Hände – und genau das macht die Bibel. Im 5. Buch Mose steht, dass Gott uns mit mächtiger Hand und ausgestrecktem Arm aus Ägypten geführt hat. Und im Matthäus-Evangelium bekommt er dann wirklich einen Arm.

Ich war von dieser Idee der Menschwerdung auf eine literarische Weise beeindruckt. Aber ich wurde dadurch nicht überzeugt. Die Rabbinen hatten sehr deutliche Vorstellungen von dem, was der Messias tun würde. Er würde den Weltfrieden bringen, er würde den Tempel wiederaufbauen und er würde die Juden wieder in Israel versammeln – und zwar alles auf einen Schlag; und er würde alle zugewiesenen Aufgaben erledigen, ohne dass eine Wiederkunft notwendig würde. Jesus hatte diese Dinge nicht getan, also war er nicht der Messias. Es war eine gute Story, die sich die Christen da hatten einfallen lassen, aber sie war letzten Endes ganz sicher nicht wahr. Es war eine gute Geschichte. Gut geschrieben, klug, aufschlussreich, aber nichts, wonach man sein Leben gestalten konnte. Nichts, was man anbeten konnte.

Doch etwas muss nicht wahr sein, um interessant zu sein. Und so interessierte mich das Christentum meine ersten Jahre am College hindurch. Ich belegte im ersten Semester ein Seminar zum Neuen Testament. Ich verfasste für meinen Kurs in amerikanischer Kolonialgeschichte eine Arbeit über den Beginn der Erweckungsbewegung Ende des 18. Jahrhunderts. Ich las zeitgenössische Romane aus dem Süden und mir fiel auf, dass sämtliche Figuren in diesen Romanen evangelisch waren und dass sie Begriffe wie *Gnade*, *Errettung* und *Sünde* voraussetzten. Ich belegte Seminare in Südstaatengeschichte und schrieb Hausarbeit um Hausarbeit über das protestantische Christentum.

Ich verbrachte viel Zeit damit, mich zu fragen, wie man wie ich gleichzeitig Jüdin und aus dem Süden sein konnte. Vieles war typisch für den Süden, nur nicht das Judentum: gesellschaftliche Umgangsformen, College-Football, Jack Daniels (traditioneller Whiskey aus den Südstaaten; d. Übers.), aber auch Christus. Die meisten meiner jüdischen New Yorker Freunde wollten nach Israel gehen, aber ich wollte, irgendwann, wieder zurück nach North Carolina oder Virginia. Ich dachte viel darüber nach, warum man meine Schwester nicht zum Debütantinnenball eingeladen hatte. Das war eine Ohrfeige gewesen und eine unerwartete dazu: Mein Vater saß für Asheville im Senat von North Carolina, meine Mutter hatte der Junior League vorgestanden und war „Frau des Jahres im Buncombe County" gewesen. Ihre Dinner-Partys wurden von sämtlichen richtigen Leuten besucht. Einige Leute meinten, dass sie nicht eingeladen worden sei, weil wir Jüdinnen waren.

Ich habe versucht, einen Roman über Südstaatenjuden zu schreiben. Die Erzählerin war eine junge Frau, die nach Israel gegangen war, Hebräisch gelernt hatte und schließlich auf dem Markt feilschte wie ein Profi. Doch letzten Endes musste sie ihren Mann verlassen und nach North Carolina zurückgehen, weil sie es keine Minute länger ohne die Berge vom Buncombe County ausgehalten hätte. Es war alles ein bisschen melodramatisch. Ich ließ der Hauptfigur seitenlang die Galle hochkommen, konnte sie zu nichts anderem bringen. Das sah ich als schlechtes Omen an und machte kurzen Prozess mit dem Roman.

Wenn ich mich nicht im Schreiben eines Schlüsselromans versuchte, trieb ich mich in „The Cloisters" herum, einem Museum im Norden Manhattans, wo die Wände vollhingen mit dunkler, schräger christlicher Kunst aus dem Mittelalter. Ich nahm meine Lehrbücher mit dorthin, saß im Hof und las. Ich streifte in den Ausstellungsräumen herum. Mir gefiel vor allem der Raum mit den Einhorn-Wandteppichen; auf den Teppichen wurde die Geschichte einer Jagd auf das sagenumwobene Einhorn geschildert, wie es am Ende gefangen und von den Jägern getötet wurde, und wie es, auf dem letzten Teppich, plötzlich wie durch ein Wunder wieder lebt. Es war eine Allegorie für Christus. Ich kaufte Postkarten vom letzten Wandteppich, auf dem das große gehörnte Geschöpf lag, von einem kreisförmigen Zaun umgeben. Seine weißen Flanken waren mit rosa Flecken gesprenkelt. Ich hatte immer gedacht, es handele sich dabei um Blut von den Wundmalen, doch neulich habe ich gelesen, dass es bloß Saft von den Granatäpfeln im Baum darüber sei.

Meine Lieblingsstelle im Cloisters war ein Raum im Untergeschoss mit dem Namen „Schatzkammer". In Glasvitrinen waren dort kleine empfindliche Reliquienbehälter, Ikonen und Gebetbücher ausgestellt. In einer der Vitrinen befanden sich ein winziger Psalter und ein Stundenbuch, die Gunnora, Herzogin der Normandie, gehört hatten, nichts wie Tempera, Tinte und Blattgold auf Pergament. Es war bei einem Bild von Jesu Gefangennahme aufgeschlagen. Der lateinische Text war fast nicht lesbar. Manchmal blieb ich eine Stunde lang vor diesem Psalter stehen. Wie gern hätte ich ihn in die Hand genommen.

Auf dem College war ich mit Dov zusammen, einem orthodoxen Juden aus dem Westchester County im Südosten des Bundesstates New York, den ich über Rabbi M. kennengelernt hatte. Dov hielt das alles für sehr seltsam. Er sah mich das Stundenbuch ansehen und er sah mich endlose Hausarbeiten über Erweckungsbewegungen in den Südstaaten schreiben. Er sah, dass ich ein Buch über Südstaatenromane las, und machte sich Sorgen. Er meinte: „Lauren, wenn eine Jüdin zum Katholizismus konvertiert wäre, fändest du es dann nicht auch merkwürdig, wenn sie Judaistik studierte, ganze Nachmittage im Jüdischen Museum verbrächte und einmal pro Woche ‚Mein Name ist Ascher Lev‘ läse?" (Ebenfalls ein Roman von Chaim Potok; d. Übers.)

Ich hielt ihm einen Vortrag über Identität. Ich erklärte, dass seine hypothetische Judäokatholikin vollkommen plausibel war – sie versuchte vielleicht die Teile ihres Ichs zu einem nahtlosen Ganzen zu verschmelzen.

„Aber Lauren", sagte Dov, „du bist doch nicht damit groß geworden, ins Cloisters zu gehen oder Predigten von Jonathan Edwards zu lesen! Das hat doch nichts damit zu tun, grundverschiedene Teile deiner Identität miteinander zu verbinden." (Jonathan Edwards gilt als einer der wichtigsten christlichen amerikanischen Theologen; d. Übers.)

„Pass mal auf", sagte ich, „ein Mädchen darf doch wohl geistige Interessen haben, oder? Mich interessiert das Thema bloß. Ich interessiere mich für die Geschichte der Südstaaten. Du kannst doch nicht mein komplettes geistiges Leben auf versteckte Motive aus meiner Biografie reduzieren."

Dov überzeugte das nicht.

„Du liest arabische Texte", sagte ich. Dov studierte Orientalistik an der Universität Harvard. „Du lernst die ganze Zeit Persisch und schreibst Hausarbeiten über arabische Philosophen und Dichter des Mittelalters", sagte ich, „und ich hab auch keine Angst, dass du zum Islam konvertierst."

„Lauren", meinte Dov, „das ist nicht dasselbe. Du hast dich entschieden, Jüdin zu werden, angeblich weil du das Judentum so toll findest. Und trotzdem schaffst du's nicht, auch nur einen kleinen Hebräischkurs zwischen deine ganzen Seminare zum Neuen Testament und die Geschichte North Carolinas zu quetschen?"

Seinerzeit dachte ich, dass Dov überreagierte. Heute glaube ich, dass er etwas sah, was ich damals nicht begriff. Er sah, wie Jesus mich allmählich zu sich hinzog.

Mitten im zweiten Studienjahr träumte ich von Meerjungfrauen. In diesem Traum wurden meine Freundin Michelle, ich und eine Gruppe mir unbekannter Frauen von einer Meerjungfrauenbande gekidnappt. Sie brachten uns unter Wasser, und auch wenn uns keine Schwänze oder Flossen wuchsen, hatten wir doch keine Probleme am Meeresgrund. Wir konnten atmen, herumlaufen, sprechen. Das Leben als Gefangene der Meerjungfrauen war eigentlich gar nicht so übel. Wir wurden von unseren Entführerinnen weder geknebelt noch gefesselt. Wir durften tun und lassen, was wir wollten – außer nach Hause gehen. Wir konnten ins Kino gehen, Vier-Gänge-Menüs kochen, Ibsen lesen. Wir konnten nur nicht an die Küste zurückkehren.

Nach einem Jahr unter Wasser erschien ein Rettungskommando, das in erster Linie aus angegrauten älteren Männern mit Plauze bestand, von der Montagsabend-Football-gucken-Sorte. Es war aber auch ein extrem gut aussehender Mann um die dreißig dabei, dunkel, Typ Daniel Day-Lewis. Und mir war klar, dass er gekommen war, um *mich* zu retten. Er beteiligte sich zwar an der gemeinsamen Rettungsanstrengung, doch *hier* war er wegen *mir*.

Nach dem Jahr unter Wasser kehrten wir in meinem Traum alle nach Hause zurück. Bei mir war das das Haus meiner Kindheit in North Carolina, wo ich schon mit elf weggezogen war. Ich war anscheinend schon seit damals verlobt gewesen, und meine Mutter, in einem Anfall von Glauben oder Dummheit, hatte schon mal weiter meine Hochzeit vorbereitet, die nun in drei Tagen stattfinden sollte. Ich stand in der Küche, an der Kochinsel mitten im Raum, und las die Antworten auf die Einladungen, die sie verschickt hatte. Donna Bruni, eine Freundin meiner Mutter aus Collegetagen und jetzt in Texas mit einem Millionär verheiratet, konnte nicht kommen; sie hatte einen langen, saloppen Brief geschrieben, in dem sie erklärte, warum.

Weder meine Mutter noch mein Verlobter (ob mein Verlobter Dov war oder nicht, blieb im Traum seltsam undeutlich) glaubten mir, dass ich von Meerjungfrauen entführt worden war. Sie rasteten nicht aus und bezichtigten mich auch nicht der Lüge; sie wollten nicht die Männer mit den weißen Kitteln holen; genau genommen schien es sie nicht allzu sehr zu interessieren, wo ich das ganze Jahr gewesen war. Sie wussten, dass es schlicht und ergreifend keine Meerjungfrauen gab, also war ich auch nicht von Meerjungfrauen gekidnappt worden.

Nichtsdestoweniger kann eine Entführung ein ziemlich traumatisches Erlebnis sein, und es wäre schön gewesen, wenn ich mit jemandem in meinem Traum darüber hätte reden können. Also bemühte ich mich von Zeit zu Zeit, mich mit dem gut aussehenden Retter zu treffen, dem Daniel-Day-Lewis-Double, und dann sprachen wir über die Entführung und nichts anderes, mein Jahr bei den Meerjungfrauen, und dann ging ich wieder nach Hause. Ende des Traums.

Ich habe oft bizarre und detaillierte Träume. Neulich habe ich geträumt, dass ich nach Japan müsste, aber zuerst einen Nachmittag lang mit meinem Onkel Bob im Keller fliegende Eigelbe gefangen hatte. Und ich habe geträumt, dass eine Freundin meiner Schwester bei *Oprah* zu Gast gewesen wäre, um über die Untreue ihres Freundes zu reden; damit sie aber anonym bleiben konnte, hatte man ihr einen gelben Bowling-Kegel aus Pappe über den Kopf gestülpt. Als sie weinen musste, reichte ihr jemand ein Taschentuch, und sie musste es unter den Kegel bugsieren, um an ihre Tränen zu kommen. Ich versuche nie, diese Träume zu unterbrechen. Ich versuche bloß, mich an so viel wie möglich zu erinnern, und dann stehe ich auf, putze mir die Zähne und springe unter die Dusche.

Der Meerjungfrauentraum war allerdings anders. Schon im Moment des Aufwachens wusste ich, dass dieser Traum von Gott gekommen war und dass es darin um Jesus ging. Dass er

wahr war. Dass Jesus jemand war, dessen Pronomen man groß-
schreiben musste. Dass Er Gott war. Ich wusste das mit mehr
Gewissheit, als ich je etwas anderes gewusst hatte. Gott ist ein
Erzähler. Er verwendet alle möglichen literarischen Techniken:
Alliteration, Reim, Synekdoche, Lautmalerei. Seine Lieblings-
technik ist allerdings die Vorausblende, die Andeutung. Und
genau die verwendete Gott für mich im Cloisters und in gewis-
sen Südstaatenromanen. Er deutete an. Er legte Fallen aus, hin-
terließ Hinweise – Hinweise, die mir hätten auffallen können,
hätte ich besser aufgepasst. Dov fielen sie auf.

Es hat noch andere, frühere Hinweise gegeben. Etwa jenes
Weihnachten, als ich noch auf der Highschool war, wo ich mit
meiner Freundin Nora heimlich zur Mitternachtsmesse gegangen bin (einzig und allein, weil ich wie meine Schwester
Leanne sein wollte, die auch mal mit ihrer besten Freundin in
der Mitternachtsmesse gewesen war). Dann das schmale goldene Kreuz, dass ich mir zu meinem elften Geburtstag von meiner Mutter gewünscht hatte (einzig, weil mich die schöne
Schlichtheit eines Kreuzes mehr ansprach als die ineinander
verschränkten Dreiecke des Davidssterns). Und der stroh-
blonde Fundamentalistenjunge, den ich in der 11. bei einem
Debattierwettbewerb kennengelernt hatte. Wir quatschten miteinander. Ich war schwer beeindruckt. Ich erklärte ihm, dass
die Stelle in Jesaja, in der steht, dass Jesus von einer Jungfrau
geboren werden würde, von den Christen falsch übersetzt ist.
Im Hebräischen stehe da bloß „junge Frau". Ich bat ihn, mir
Lektüre über Jesus zu schicken, eine Bitte, die ihm wahrscheinlich den Glücksmoment des Tages bescherte. Er schickte mir
zwei Broschüren und eine Kassette mit weinerlicher christlicher Musik. Die Broschüren blätterte ich einmal durch und die
Kassette verschwand im Mülleimer.

Die Broschüren, das Kreuz und die Mitternachtsmesse zei-
tigten keine Folgen, aber so ist das manchmal bei den Hinwei-

sen, die Gott streut. Manchmal wird nichts aus ihnen. Manchmal, wie in einem guten Roman, merkt man erst am Schluss, dass Gott die ganze Zeit über Hinweise gestreut hat. Manchmal fragt man sich: *Wieso ist mir das nicht aufgefallen? Jeder Idiot hätte schon im zweiten Kapitel gemerkt, dass es Miss Scarlet mit dem Strick im Wintergarten war.*

Zurück zum Traum. Überall in der Bibel, im Talmud, in der Geschichte der Kirche und des Judentums (und wahrscheinlich aller anderen frommen Gruppierungen) begegnet Gott den Menschen in ihren Träumen. Da wären zum Beispiel die berühmten Träume des Pharaos vom Korn und den Kühen, den sieben fetten und den sieben mageren Jahren, und im Matthäusevangelium erscheint Josef im Traum ein Engel. Dennoch habe ich etliche Jahre gebraucht, um herauszubekommen, wie man ein ernstes Gesicht bewahrt, wenn man anderen erzählt, dass *Gott sich im Traum mir mitgeteilt hat.* Biblisch, sicher, aber auch ein bisschen verrückt.

Damals, in den Tagen nach dem Traum, habe ich nur drei Leuten davon erzählt. Als Erstes musste mir meine Mitbewohnerin Beth zuhören, eine orthodoxe Jüdin mit Locken und blauen Augen, die Gott besser als jeder andere kennt. Sie machte ganz große blaue Augen und meinte: „Ich könnte wetten, dass der Mann, der dich gerettet hat, Elijahu ha-Navi war." Der Prophet Elia. Er, für den wir das Glas Wein beim Passah-Sedermahl übrig lassen. Er, der den Messias ankündigen wird. *Knapp daneben ist auch vorbei*, dachte ich.

Ich erzählte Dov von dem Traum. Er war wütend. Er meinte, ich würde von einem anderen Mann träumen. Er dachte, ich wäre ihm im Traum untreu oder würde ihm vorsichtig beizubringen versuchen, dass ich mich in jemand anderes verliebt hätte.

Als Letztes flog ich nach Virginia, um meine Physiklehrerin aus der 10. zu besuchen, die einzige fromme Christin, die ich

68

wirklich kannte. Jene Frau, die eines Morgens bei der Lektüre des Markusevangeliums zum Glauben gekommen war. Wir saßen im Garten und ich erzählte ihr von den Meerjungfrauen und dem Mann, der mich gerettet hatte. „Hast du eine Ahnung, wer das war?", fragte Lil. Ich war enttäuscht. Mir war klar, warum Beth und Dov nichts kapiert hatten – aber Lil, die einwandfreie wiedergeborene Christin? Eine Frau, die in ihrer Gemeinde eine kleine Gruppe für Lehrer leitete? Eine Frau, die täglich ihre Bibel las? Warum begriff *sie* es nicht?

„Also, mir war eigentlich klar, dass es Jesus war", sagte ich. „Ja, für mich ist das auch ziemlich klar", sagte Lil, „aber ich hab nicht gewusst, ob du bereit wärst, Jesus in deinen Träumen zu sehen. Du bist schließlich orthodoxe Jüdin. Und in deren Leben ist eventuell nicht viel Platz für Jesus."

Sie hatte recht. Besonders bereit war ich nicht. Ich hatte mein Leben dem jüdischen Glauben gewidmet. Ich war glücklich verliebt in meinen orthodoxen Freund. Mein New Yorker Alltag war vom Judentum ausgefüllt, Platz für Jesus gab es dort nicht. Also erzählte ich Lil meinen Traum, ließ anschließend das ganze Thema verschwinden und mied es fortan. Ungefähr zwei Jahre lang. Ging gewissenhaft in die Schul. Legte mir weitere lange Röcke zu. Beseitigte zu Passah sämtlichen Sauerteig aus meiner Küche. Backte Dov zu seinem Geburtstag eine Schichttorte.

Doch Stück für Stück ging mein Judentum in die Brüche. Ich wusste nicht mehr, warum ich den Sabbat hielt, warum ich auf Hebräisch betete, warum ich Freitagabende und Samstagnachmittage mit langen Sabbatmahlen verbrachte, mit Wein und Gesang und Menschen, die ich liebte. Ich rief Rabbi M. an und erzählte ihm, dass ich eine *geistliche Durstrecke* hätte. Er sagte: „Das ist ja das Schöne am jüdischen Glauben. Selbst wenn man zweifelt, selbst wenn man das Gefühl hat, dass nichts passiert, dass Gott nicht da ist – man befolgt einfach weiter die Mitzwoth. Man spricht seine Gebete, wäscht sich morgens die Hände, dekoriert seine Sukka mit Früchten, steckt die Sabbatkerzen an und macht an Chanukka Latkes (kleine frittierte Kartoffelpuffer; d. Übers.). Durchs Tun schafft man es, die Durststrecke zu überwinden. Irgendwann wird das Gefühl, dass man Gott zwischen seinen Schulterblättern sitzen hat, zurückkehren." Also betete ich weiter, dekorierte weiter die Sukka mit Früchten, zündete die Sabbatkerzen an.

Eine Woche, bevor das letzte Jahr am College anfing, saß ich einer Buchhandlung und wartete auf einen Freund. Obwohl ich mir fest vorgenommen hatte, nichts zu kaufen, griff ich mir ein Buch aus einem Regal, um darin zu lesen, bis Aaron auftauchte. Ich erwischte „Daheim in Mitford", den Roman einer Frau, die im Westen von North Carolina lebte. Die Hauptfigur war Father Tim, Mitte fünfzig, unverheiratet, Pfarrer an einer kleinen Episkopalkirche, der „Lord's Chapel". Ich las das erste Kapitel und hatte beim Verlassen der Buchhandlung diesen und den zweiten Band in meinem Rucksack. In der Woche darauf las ich die Mitford-Bücher, einmal, zweimal. Sie waren keine große Literatur, nur Skizzen von den Menschen aus Father Tims Gemeinde, Geschichten von ganz normalen Christen, die ganz normalen Glauben in ihrem ganz normalen Leben lebten. Die Bewohner von Mitford zitierten des Öfteren Philipper 4,13: „Das alles kann ich durch Christus, der mir Kraft und Stärke gibt." Sie sangen mir unbekannte Lieder und beteten mit einem Gebetbuch, das ich noch nie aufgeschlagen hatte. Und ich dachte: *Was die haben, will ich auch haben.*

Der Weg dorthin war weniger klar. Ich hatte jenes Treffen mit Pfarrer Mike, dem presbyterianischen Pfarrer, der zu mir meinte, dass ich mich nicht vom Judentum scheiden lassen könne. Ich kaufte das „Common Book of Prayer" und verschenkte meine jüdisches Gebetbuch. Ich hielt zwar weiterhin Sabbat, begann jedoch Abendgottesdienste in einer Episkopalkirche zu besuchen. Dov und ich waren nicht mehr zusammen. Ich aß eine Tasse Muschelsuppe von Campbell's. Ich ging zu Talbots und kaufte zwei Paar Shorts, versteckte sie aber ganz weit hinten in einer Schublade. Ich küsste einen katholischen Jungen, lag mit ihm auf dem Bett und diskutierte mit ihm die Rolle der polnischen Arbeiterschaft im Holocaust. Ich las die Autobiografie der heiligen Teresa von Avila und schrieb noch mehr Arbeiten über die Erweckungsbewegung. Und ich war bei einem unter der Woche stattfindenden „Lerngottesdienst" in einer Episkopalkirche in der Nähe der Columbia dabei.

Dieser Lerngottesdienst machte mich rasend. Die fragliche Gemeinde – sie soll hier „Kirche vom auferstandenen Licht" heißen – ist eine Karikatur ihrer selbst, das liberale Ende vom liberalen Ende des episkopalen Spektrums. Im Lerngottesdienst hielt jede Woche ein Pfarrer oder ein Laie einen Vortrag und anschließend war Fragestunde, gefolgt von der Komplet, dem Nachtgebet der alten Kirche. An einem Abend wurde die Stunde von einer stämmigen Blondine geleitet, Kirchenvorstandsmitglied und ziemlich renommierte Bildhauerin. Sie brauchte nur den Mund aufzumachen und ich wusste, dass sie aus dem Westen von North Carolina stammte. In ihrem Referat ging es um Ökospiritualität; und sie sprach von Jesus, der, so sagte sie, unser kultureller Ausdruck jener göttlichen Wahrheit sei, nach der sich alle Menschen sehnen, so wie die Göttin Kali kultureller Ausdruck der Hindus ist. Während der Fragestunde meldete ich mich zu Wort. „Vielleicht habe ich etwas übersehen", sagte ich, „aber wenn Jesus bloß unser kultureller Ausdruck eines universellen göttlichen Impulses ist – warum spricht man dann das Credo?" Eine der zentralen Lehren des Nizänischen Glaubensbekenntnisses, das Episkopale jeden Sonntag sprechen, ist die Person Jesu: Dass er der eine Herr ist, an den wir glauben, „Gottes eingeborenen Sohn, aus dem Vater geboren vor aller Zeit: Gott von Gott, Licht vom Licht, wahrer

Gott vom wahren Gott." *Wahrer Gott,* nicht eine kulturspezifische Manifestation des göttlichen Funkens in uns allen.

Das Credo, erklärte die Bildhauerin, sei das Vokabular unserer Kultur, mit dem der Gottheit Stimme verliehen wird.

Wütend stand ich auf und ging. *Eigentlich hätte es mich nicht überraschen sollen,* dachte ich, *dass die „Kirche vom auferstandenen Licht" so einen wischiwaschi-liberalen Quark auftischt; schließlich traut man sich ja nicht mal, sich als christlich zu bezeichnen, um ja nicht seinen buddhistischen oder heidnischen Nachbarn zu nahe zu treten.* Es kam mir schon komisch vor, dass da erst eine Jüdin kommen musste, um Fragen nach der Gültigkeit des Glaubensbekenntnisses zu stellen. Und dann kam es mir, wie ich so ging, auf einmal noch seltsamer vor, wie leidenschaftlich mich das Thema berührte. Ich war ganz sicher nicht nur deshalb so wütend, weil der Vortrag der Bildhauerin dermaßen intellektuell inkonsistent war. „Dieser Kirche", sagte ich später am Abend aufgebracht zu einer Freundin, „sollte es peinlich sein, dass so viele Christen vor Christus weglaufen."

Und dann dachte ich: *Vielleicht sollte ich mit dem Weglaufen aufhören.*

Die Veranstaltungen in der „Kirche vom auferstandenen Licht" gingen ebenso weiter wie meine Veranstaltungen am College. Ich machte meine Abschlussprüfung, durchschwitzte den Sommer damit, einer Highschool-Klasse in Durham/ North Carolina staatsbürgerliches Wissen beizubringen. Ich verbrachte die Sonntagmorgen bei schwarzen Methodisten und schwermütigen Episkopalisten. Ich lernte in besagtem Antiquariat Hannah vorm Regal „W" kennen. Ich fuhr durchs Wohnviertel des ersten jüdischen Bürgermeisters von Durham und heulte. Ich entschied, dass ich mich taufen lassen würde, aber ich beschloss auch, dass es dafür jetzt noch zu früh war. Das konnte bis England warten, wohin ich im Herbst aufbrechen wollte. Dort würde ich mir eine Kirche suchen.

Durch England gewann ich Zeit. Durch England hatte ich zwei Jahre Zeit für Taufe und Konfirmation, um mich über die Eucharistie (wie das Abendmahl in der Episkopalkirche meist genannt wird; d. Übers.) schlauzumachen und über die Sühneopferlehre, eine neue Liturgie zu lernen und wie man Choräle aus dem 18. Jahrhundert singt. In England konnte mein noch winziges christliches Ich heranreifen, vor meiner Rückkehr nach Manhattan, bevor ich den Leuten erklären musste, wo meine langen Röcke abgeblieben waren; bevor ich eine Antwort parat haben musste auf die Frage der Mutter einer Freundin, ob ich noch immer Jüdin sei; bevor ich mir erklären musste, was es hieß, wenn ich mich im Auto dabei erwischte, auf dem Weg zur Kirche chassidische *Niggunim* zu summen, Lieder ohne Worte.

Wenn in hundert Jahren eine Historikerin mit Forschungsschwerpunkt Amerikanische Religion mein Tagebuch zur Hand nimmt, wird sie es auf die wahren Gründe für meine Konvertierung zum Christentum hin untersuchen. Das weiß ich, weil ich die letzten sieben Jahre damit verbracht habe zu lernen, wie man Historikerin für Amerikanische Religion wird, und ich habe viel Zeit darauf verwendet, um zu begreifen, warum Menschen konvertieren. Man bekommt von den Gelehrten eine Reihe unterschiedlicher Antworten. Zum Beispiel, dass heranwachsende Frauen in den 40er-Jahren des 18. Jahrhunderts zum christlichen Glauben konvertiert sind, weil sie in der Kirche Dinge tun durften, die ihnen normalerweise verboten waren – zum Beispiel öffentlich reden, wenn sie vom Heiligen Geist ergriffen waren. Sklaven konvertierten laut einem anderen Historiker, weil sie dachten, ihre Herren müssten sie freilassen, wenn sie Christen wurden. Frauen konvertierten, wirft ein dritter Historiker ein, weil sie erwarteten, von einem christlichen Ehemann besser behandelt zu werden als von einem Whiskey saufenden Heiden mit Hang zur Kneipenschlägerei.

Der Autor meiner Psychobiografie würde mein Leben forschend betrachten und erklären, dass ich meiner Mutter den Vorzug vor meinem Vater gab, als ich das Christen- dem Judentum vorzog. Er würde ganz richtig festhalten, dass meine Mutter und ich in meinen Teenagerjahren viel gestritten haben, eine nervenaufreibende Zeit, und dass ich dadurch, dass ich den Glauben ihrer Vorfahren annahm, unsere Beziehung nach dem Ende der Jugendzeit wieder festigen könnte. Oder vielleicht würde er behaupten, dass ich das Verlassenwerden meiner Mutter durch meinen Vater als Zurückweisung gedeutet habe, wie Kinder das häufig bei Scheidungen tun, und dass ich mich rächte, indem ich seine Religion zurückwies und die meiner Mutter annahm.

Sie konvertierte, so würden andere Gelehrte, die mein Tagebuch lesen, behaupten, weil sie nicht herausfinden konnte, wie sie zugleich Jüdin und Südstaatlerin sein konnte. Ihr hat das Barbecue einfach zu sehr gefehlt. Sie hatte das Gefühl, mit ihrem langen Rock und der Perücke bei Football-Spielen vollkommen fehl am Platz zu sein. Ganz davon abgesehen, dass sie sowieso nicht zu den Spielen gehen konnte, weil die samstags stattfinden, wo sie nicht fahren durfte und eh in der Schul war.

Sie hätten für diese Behauptung eine Menge gute Beweise. Sie müssten bloß aus meiner Highschool-Abschlussarbeit zitieren, in der es um eine jüdische Familie ging, die von Pennsylvania nach Warrenton in North Carolina gezogen war, zu Anfang des 19. Jahrhunderts, eine Familie namens Mordecai. Eine Generation nach ihrem Umzug war fast die Hälfte aller Mordecais zum Christentum konvertiert. In ihren Briefen schreiben sie von Gott. Sie schreiben über ihre Lektüre der Evangelien, darüber, wie Jesus ihre Herzen erobert. Gefragt, warum sie konvertiert seien, antworteten sie: „Weil Gott uns gerufen hat." In meiner Arbeit argumentierte ich allerdings, dass sie konvertiert waren, weil es für Juden unmöglich war, in der besseren Südstaatengesellschaft Fuß zu fassen.

An jeder dieser Theorien wäre etwas Wahres dran. Dennoch lägen diese Historiker falsch, wie auch all die Gelehrten irren, die die Große Erweckung zu erklären versuchen, oder wie ich in meiner Abschlussarbeit irre. Sie sehen, dass das Konvertieren eine komplexe Sache ist, dass es dafür familiäre, geografische, politische, psychologische und wirtschaftliche Gründe gibt. Allerdings vergessen sie dabei, dass es auch um Gott geht.

Krippenkauf mit Hannah

Als Erstes erkläre ich Hannah, dass ich nichts von ihrer Affäre wissen will. „Du kannst tun und lassen, was du willst", sage ich, „aber du bist nicht die erste Frau, die sich einen Liebhaber sucht, und es endet immer böse. Wenn du das willst, mach nur, aber ich möchte nichts darüber wissen, also erzähl mir auch bitte nichts. Und komm nicht auf die Idee, mich zu bitten, dir meine Wohnung als Liebesnest zu überlassen."

Dann begreife ich, dass das so nicht geht. Als Allererstes stimmt es nicht. Natürlich will ich davon erzählt bekommen, schon aus voyeuristischer Neugier. Zum Zweiten wird mir klar: Sosehr ich vielleicht nichts von dieser Sache – dass Hannah, eine der ersten Christinnen, die ich kannte und respektierte, unter Umständen ihren Mann betrügt – wissen will, doch schon davon weiß und ihr gegenüber verpflichtet bin. Ich denke mir, dass sie mir nicht ohne Grund davon erzählt hat; und wahrscheinlich ist der Grund, dass ich sie von ihrem Vorhaben abbringen soll, sie an Trauversprechen und ehelichen Treueschwur gemahnen und an das Kreuz, das an ihrer Halskette baumelt. Und selbst wenn ich sie *nicht* zur Verantwortung ziehen soll und ich das auch nicht möchte, habe ich keine andere Wahl. Paulus hat das in seinem Brief an die Galater ganz deutlich gesagt: „Liebe Brüder, wenn ein Mensch etwa von einer Verfehlung ereilt wird, so helft ihm wieder zurecht mit sanftmütigem Geist, ihr, die ihr geistlich seid; und sieh auf dich selbst, dass du nicht auch versucht werdest. Einer trage des andern Last, so werdet ihr das Gesetz Christi erfüllen." (rev. Lutherbibel)

Hannah und ich gehen zum Geschenkeladen neben der „Cathedral of St. John the Divine". Wir sehen uns Krippen an. Die Kathedrale verkauft grob geschnitzte, leuchtend bunte Krippen aus Peru, komplett mit Eseln, Kühen und winzigen Jesuskindern. „Hör mal", sage ich zu Hannah, „was ist, wenn du mit dem Mann schläfst und schwanger wirst?" Ich merke, dass ich mich an einen Strohhalm klammere.

Jetzt kommt, was Hannah mir schließlich von dem Mann erzählt. Sie erzählt mir, dass sie sich bei einer Dinnerparty kennengelernt hätten, dass Jim dabei war, genau genommen sogar mit ihnen zusammen auf demselben Sofa saß, den Pappteller mit Pitaecken und Baba Ganusch (Auberginenpaste aus der jüdischen Küche; d. Übers.) auf den Knien balancierend, genau wie sie. Alle drei tranken Shiraz (Syrah, hochwertiger Rotwein; d. Übers.). Der Mann war charmant. Man unterhielt sich über Gauguin und über Literatur. Insbesondere über lateinamerikanische Literatur, die Hannah liebt und von der Jim so gut wie keine Ahnung hat. Sie ist ihre Leidenschaft. Sie macht den lieben langen Tag nichts anderes, als lateinamerikanische Literatur zu lesen und darüber zu schreiben. Sie meint, dass sie vielleicht aus dem Grunde keine Kinder haben, weil die von der Zeit abgehen, in der sie lateinamerikanische Literatur lesen und darüber schreiben kann.

Dieser Mann weiß anscheinend einiges über lateinamerikanische Literatur. Sie führen ein langes Gespräch über Gabriel García Marquez, und irgendwann stehen Hannah und Jim auf, um jemand anderes zu begrüßen, und dann ruft der Mann sie im Laufe der Woche an und sie gehen zusammen Kaffee trinken. Als Jim eines Abends in einer anderen Stadt ist, gehen sie gemeinsam zum Dinner und Hannah versäumt es, ihrem Mann davon zu erzählen. „Ich hab bisher noch kein Verhältnis gehabt", sagt Hannah. „Geht das so mit einem Verhältnis los?"

„Ja", sage ich, obwohl ich keine Ahnung habe. Aber für mich hört sich das an, als ob so ein Verhältnis beginnen würde. „Vielleicht solltest du dich nicht noch mal mit ihm verabreden."

„Ich möchte das aber gern", sagt Hannah. „Ich möchte das wirklich richtig gern. Ich muss ständig an ihn denken. Ich kann nicht anders." *Ist das peinlich*, denke ich im Stillen. *Sie hört sich an wie eine Achtjährige, die unbedingt noch ein Schokoeis haben möchte, obwohl es doch in einer Viertelstunde Abendessen gibt. Sie sollte sich hören können, wie peinlich das ist, dass es nur um sie und ihre Wünsche geht, und gut ist.*

Das sage ich ihr natürlich nicht, weil es sich zu sehr nach Moralisieren anhört, und auch, weil es zwar wahr ist, aber auch wieder nicht. Sie hört sich wirklich wie eine Achtjährige an, und wenn uns der christliche Glaube irgendetwas lehrt, dann, dass wir nicht gezwungen sind zu tun, was wir möchten, dass Gott uns die Freiheit gegeben hat, etwas nicht zu tun, dass er uns seine Gebote gibt und wir sie befolgen können. Das stimmt alles auch. Aber es stimmt auch, dass Verlangen etwas Starkes, Euphorisches, Tödliches ist. Und dass ich deshalb nicht einfach sagen kann, dass sie sich wie eine Achtjährige anhört.

Sie sagt, dass es nicht um den Sex geht. „Sex kann passieren", sagt sie, „aber Sex haben Jim und ich reichlich. Eigentlich will ich gar keinen Sex mit ihm haben. Ich möchte bloß ständig und immer mit ihm reden. Ich möchte", sagt sie, „dass er mir zuhört."

„Eine einfache, normale, nette Freundschaft steht nicht zur Debatte, nehme ich an?", erkundige ich mich. „Dass du ihn beispielsweise zum Dinner einlädst, wenn Jim zu Hause ist?" Ich komme mir heillos naiv vor. Wie ein Schulmädchen. Was weiß denn ich von Ehe, Freundschaften in der Ehe und wie man kein Verhältnis eingeht, wenn man mit jemandem verheiratet ist?

„Nein, ist ausgeschlossen", sagt Hannah. „Dafür starrt er mich zu lüstern an, als dass ich ihn in Gegenwart von Jim zum Dinner bei uns zu Hause haben könnte."

„Hannah", sage ich und versuche begütigend zu klingen. „Du hast dich nicht in diesen Mann verliebt, du hast nicht mit ihm geschlafen, du bist bloß verknallt. Triff dich einfach nicht mehr mit ihm. Wenn du das nächste Mal versucht bist, ihn anzurufen, meld dich stattdessen einfach bei mir, und wir gehen dann zusammen ins Kino." Sie schweigt.

„Wir bitten doch Gott im Vaterunser, dass er uns nicht in Versuchung führen möge. Er erfüllt meiner Meinung diese Bitte am besten, wenn wir nicht selbst in die Versuchung rennen." Sie sagt noch immer nichts. „Hör mal. Du hast bei deiner Hochzeit allerlei gelobt. Und Jesus hat sich zum Ehebruch klipp und klar geäußert."

„Ich weiß", sagt sie.

„Damit sollte das Thema dann gegessen sein."

„Du hast ja recht", sagt Hannah, „sollte es."

WEIHNACHTEN

Meine Ikonen und ich

Mein Weihnachten fällt dieses Jahr klein aus. Zum ersten Mal fahre ich dieses Jahr nicht nach Charlottesville, um dort die Feiertage mit meiner Mutter und meiner Schwester zu verleben.

Der Weihnachtsmorgen war das einzige christliche Ritual meiner Kindheit und Jugend. Meine Mutter verschwand mit ihrer Mutter in die Kirche – das einzige Mal im Jahr, dass sie überhaupt dort hinging –, und wenn sie zurückkam, waren Weihnachtsbaum, Geschenke und Strümpfe aufgebaut. Ich entsinne mich noch an das erste Weihnachten nach der Scheidung meiner Eltern. Es war das erste Mal, dass meine Mutter ohne Hilfe meines Vaters einen Baum gekauft hatte. Sie hatte ihn selbst ausgesucht, selbst zum Auto geschleppt und ihn ohne die Hilfe meines Vaters in dem grün-roten Plastikchristbaumständer gerade aufgestellt. Das war in dem Jahr, als wir auch eine Katze bekamen, die ebenso unangekündigt wie unerwünscht bei Freunden von uns auf der Matte gestanden hatte. Die Freunde brachten die Katze zu uns. Ich glaube nicht, dass meine Mutter groß in Erwägung gezogen hatte, unseren jüngst verkleinerten Haushalt mit einer Katze zu erweitern, aber sie nahm die Katze trotzdem. „Plötzlich hatte ich begriffen, dass ich niemanden mehr um Erlaubnis bitten musste", sagte sie. Katzen und Weihnachtsbäume.

Dieses Jahr fahre ich nicht nach Virginia. Ich entschuldige mich mit Arbeit, meinen bevorstehenden Prüfungen, und auch wenn das alles stimmt – vor allem ist es deshalb, weil ich dieses Weihnachten die angespannte Stimmung und übertriebene Höflichkeit und sonstigen komplizierten Familienmarotten nicht ertrage. Meine Schwester Leanne ruft mich an, sagt, sie sei enttäuscht, dass ich nicht käme, und dass ich nächstes Jahr aber bitteschön wieder kommen möge. Ich kann nicht sagen, ob es daran liegt, dass sie mich vermisst oder sich wünscht, dass ich mich über die rot-weiß-grüne Frischkäsecreme freue, die sie immer extra für mich macht; oder ob sie eigentlich bloß genervt ist, dass sie die treusorgende Tochter spielen und alles allein machen muss, ohne dass ich einen Teil der töchterlichen Last schultere.

Also findet Weihnachten bei mir dieses Jahr im kleinen Rahmen statt. Ich gehe zur Mitternachtsmesse, die bei All Angels' um elf statt um zwölf anfängt. Auf dem Heimweg kaufe ich im Lebensmittelgeschäft eine Packung Lucky Charms (Frühstücksflocken für Kinder; d. Übers.). Hinter mir in der Schlange steht dieser sexy blonde Prof aus meinem Fachbereich. Er kauft nur gesunde Sachen ein, Tofu, frischen Mozzarella und eine Art Weizencracker. Ich schäme mich. Im Herbst habe ich mich auf einer Party des Fachbereichs betrunken und ihn heftig angegraben. Seitdem habe ich wohl kein Wort mehr mit ihm gewechselt, und jetzt steht er am Heiligabend im Supermarkt hinter mir in der Schlange, und von allen vorstellbaren Esswaren, die ich zur Auswahl hatte, kaufe ich ausgerechnet eine Packung Lucky Charms. Wir plaudern übers Wetter, ich schleiche mich wie ein begossener Pudel heimwärts, mache es mir mit einem Roman und einer kratzigen roten Wolldecke auf dem Sofa gemütlich, und schlafe mit dem Roman in der Hand im bogenförmigen Schein meiner Lampe ein.

80

Weihnachten dürfte für viele der einzige Berührungspunkt mit dem christlichen Glauben sein; viele fühlen sich aber auch gerade von Weihnachten, seiner Wahrheit, dem radikalen Geheimnis der Menschwerdung Gottes, abgestoßen. Manchmal laufe ich Professor Kerry, der mal mein Studienberater war, über den Weg, und dann sieht er mich an und runzelt die Stirn. Er hatte nie begriffen, wieso diese Studentin mit Bestnoten tatsächlich glauben konnte, dass irgendwo droben im Himmel ein Gott saß, den es interessierte, ob sie samstagnachmittags den Fernseher einschaltete. Noch unverständlicher ist für ihn, dass dieselbe Studentin glaubt, Gott habe menschliche Gestalt angenommen und sei in Palästina herumspaziert. „Sie müssen mir irgendwann mal erklären, warum intelligente Menschen an etwas glauben, das sich eher wie ein griechisch-römischer Mythos anhört", sagt er. „Zeus, Demeter, Jesus."

Ich gebe ja zu, dass das ein bisschen durchgeknallt ist. Großer, unendlicher Gott nimmt die Gestalt eines quäkenden menschlichen Babys an. Die Alten haben so was als Skandal bezeichnet, den Skandal des Evangeliums. Aber zugleich ist das der entscheidende Punkt der Geschichte.

Mein Schlafzimmer ist inzwischen voll mit Jesusbildern. Ikonen, Gemälde, alte Kirchenfächer, hinter denen sich die Damen beim Gebet verbargen, und andere Jesusse tummeln sich an den Wänden. Wohin man auch blickt: Er ist da, sieht einen an. Manchmal mit Heiligenschein, manchmal am Kreuz, manchmal, wie er an eine Tür klopft. Wenn mich das Christentum gerade mal wieder ärgert oder ich nicht mehr weiß, warum ich das alles mache, dann sehe ich mir diese Jesusbilder an. Häufig unterhalte ich mich mit ihnen. Ich rede mit ihnen, wenn ich zu abgelenkt bin, um zu beten; ich rede mit ihnen, wenn niemand von meinen Freunden zu Hause ist, oder wenn ich allein bin und mich langweile. Orthodoxe Christen haben eine vielschichtige Theologie und Praxis der Ikonen: Sie begeben sich irgendwie in die Ikonen hinein, die Ikonen werden zu einem Fenster, durch das sie Ihn sehen. Mein Denken in Sachen Ikonen ist ein bisschen unzureichend. Meine Ikonen sind eher wie Freunde aus meiner Fantasie. Nur dass Jesus keine Fantasiegestalt ist.

Wenn ich meine bombastischen fünf Minuten habe, beschreibe ich mich selbst, mein Christsein als „radikal inkarnational". Die Fleischwerdung ist der Grund schlechthin, warum ich keine orthodoxe Jüdin bin. Sie ist der Grund, warum ich in dieser Zeit des Jahres nicht die Kerzen einer Menora anstecke, eines siebenarmigen Leuchters. Ich bin Christin, weil mir das Christsein ein Bild Gottes gibt, mit dem ich in all jenen Momenten rede, in denen ich ohne ein Bild vergessen hätte, dass Gott existiert.

Mein alter Prof kann sich nicht vorstellen, wie es auch nur ansatzweise wahr sein kann, dass Gott Mensch wurde, und genauso wenig kann er sich vorstellen, dass das für mich kein Unsinn ist. Dabei ergibt Gott ohne die Menschwerdung für mich keinen Sinn mehr, und eigentlich auch sonst nichts.

Mit Gott ist das so: Er ist so groß und vollkommen, dass wir ihn nicht wirklich begreifen können. Wir können ihn nicht besitzen, nicht fassen. Mose hat dies erfahren, als er auf dem Berg Sinai sah, dass ihn der strahlende Glanz von Gottes Angesicht verbrennen würde, sollte er direkt hineinblicken. Doch Gott will so sehr eine Beziehung zu uns haben, dass er sich klein macht, kleiner, als er tatsächlich ist, kleiner und bescheidener als sein unendliches, vollkommenes Ich, damit wir uns ihm nähern können, ein klein wenig nur.

Die Menschwerdung war nicht das erste Mal, dass er sich klein gemacht hat, damit wir Zugang zu ihm bekämen. Zum ersten Mal machte er sich klein, als er auf dem Berg Sinai die Thora offenbarte. Er machte sich zu winzigen hebräischen Wörtern, der endlichen Sprache des Menschen, damit wir auf diese Weise zu ihm kommen können. Dann machte er sich erneut klein, zur Größe eines Babys, in die Endlichkeit einer Krippe.

Ich las im Buch einer Christin: „Der Vorstellung als solcher, dass Gott menschliche Gestalt annimmt, die Liturgie und das Ritual drum herum, waren mir einfach nie plausibel. Was, wie ich eines wunderbaren Tages begriff, daran lag, dass sie so einfach war. Für Menschen mit Körpern mussten Dinge wie die Liebe einen Körper bekommen. Das war alles. Gott musste eine körperliche Gestalt annehmen, andernfalls würden die Menschen mit Körpern in einer Trillion Jahren die Liebe noch nicht begriffen haben" (Jane Vonnegut Yarmolinsky).

In einer Trillion Jahren nicht.

Am Weihnachtsmorgen wache ich auf meinem Sofa auf, deprimiert, voller Selbstmitleid. Ich bin erleichtert, dass ich nicht in Charlottesville bin, doch die Alternative ist *so* prickelnd auch nicht: Lucky Charms, Lernen, meine Couch.

Ich liege hier und vermisse Steven. Er schwirrt, wie ich weiß, gerade mit seiner neuen Freundin in amerikanischen Osten herum. Ich weiß das, weil er mir eine überflüssige Weihnachts-Mail geschickt hat: „Ich werde keine Zeit haben, dir am Telefon ein frohes Fest zu wünschen, aber ich wollte dir einfach noch mal sagen, wie dankbar ich für unsere gemeinsame Zeit bin. Schade, dass es auf Dauer nicht geklappt hat, aber ich bin sehr dankbar für alles, was du mir gegeben hast. Dass ich mich momentan so glücklich und zuversichtlich fühle, verdanke ich in nicht geringem Maße dir." Und dann fügte er noch hinzu, dass er jetzt nach New England losfahren würde.

Was die beiden, Steven und seine neue Freundin, jetzt treiben, weiß ich genau, denn eigentlich hatten er und ich die Reise geplant. Wir wollten Weihnachten bei seinem Vater in Northampton in Mittelengland verbringen, danach seine Mutter in Boston besuchen und uns anschließend die Farm seines Cousins in Hampshire ausborgen, um dort ein paar Tage zu relaxen. Ich kann mir bildlich vorstellen, wie er die neue Freundin mit sämtlichen Antiquariaten Northamptons bekannt macht. Ich sehe ihn mit ihr durchs Isabel-Gardner-Museum gehen. Ich stelle ihn mir vor, wie er in Back Bay mit ihr Kaffee trinkt und mit ihr auf einem winterlichen Wanderweg in der Natur New Hampshires durch den Schnee stapft. Ich hätte auf die Route Copyright anmelden sollen.

Nachdem ich Steven leid bin, beginne ich über Hannah nachzudenken und werde von Abscheu erfüllt. Ich denke darüber nach, wie sie mit Jim erwacht, ins Bett gekuschelt. Sie werden ihre Socken auspacken, von vergangenen Weihnachten gurren und zukünftige Weihnachten planen, sie werden in die Kirche gehen und, wieder zu Hause, ein fröhliches Festmahl verschmausen. Vielleicht singen sie sogar Weihnachtslieder. Ich bin wütend auf sie und eifersüchtig und betroffen, dass sie das alles bekommt, während ich bloß diese jämmerliche Decke und Couch habe, und sie wird das wie beiläufig alles wegwerfen, weil irgendein Kerl, der sich mit lateinamerikanischer Literatur auskennt, ihren Puls rasen lässt. Wahrscheinlich sollte ich für die Decke und die Couch dankbar sein. Es gibt genügend Leute in New York, die keins von beidem haben. Aber ich bin nicht dankbar. Ich bin gemein, traurig, gehässig und einsam.

Irgendwann reiße ich mich doch noch vom Sofa hoch. Ich beschließe, mich anzuziehen. Stattdessen gehe ich in mein Zimmer und schreie meine Ikonen an. „Macht was", schreie ich, „macht, dass es mir besser geht." Ein Teil meines Hirns entsinnt sich, dass Jesu primäre Aufgabe bei seiner Menschwerdung nicht darin bestand, für gute Laune bei mir zu sorgen, doch ich höre einfach nicht auf jenen Teil. „Andere Leute haben Familien, mit denen sie klarkommen, andere sind verliebt, und andere Leute sind nicht so einsam", kreische ich.

So weit zum Thema „Feier der Geburt Christi". Ich bin eher wie das Kind, dass den ganzen Muttertag mit der Frage nervt, warum es denn keinen Kindertag gibt, und nicht begreift, dass Kindertag an allen anderen Tagen des Jahres ist.

Ich schnappe mir eine meiner Ikonen. Den Christus von Rubljow. Offizieller Titel ist „Der Erlöser", aber die meisten bezeichnen sie nur als den Christus von Rubljow. Andrei Rubljow, ein Mönch und Ikonenmaler, hat ihn um 1420 gemalt, Teil einer siebenteiligen Ikone für eine Kirche in Swenigorod. Es ist ein sehr einfaches Bild, bloß Jesus mit einer gewaltigen Mähne und einem flachen Bart, der einen anblickt. Rubljows Christus ist der Jesus, mit dem ich immer spreche, wenn ich mich richtig aufrege. Er schafft es, ernst und mitfühlend zugleich dreinzublicken. „Okay, Jesus", sage ich, „ich bin dabei, weil du auf die Erde gekommen bist, und weil du auf die Erde gekommen bist, kann ich irgendwie mit meiner Einsamkeit und allem, was dazugehört, klarkommen.

Du solltest eigentlich genügen", erzähle ich der Ikone. „Dass du zur Erde gekommen bist, sollte eigentlich ausreichen. Selbst wenn ich nie wieder nach New England fahre, selbst wenn ich nie wieder mit jemandem zusammen eine Reise plane, selbst wenn ich keine Minute mehr glücklich sein sollte – dass du zur Erde gekommen bist, sollte eigentlich ausreichen." Ich funkle meine Ikone an.

„Und", sage ich nach einer Minute, „es genügt. Wirklich. Wenn ich sonst nichts mehr haben sollte, dieser Wissensschimmer, dass du in einem Stall geboren wurdest, der wird mich am Leben erhalten. Aber", setze ich hinzu. „Ich hoffe sehr, dass das nicht nötig sein wird." Ich möchte nun wirklich nicht, dass Weihnachten für immer nur aus mir und meinen Ikonen besteht.

EPIPHANIASZEIT

Taufe

Die Epiphaniaszeit beginnt zwölf Tage nach Weihnachten. „Epiphanias" kommt aus dem Griechischen und bedeutet „Erscheinung". In der Kirche werden dann jene Stellen aus der Bibel gelesen, die uns schildern, wer Jesus genau ist. Wir lesen im Johannesevangelium von den Wundern, die er vollbringt. Bei Lukas lesen wir von seiner Botschaft. In der Mitte von Epiphanias feiern wir, wie Jesus in den Tempel gebracht wurde. Doch den ersten großen Hinweis darauf, wer Jesus ist, bekommen wir am ersten Sonntag nach Epiphanias, an dem wir seine Taufe feiern. Jesu Taufe ist keine gewöhnliche Taufe. Nachdem Jesus von Johannes untergetaucht worden war, „öffnete sich" mit Lukas' Worten „der Himmel, und der Heilige Geist kam, wie eine Taube, sichtbar auf ihn herab. Gleichzeitig sprach eine Stimme vom Himmel: ‚Du bist mein geliebter Sohn, der meine ganze Freude ist.'"

Viele Gemeinden nutzen die Feier von Jesu Taufe als Gelegenheit, bei der die Gemeindemitglieder ihr Taufgelübde erneuern. Ich finde das schwierig. Ich weiß noch, was ich bei meiner Taufe gelobt habe und wie schwer es mir gefallen ist, diese Versprechen zu halten, und ich weiß nicht, ob ich es wagen kann, sie noch einmal zu geben.

In der Clare College Chapel in Cambridge wurden einmal

Zwillinge getauft. Ich kannte weder die beiden noch ihre Eltern, aber ich ging trotzdem hin. Der Gottesdienst fand sonntagabends statt, und hinterher gab's ein spezielles Dinner, für alle Taufgäste und die anderen Gottesdienstbesucher. Vier oder fünf Torten, klebrig-weißer Zuckerguss außen, Orangenmarmelade innen drin, warteten darauf, angeschnitten zu werden.

Einige von uns Studentinnen machten sich daran, die Kuchen zu zerteilen, und so waren zum Nachtisch zweihundert quadratische Stücke fertig, hübsch auf kleinen blauen Tellern drapiert. Eine ziemlich öde Arbeit. Aber wie mir schien, zugleich das Wichtigste, was ich in diesem Monat überhaupt getan hatte. Wichtiger als alles Geschichtliche, als alle Aufsätze, die ich geschrieben hatte, oder alle Gebete, die ich gesprochen hatte. Es war die Sklavenarbeit der Gemeinde und kam mir zugleich wie die wichtigste Arbeit überhaupt vor. Wie die Kirche ausfegen, die Gesangbücher auslegen oder sich darum kümmern, dass genügend Kerzen für die Vespergottesdienste der Woche in der Sakristei liegen. Die heilige Arbeit von Gottes Volk, sozusagen. Ich sagte zu meiner Pfarrerin Jo, dass ich mein Leben lang bei Taufen Kuchen aufschneiden könnte. Jo meinte darauf, dass sie eine künftige Abendmahlshelferin vor sich habe.

Manchmal wollen die Leute wissen, wie Babys denn getauft werden können. Tatsächlich sind aus genau dieser Frage heraus die Baptisten entstanden. Baptisten glauben, dass Kinder nicht getauft werden sollen. Sie sagen, dass es dafür keine Begründung in der Bibel gibt und Johannes und Jesus beide als Erwachsene getauft worden seien. Hannah, selbst Baptistin, sagt oft, dass ein Baby gar nicht die Versprechen halten kann, die man bei der Taufe gibt. Ich fand dieses Argument nie besonders überzeugend. Es kommt mir zu individualistisch vor. Es sieht doch so aus, dass kein Täufling, auch ein erwachsener nicht, geloben kann, das alles auf sich gestellt zu schaffen. Die Gemeinschaft gelobt für dich, mit dir, an deiner Statt. Und aus diesem Grunde liebe ich es, bei Babytaufen dabei zu sein. Wenn ein Baby getauft wird, wird die Vorstellung hinfällig, dass der Einzelne diesen Weg alleine gehen kann oder soll. Wenn ein Baby getauft wird, wird uns ganz unvermeidlich klar, dass es sich um einen Bund der Gemeinschaft handelt, eine gemeinschaftliche Beziehung und ein gemeinschaftliches Gelübde.

Die andere Taufe in Cambridge, an die ich mich entsinne, war meine eigene. Ich wurde im März meines ersten Jahres dort getauft, während eines Sonntagmorgen-Gottesdienstes im Vorraum der Kapelle. Ich sagte zu Jo, dass sie ziemlich viel Wasser nehmen müsste, dass ich aus einer langen Linie von Ganzkörpertaufe-Baptisten abstamme und das traditionelle anglikanische Besprengen nicht ausreichen würde. Sie sorgte dafür, dass das Wasser warm war, schüttete es über mich und wickelte mich danach in einen großen gestreiften Bademantel. „Wie Josefs bunter Rock", sagte sie. Eine andere Studentin fungierte als meine Patin. Sie schenkte mir das silberne Kreuz, das ich am Hals trage. Es ist klein und quadratisch, mit leicht gerundeten Ecken.

Ein paar Tage vor meiner Taufe traf ich mich mit Jo zur Vorbesprechung des Gottesdienstes. „Wir gehen einfach mal den Text durch", sagte sie.

Vor der eigentlichen Taufe würde mir Jo eine Reihe von Fragen stellen. Die Antworten lagen gedruckt vor mir, in meinem Gebetbuch. Wir saßen bei Jo zu Hause, tranken Tee und übten laut. Jos Rolle bestand darin, Fragen zu stellen wie: „Nimmst du deine Zuflucht zu Jesus?" Und ich musste darauf sagen: „Ich nehme meine Zuflucht zu Jesus." – „Schwörst du dem Bösen ab?", fragte sie. – „Ich schwöre dem Bösen ab." Und so weiter.

Beim dritten Wortwechsel sagte ich schließlich: „Das ist doch lächerlich. Ich kann das alles gar nicht geloben. Die halbe

Zeit traue ich Gott nicht im Ansatz, und dann kann ich nicht dastehen und geloben, dass ich ihm auf immer und ewig vertrauen werde. Wer in aller Welt verspricht denn so was?"

Jo stand auf und ging ans Bücherregal. Sie fand ein amerikanisches „Book of Common Prayer", das sich vom Gebetbuch der Kirche von England leicht unterscheidet. „Da, vielleicht ist das eher was für dich", sagte sie. „Im amerikanischen Gebetbuch beantwortet man die Fragen nicht einfach positiv. Man sagt: ‚Das werde ich, mit Gottes Hilfe.'"

Für gewöhnlich bin ich der Ansicht, dass die Kirche von England besser drauf ist, klüger und insgesamt zurechnungsfähiger als die „Protestant Episcopal Church" der USA. In diesem Fall denke ich allerdings, dass wir Amis richtig liegen: *Das werde ich, mit Gottes Hilfe.*

Tu-Bischwat-Muffins

Bei unserem Sonntagsschulunterricht an der Congregation Beth Israel waren Randi und ich immer verzweifelt auf der Suche nach Dingen, die man mit Kindern machen konnte. Die Tafel-und-Schreibzeug-Stunden waren langweilig. Die Kinder fanden sie langweilig und wir auch. Also machten wir Exkursionen, guckten Filme und backten. Mindestens einmal im Monat schickten wir den Eltern muntere Briefe. In denen stand dann etwa: „Sie sind für die Eier zuständig. Bitte bringen Sie nächste Woche drei Eier in die Stunde mit." Oder Mehl. Öl. Vanilleextrakt. Wir haben unseren Schülern vielleicht nicht viel Hebräisch beigebracht, aber Kochen und Backen haben sie bei uns gelernt – Challa, Hamentaschen, Möhrenzimmes, Latkes, Suppe für die Suppenküche.

Besonders schwer taten wir uns damit, etwas zu finden, was wir mit unseren Sonntagsschülern an Tu-Bischwat unternehmen konnten. Tu-Bischwat (was einfach der fünfzehnte Tag des Monats Schwat bedeutet) ist das Neujahrsfest der Bäume, da haben die Bäume Geburtstag. Das Fest geht auf den Talmud zurück; im Alten Testament wird es nicht erwähnt. Ursprünglich hatte es mit Steuern zu tun. Zu Zeiten des Tempels bestand der Zehnte der Juden auch aus einem Zehntel des von ihnen angebauten Obstes. Um festzulegen, welches Obst zum Zehnten welches Jahres gehörte, musste es ein allgemeingültiges Datum geben, an dem das eine Landwirtschaftsjahr endete und das nächste begann.

In der Mischna, die im zweiten Jahrhundert festgeschrieben wurde, gab es eine Meinungsverschiedenheit darüber, ob das Neujahr der Bäume auf den ersten Schwat fallen sollte oder auf den fünfzehnten. Letztere Ansicht, die Rabbi Hillel vertrat, wurde schließlich übernommen. Warum er auf dem fünfzehnten beharrte, verrät Hillel uns nicht, aber nach Ansicht späterer Kommentatoren hatte es eventuell mit dem Mond zu tun. Der jüdische Kalender ist ein Mondkalender, und Monatsanfang ist stets bei Neumond. Am fünfzehnten wäre demnach Vollmond. Und Tu-Bischwat ist genau ein halbes Jahr nach Tu-bAw, einem kleinen Feiertag im Frühjahr. Tu-bAw schenkt den Juden einen Frühlingstag voller Ausgelassenheit, Tu-Bischwat eine winterliche Feier exakt sechs Monate nach dem Sommervollmond von Aw.

Tu-Bischwat stellte uns bei der Stundenplanung vor besondere Herausforderungen. Um ausgelassen im Schein des Mondes zu feiern, sind Viertklässler zu jung, und an esoterischen kabbalistischen Lehren von Gott als Baum dürfte bei ihnen auch kein Interesse bestehen. Gute Filme über jüdische Bäume gab es auch keine. Und normalerweise fiel Tu-Bischwat auf Ende Januar, Anfang Februar, wenn es für eine Exkursion in den Wald zu kalt war, um dort unsere eigenen kleinen Eichen oder Ahornbäume zu pflanzen. Jedes Jahr versuchten Randi und ich, kreativ zu sein, und jedes Jahr verfielen wir wieder auf das Altbewährte: Tu-Bischwat-Muffins backen.

Als ich auf der Highschool war, übernachtete Randi bei mir, wenn meine Mutter beruflich unterwegs war. Meine Mutter gab ihr 25 Dollar pro Nacht und ließ uns Geld da, um eine Pizza zu bestellen. Manchmal half ich Randi bei ihren Latein-Hausaufgaben. Meistens aber fragte ich ihr Löcher in den Bauch. Hatte sie schon mal gekokst? Was würde sie machen, wenn sie schwanger würde? Warum hatte sie nie den Führerschein gemacht? In welchem Alter hatte sie zum ersten Mal Sex gehabt? Warum machte sie einen Doktor in philosophischer Theologie? Was war eigentlich philosophische Theologie genau? Ich war immer ganz aufgeregt, wenn meine Mutter nicht da war, denn das hieß, dass Randi den ganzen Abend ungeteilt mir gehörte. Sie hatte in New York gelebt, war damals Ende zwanzig und ganz unglaublich cool.

Ein paar Monate, nachdem ich das College angefangen hatte, war Randi mit allen Veranstaltungen an der University of Virginia fertig. Da sie ihre Doktorarbeit überall schreiben konnte, zog Randi nach Manhattan zurück. (Jetzt, wo ich selbst versuche, hier eine Diss zu schreiben, denke ich oft, dass diese Entscheidung Beleg für ihre Verrücktheit ist. Warum irgendjemand, der andere Möglichkeiten gehabt hätte, sich für die teuerste Stadt der Welt mit den meisten Ablenkungsmöglichkeiten entscheidet, ist mir völlig unverständlich – aber: Ich bin hier.)

Vier Jahre lang lebten Randi und ich zur selben Zeit in New York, ehe sie nach Ohio zog und ich nach England ging. In diesen Jahren geschah etwas Komisches. Ich wurde ein bisschen erwachsener.

Als sich Randi in ihrem kleinen Apartment in Greenwich eingerichtet hatte, war ich schon voll auf meinem Orthodoxie-Trip, und Randi, die in liberalen und konservativen Synagogen und Schulen aufgewachsen war, entdeckte bei sich die Neugier auf die orthodoxe Lebensweise, die Rabbis, die Feste, wollte wissen, wo man inmitten der ganzen Halacha Gott begegnete. Manchmal besuchte ich sie zu Hause in ihrem Apartment, mit einer Bibel unter dem Arm und einer Linearübersetzung des Raschi, einem Rabbi aus dem 11. Jahrhundert, dessen Kommentar zu den fünf Büchern Mose man als Erstes lernt, wenn man als Jude die Thora zu lesen beginnt. Randi und ich kochten uns Tee und lasen das wöchentliche Thorastück, und eines Tages sah Randi auf dem Sofa sitzend zu mir auf und sagte, mit ungefähr demselben Trara, mit dem man übers Wetter spricht: „Du bist zu einer ebenbürtigen Gesprächspartnerin für mich geworden." Was wohl so viel bedeuten sollte wie, dass wir uns inzwischen fast auf Augenhöhe unterhalten konnten; und dass nicht nur ich sie mit Fragen zu Drogen nervte.

Ich habe keine Freundin aus Kindertagen, die Sorte Freundin, die zwei Tage nach einem geboren ist, mit der man gemeinsam im Kindergarten und in der Schule war, mit der man mit 45 jedes Jahr gemeinsam in Urlaub fährt, und die man besser kennt als ein Chemiker das Periodensystem. Meine älteste Freundin ist Randi.

Es gibt nur wenige Menschen, mit denen man sich so gut versteht und erstaunlicherweise auch nach Wachstumsschüben noch versteht, wenn man abgenommen hat oder keine hochhackigen Schuhe mehr trägt. Auch nachdem man Kinder bekommen oder die Religion gewechselt hat, sich die Haare nicht mehr färbt oder seinen Job bei Goldman Sachs gekündigt hat, um Landwirtin zu werden, stimmt man noch überein. Aus irgendeinem Grund ist Gott so gütig, uns ein paar von diesen Menschen zu schenken, Menschen, die man beanspruchen kann, die da bleiben, und von denen man auch nicht möchte, dass sie gehen, selbst wenn sie es anbieten.

Das Rezept war jedes Jahr ein bisschen anders, doch Ziel blieb, jedes Jahr so viel Früchte und Nüsse wie möglich in die Muffins zu stopfen. In die übliche Mischung aus Mehl, Backpulver und Honig kamen Sultaninen und Korinthen, gehackte Walnüsse und Mandeln, Orangenschale, geriebene Möhren, vereinzelt Feigen, Datteln, getrocknete Aprikosen oder Kirschen und was wir sonst noch so an Obst oder Nüssen dahatten. „Wie Früchtebrot", meinte meine Mutter einmal.

Das Backen mit unseren Viertklässlern war jedes Mal ein Desaster. Wir vergaßen jedes Jahr, dass das Herstellen der Muffins – Walnüsse hacken und Teig rühren – ungefähr eine halbe Stunde dauert. Wir mussten also noch 45 Minuten totschlagen, in denen die Kinder darauf warteten, dass die Muffins fertig wurden, und wir, dass uns die Eltern ihre Kinder wieder abnahmen. Also mussten wir jedes Jahr eine Tu-Bischwat-Unterrichtsstunde improvisieren.

„Nach draußen", kommandierte Randi einmal. Es war der 23. Januar. Draußen waren ungefähr 2 Grad. „Wir sehen uns mal die Bäume an!", sagte Randi. „Während die Muffins backen. Wir achten mal auf die Bäume."

Also trieben wir unsere Schäflein zusammen, halfen bei Reißverschlüssen und Handschuhen, ein Vorgang, der selbst schon mal fünfzehn Minuten ausfüllte. Dann gingen wir das kurze Stück zum Lee Park, der so heißt, weil dort eine Statue von Robert E. Lee (überragender General der Südstaatenarmee im Amerikanischen Bürgerkrieg, setzte sich anschließend für

Versöhnung ein; d. Übers.) auf seinem treuen Pferd Traveller steht, und versuchten, die Kinder für Bäume zu interessieren, welche, da der 23. Januar war, keine Blätter hatten.

„Bäume", hob Randi an, „sind äußerst wichtig. Denkt nur an all das, was Bäume für uns tun."

„Bäume wandeln Kohlendioxid in Sauerstoff um", sagte ich.

„Sie spenden uns Äpfel und ... Johannisbrot", sagte Randi. Randi blickte mich an. Ich blickte zurück. Was machten Bäume noch genau?

„Boden", sagte ich. „Bäume verhindern oft, dass der Boden ausgewaschen wird."

„Wir singen jetzt ein Lied über Bäume", sagte Randi. „Tu-Bischwat ist da, das Fest der Bäume." Wenn je irgendwer kräftig gesungen hat, dann Randi im Lee-Park. „Und jetzt erzählt euch Lauren, was das übersetzt heißt. Bitte, Lauren."

Ich starrte sie wütend an. „Das Lied bedeutet: ‚Der Mandelbaum wächst, die Sonne scheint.'"

Die Kinder waren in der Zwischenzeit mit dem Thema fertig. Sie begannen auf Traveller zu klettern. „Wir müssen unsere Autorität wieder herstellen", sagte Randi leise.

„Randi", sagte ich, „wir haben keine Autorität. Ich bin 14 und du bist 1,50."

„Wer weiß, warum wir diese Muffins mit den ganzen Früchten drin gebacken haben?" Randi richtete ihre Frage an die drei Schülerinnen, die sich noch in Hörweite befanden.

„Weil", sagte die einzige Lieblingsschülerin ihrer Lehrerinnen ganz lieb, „Tu-Bischwat da ist, das Fest der Bäume."

Morgen ist Tu-Bischwat. Morgen früh werde ich in meiner Küche stehen, inmitten von Bergen von Nüssen, Datteln und Rosinen, und werde Muffins backen. Während sie abkühlen, werde ich Randi anrufen und ihr von Mandelblüten und Sonnenschein vorsingen. Dann werde ich die Muffins in die Gemeinde mitnehmen. Ich werde sie nach dem Gottesdienst aufbauen, neben den Donuts, Plätzchen, Brotkringel aus ungesüßtem Hefeteig und Säften, die unsere Kaffeestunde bilden. Und ich werde versuchen, auf die Bäume zu achten.

Erlösungsgeschichten

Ich verbringe den Tag in New Haven, wohin ich manchmal fahre, wenn mir New York zu zermürbend und deprimierend wird. Ich fahre nach New Haven und gehe Kaffeetrinken, besuche Freunde und steige auf den roten East Rock. Heute Nachmittag treffe ich mich mit Beth, der orthodoxen Jüdin, mit der ich mir im College das Zimmer geteilt habe und die in meinem Jesustraum den Propheten Elia erkannt hatte.

Ich treffe mich heute mit ihr, weil ich mich noch bei ihr entschuldigen muss. Das letzte Mal haben wir uns bei der Abschlussfeier gesehen. Ich sage ihr heute, dass ich Abbitte leisten muss, dass ich nicht gewusst habe, wie ich es hätte machen sollen, ihre Freundin zu sein, in meinen ersten Jahren als Christin; ich habe ihre E-Mails ignoriert; ich habe ihre Hochzeit geschwänzt. Als ich in Connecticut war, habe ich nicht angerufen. Sie vergibt mir. Nicht ganz unerwartet. Wahrscheinlich hatte sie mir schon seit Langem vergeben.

Wir treffen uns und gehen spazieren. Die Luft ist frisch und es ist wunderbar draußen, also setzen wir uns auf eine Bank vor einer großen New Havener Kirche, und zehn Minuten später sprechen wir über Bescheidenheit, darüber, was in den rabbinischen Texten steht und wie es zu lesen ist, und ich weiß wieder, dass ich mich ursprünglich genau davon zum Judentum hingezogen gefühlt habe, von den Wörtern, die ich wie Kiesel in meiner Hand gewendet habe, in diesen Texten lebend wie in Kleidern. Manchmal sind sie aus Wolle und kratzen, und man möchte sie ausziehen und tut das vielleicht sogar, aber nie bleibt man lange nackt.

Ich könnte diese Geschichte auf unterschiedliche Art und Weise erzählen. Ich kann eine perfekte christliche Erlösungsgeschichte erzählen, über die Hand Gottes und über Vorherbestimmt-Sein. In dieser Geschichte ist Jesus, sind die Kirche und das Kreuz das Ziel, auf das alles immer schon hingewiesen hat. Diese Geschichte erzählt, wie Jesus mich beharrlich verfolgt hat, wie Gott mich durchs Judentum zu ihm geführt hat, wie alles zusammengekommen ist, zusammengepasst hat. Ich kann sagen: *Ich habe von diesen Meerjungfrauen geträumt, und das hat alles verändert*, und es würde stimmen.

Aber es gibt eine weitere Variante der Geschichte, eine, die voll ist von „Beinahes" und von Zufälligkeiten. Unterbrich diese Geschichte an beliebiger Stelle – und schon sieht alles anders aus. Diese Geschichte ist schwierig zu erzählen, denn sie trieft von weiterem Verrat. Sie klagt an. Sie liest sich eher wie Versagen als wie Sieg. Es ist nicht die Geschichte von all dem, was mich in meinen Collegejahren und davor zum Christentum hingezogen hat; es ist die Geschichte von allem, was mich vom Judentum fortgestoßen hat. Es ist die Geschichte, die ich für gewöhnlich mit einem kurzen Satz abtue: „Und dann, als ich immer unzufriedener mit dem orthodoxen Judentum wurde ..." Diese andere Geschichte ist schwieriger, ihre Wahrheit und sie zu erzählen – aber auch sie stimmt.

Als ich nach England ging, hätte ich eine Liste mit allem, was ich an der jüdischen Orthodoxie unerträglich fand, aufstellen können. Mir fehlte damals ausreichend Durchblick, um zu verstehen, dass ich nur einen speziellen Ausschnitt der Orthodoxie gelebt hatte, einen besonders engstirnigen, seltsamen, New Yorker Ausschnitt; ich wusste meine Liste nicht so einzuordnen, wusste nicht, dass das Leben in New Haven, am Harvard Square, in Mea Schearim in Jerusalem oder der Williamsburger Ecke von Brooklyn anders ausgesehen hätte. Ich wusste lediglich, dass ich als orthodoxe Jüdin gelebt hatte, und ich hätte diese Liste von Dingen, die ich unerträglich fand, nicht eine Minute länger ertragen können. Unter ihrer Last wäre ich augenblicklich zusammengebrochen, wenn ich es doch versucht hätte. Die Liste war eine Liste von Halbwahrheiten, von Übertreibungen und Ungenauigkeiten, aber sie war keinesfalls von vorn bis hinten erstunken und erlogen.

Wenn ich anders wäre, als ich es bin, könnte ich eine andere, einfachere Geschichte erzählen, in der es um Unzufriedenheit mit der Orthodoxie ginge, eine bekannte Geschichte, eine mit dem Thema Stellung der Frau. Ich könnte sagen, dass ich, als ich von meinem hohen Highschool-Ross herab vom orthodoxen Leben träumte, nicht begriffen hatte, wie es sein würde, bei Abstimmungen nicht mitgezählt zu werden oder sich mit Texten zu befassen, in denen steht (wie in der Mischna Thora von Maimonides): „Eine Ehefrau, die sich weigert, eine Arbeit zu erledigen, zu der sie verpflichtet ist, kann dazu gezwungen werden, sie auszuführen, auch durch körperliche Züchtigung mit einer Rute"; oder zu wissen, dass ich nicht verpflichtet bin, alle Gebete der Männer zu sprechen, weil die Rabbis der Meinung sind, dass ich viel zu sehr daheim mit meinen Kindern beschäftigt bin, um es rechtzeitig in die Schul zu schaffen.

Diese Geschichte würde allerdings nicht stimmen. Zumindest in einigen Ecken stellt das orthodoxe Judentum seine Antworten auf Fragen nach der Stellung der Frau um. Nur schrittweise und nicht mit Begriffen, die jeden zufriedenstellen werden, aber es gibt Veränderungen, und bei diesen Veränderungen dabei zu sein, sie mit zu prägen und zu verbreiten, wäre eine spannende Sache gewesen. Ich höre Beth über Bescheidenheit reden, davon, wie man Highschool-Mädchen die Regeln der Bescheidenheit lehrt, ihnen Unterricht gibt in Sachen Rock- und Ärmellänge, ohne ihnen beizubringen, dass sie ihren Körper verachten müssten oder schüchtern und zurückhaltend zu sein hätten, hübsch zu Hause bleiben müssten, und ich spüre die Erregung, sowohl in ihrer Stimme wie in der vor ihr liegenden Arbeit, und das alles kommt mir so viel wirklicher vor, wichtiger und ehrlicher als die endlosen Debatten in der Kirche über Gottesbild und Leitung. Ich bin ein bisschen neidisch und stelle mir kurz vor, wie es gewesen wäre, Teil dieses Prozesses im Judentum zu sein.

Zu Collegezeiten hatte ich an diesen Themen, feministischen Zweifeln am orthodoxen Judentum, kein Interesse. Frauenbezogene Titel nahmen unter meinen Büchern durchaus einigen Platz ein; ich las Simone de Beauvoir, Charlotte Perkins Gilman und andere amerikanische Frauenrechtlerinnen, ohne dass es direkte Auswirkungen gehabt hätte. Und obwohl ich zu Highschool-Zeiten die ganzen „Lilith"-Hefte gelesen hatte, machte es mir nichts aus, nicht vor der versammelten Gemeinde aus der Thora singen zu dürfen. Es war mir egal, dass weder ich noch meine hochintelligenten, frommen Freundinnen Rabbinerinnen werden konnten. Vielleicht wären das Dinge, die mir über kurz oder lang aufgefallen und -gestoßen wären, aber die Wahrheit ist einfach, dass ich nicht lange genug dabeigeblieben bin, um es herauszufinden.

Jedenfalls: Wenn ich erzähle, wie ich das Judentum verlassen habe, kann ich nicht mit dem geringen Freiraum für Frauen anfangen.

Die Geschichte beginnt stattdessen mit einer Mitschülerin am College namens Sarah, Lacrossespielerin und Prada-Trägerin. Sie kam aus New Jersey und studierte Biologie. Sie hatte langes, lockiges schwarzes Haar und ein schönes, breites Lachen. Wir waren eines Abends auf einer Party, eine Party, auf der ich einen wunderbaren älteren Mann kennenlernte. Er war als Teenager von New York nach Israel gezogen, hatte in der Armee gedient und kehrte nun zurück; er steckte voller schrecklicher, betrunkener, tiefer Geschichten über Gewalt, Vergewaltigung und Leid. Ich stand zusammen mit dem Mann am Fenster, und Sarah beugte sich zu einer Freundin hinüber und sagte, gerade so laut, dass ich es hören musste, dass ich nur konvertiert sei, weil ich einen Juden heiraten wollte.

Von diesen Sarahs gab es eine ganze Reihe, hübsche orthodoxe Mädels, die mich, die Konvertitin, vor den Kopf stießen, trotz der ganzen von Rabbis aufgetürmten Vorschriften, die es Juden verbieten, Konvertiten an ihren Background zu erinnern. Diese kleinen abfälligen Bemerkungen, die ich hätte übersehen können sollen, waren wahrscheinlich der Beginn der Geschichte.

Oder vielleicht beginnt sie auch mit Hank Hirschfield. Das Folgende passierte wenige Wochen nach der Mikwe. Er war der ältere Bruder einer Freundin von mir, und wir trafen uns zwei- oder dreimal in einer Bar namens The Abbey, in der Nähe der Columbia. Er machte mich mit seinem Lieblingsbier bekannt, ein süßliches, dunkles Trappistenbier aus Belgien. Wir unterhielten uns in jener Bar über Thora, Gott, Tolstoi und die Rolling Stones, und dann tauchte er eines Abends bei mir im Wohnheim auf und sagte, so ginge das für ihn nicht weiter, mit der Beziehung mit mir. „Weil du konvertiert bist", sagt er. „Weil ich möchte, dass meine Eltern bei meiner Hochzeit mit meinen Schwiegereltern tanzen, dass meine Familie und die Familie meiner Braut an den Festtagen groß feiern können." Ich habe geheult an jenem Abend, das erste Mal, dass ich mich in den Schlaf geweint habe. Und beim Aufwachen hatte Beth meine Wand mit selbstgemachten, handgeschriebenen Schildern vollgehängt: *Lauren ist eine Jüdin*, stand darauf, *die Jüdin Lau-*

ren, um mich daran zu erinnern, dass ich wirklich jüdisch war. „Achte nicht auf das, was Hank Hirschfield sagt oder tut oder was du dabei empfindest."

Dann wäre da natürlich noch Dovs Mutter, die Mutter meines Freundes am College. Sie würde Martha Stewart als Gastgeberin, Köchin und in Sachen Deko alt aussehen lassen. An Purim backte sie ihre eigenen Hamentaschen, die dreieckigen Pasteten, die an Hamans dreieckigen Hut erinnern sollen, machte alles selbst, kochte die Zitronenfüllung aus Zitronen ein, die sie selbst von einem Zitronenbaum in ihrem eigenen Garten gepflückt hatte. (Das Einzige, was mich getröstet hat, war, dass sie den Garten von einem Gärtner hatte anlegen lassen und den Zitronenbaum nicht auch noch selbst *gepflanzt* hatte.)

Wenn ich zu Hause bei Dov war, war sie herzlich, freundlich und machte mir das Gästezimmer zurecht, legte spezielle Seifen und Lotionen mit Sandelholzduft für mich hin, weil ich den mochte. Gemocht hat sie mich allerdings nie, und das hat sie Dov klar zu verstehen gegeben, der das wiederum mich wissen ließ. Ich war ihr nicht geheuer. Ich war kein ordentliches orthodoxes Mädchen aus Long Island, das auf den richtigen jüdischen Sommerfreizeiten und den richtigen jüdischen Schulen gewesen war. Ich war eine Ausländerin aus einem Staat im tiefsten Süden, meine Eltern waren geschieden und, am allerschlimmsten, ich war keine Jungfrau mehr, ein Punkt, den er ihr gegenüber ausplauderte, was ich zuerst auf ein zeitweilig ausgefallenes Urteilsvermögen seinerseits zurückführte, später jedoch als absichtlichen Stachel erkannte, eine seltsam passive Methode, um gegen seine Mutter zu rebellieren, die er zwar bewunderte, die ihn aber ganz sicher mit ihrer Mütterlichkeit und ihren Hamentaschen erstickte.

Wenn ich zu Besuch war, unterhielten wir uns oft über Rezepte, und irgendwann meinte Dov zu mir, dass sie das Gefühl hätte, ich würde mich zu ihr herablassen. Das war eines der wenigen Male, wo ich geplatzt bin. „Was erwartet sie denn?", blaffte ich ihn an. „Sie ist Hausfrau und eine tolle Köchin. Soll ich mit ihr über die Zivilgesellschaft bei Hegel diskutieren?" Eines Tages rückte sie dann mit der Sprache heraus, sagte ganz offen, was wir schon wussten. Sie meinte zu Dov, dass sie mich nicht möge, weil ich Konvertitin sei; ich sei zwar höflich und hübsch, aber eben nicht das Richtige für ihren Sohn.

Das letzte Mal habe ich sie an einem schönen Herbsttag gesehen, dem Tag von Dovs Abschiedsparty. Er hatte seinen Abschluss in Harvard gemacht und ging jetzt nach Oxford, um dort zwei Jahre lang Politik zu studieren, bevor er dann an die juristische Fakultät wechselte. Er spielte mit seinem jüngeren Bruder und ein paar jüngeren Cousins im Garten Frisbee, während seine Mutter und ich auf der Veranda standen, die Augen mit der Hand vor dem hellen Licht schützend. Unsere Sommerkleider flatterten im Wind. „Weißt du, ich wünsche mir manchmal, dass ich nicht so jung geheiratet hätte. Ich war so jung, als ich Alan geheiratet habe", sagte Dovs Mutter. „Ich hab überhaupt keine Zeit gehabt, mich zu entfalten. Übers Grundstudium bin ich nie hinausgekommen." Das kam bei mir so an, wie es gemeint war: nicht als Bedauern über ihr glänzendes Leben in Westchester, sondern als Warnung, dass ich nicht ihren Sohn in die Ehefalle locken solle, jetzt, wo er seinen Abschluss hatte und auf dem Sprung nach England war, siegreich und siegesgewiss.

Gerüchten zufolge hat Dov jetzt etwas mit einem nichtjüdischen Mädchen mit einem schrecklich nichtjüdischen Namen wie Maria. Als ich davon hörte, hab ich bloß gelacht. Ich weiß nicht, wer genau mir leid tun soll: Maria, Dov oder seine Mutter im Speckgürtel von New York.

Um die Geschichte meiner Bekehrung zu erzählen, müsste ich auch von dem krassen Materialismus sprechen, der sich in die Orthodoxie New Yorks eingeschlichen hat, und vom Antiintellektualismus der Gemeinde. Meine fünf besten Freunde am College waren die intellektuell aufnahmefähigsten Leute der Welt, doch viele unter den anderen orthodoxen Juden an der Columbia waren engstirnig von der schlimmsten Sorte. Ihr Wissen reichte gerade, um bei Dinnerpartys Verweise auf Freud oder Kant in die Unterhaltung einzustreuen, aber das war's dann auch. Auch darüber müsste ich reden, wenn ich die Geschichte meiner Abwendung vom Judentum erzählen würde.

Als ich nach England ging, bin ich mit dem Flugzeug dorthin geflogen. Ich male mir allerdings oft aus, dass ich mit einem Schiff gefahren wäre. Ich bringe England wohl mit Schiffen in Verbindung wegen der ganzen Fotos von Bill Clinton und dem späteren Arbeitsminister Robert Reich auf dem Schiff, wie sie zu ihrem Rhodes-Stipendium aufbrachen. Irgendwie ist durch diese Bilder bei mir haften geblieben, dass man per Schiff nach England fährt, wenn man nach dem College dort weiterstudiert.

Meine Fantasie liegt allerdings daneben. Ich bin, wie Dov und jeder andere, der seine Zeit in Oxford oder Cambridge abbrummt, nach England geflogen. Dennoch stelle ich mir vor, in See zu stechen, wenn ich ans Nach-England-Gehen denke, und als ich nach England, zum Christentum aufbrach, erwartete ich ein Christentum, das anders war als das orthodoxe Judentum: Ich erwartete, dass das, was mir am orthodoxen Judentum missfiel, irgendwie aufs orthodoxe Judentum beschränkt war und nicht eine Begleiterscheinung des Konsumkapitalismus oder einfach Teil der menschlichen Natur war.

Ich erwartete, dass ich im Christentum einen endlosen Vorrat an, nun ja, Leuten wie mich finden würde: begeisterte, fleißige Intellektuelle, die edel eine lukrative Karriere als Jurist oder Mediziner verschmähen und lieber in ungeheizten, vollgestopften Dachkammern gekrümmt überm Schreibtisch sitzen, um die menschliche Erkenntnis voranzubringen, und ständig über alles genau nachdenken. Ich wurde natürlich enttäuscht, von der Kirche und von mir selbst. Christen sind genauso antiintellektuell und materialistisch wie orthodoxe Juden und ich bin kein Stück edler als die anderen.

Selbst nachdem ich das herausbekommen hatte, dass die Gemeinschaft, der ich beitrat, mir nicht mehr oder weniger zusagen würde als die, die ich gerade verließ, klammerte ich mich weiterhin an die Illusion, dass ich meine Beziehung zu Gott und die Gruppe von Menschen, mit denen ich gemeinsam betete, voneinander trennen könne. Dass ich sie von der Gemeinde trennen könne. Dass meine Beziehung zu Gott eine senkrechte Leine ist, Faden eines silbernen Puppenspielers, der meinen Kopf hochhält und mich schnurstracks in den Himmel, mit Gott selbst verbindet. An einer Religion ziehen mich die Vorstellungen an, die Theologien, die Bücher, die Riten, die Beschreibungen, wie man zu Gott gelangt. Ich stelle mir gerne vor, dass sie auf rein theoretische Weise funktionieren, dass sie sich selbst genug sind, unabhängig von und ohne Verunreinigung durch die Menschen, die sie ausführen und mit Leben erfüllen.

Beim gemeinsamen Gebet mit den orthodoxen Juden an der Columbia habe ich erfahren, dass ich falsch lag. Ich habe erfahren, dass die Wahrheiten der Thora, zum Guten oder Schlechten, von jenen Menschen geprägt werden, welche die Thora mit einem leben. Als ich in die Kirche eintrat, geschah das mit der gleichen Illusion – dass meine Nachbarn in der Kirchenbank keine Rolle spielen, dass Glaubenssätze, Riten, Gott neu wären, und dass ich auf einer neuen Leiter zu Gott hinaufsteigen würde, eine neues Seil hinaufklettern, dass ich wie der syrische Asket Symeon Stylites in die Wüste ziehen, mich auf eine Säule stellen und allein zu Gott hinaufgreifen würde.

Ich hatte Jahrhunderte von Klischees vom Judentum als Religion der Gemeinschaft aufgesogen, im unausgesprochenen Gegensatz zum Christentum als Religion, bei der es um Gott ging, um den einzelnen Gläubigen, der sich in Einsamkeit abmühte, wie Jesus vierzig Tage lang in der Wüste, vom Teufel versucht. Doch als ich dem christlichen Glauben beitrat, kam ich in einen Glauben, der nicht weniger Gemeinschaft voraussetzte als der Glaube, den ich verließ. Das Judentum äußert sich sehr direkt zur Gemeinschaft. „Wenn die Gemeinschaft leidet, darf man nicht sagen: ‚Ich gehe heim, essen und trinken, und mir wird es gut gehen‘", befiehlt uns der Talmud. „Sondert euch nicht von der Gemeinschaft ab", sagt an anderer Stelle Rabbi Hillel.

Das Christentum greift zur Metapher. Die Kirche, die Gemeinschaft der Gläubigen, ist der Leib Gottes selbst.

Wenn ich erklären soll, warum ich mich vom jüdischen Glauben verabschiedet habe, dann muss ich auch von mir reden, von meinem Versagen als Jüdin.

Um noch mal auf Pfarrer Mikes Analogie von der Hochzeit beziehungsweise Scheidung zurückzukommen: Als ich in die Mikwe gestiegen bin, war das die Hochzeit, und die Verbindung zu beenden, entspräche einer Scheidung.

Wenn es tatsächlich eine Ehe war, ich mit dem orthodoxen Judentum, dann war ich schon gescheitert, als ich Jesus noch gar nicht kannte. Ich habe von Anfang an versagt. Man könnte meinen, dass ich Christin wurde, weil ich mit dem Judentum nichts mehr anfangen konnte, aber in Wirklichkeit habe ich auch nicht viel dafür getan, dass es zwischen mir und dem Judentum klappte.

Zum Beispiel die Schul: Wenn man mal all die Morgen zusammenrechnet, an denen ich die Synagoge geschwänzt habe, um ausschlafen zu können.

Oder nehmen wir den Sabbat, die viel zu vielen Sabbate, an denen ich es geschafft habe, den Buchstaben des Gesetzes zu verletzen: Ich habe zwar nichts geschrieben, unterstrichen, nichts zerrissen oder angezündet, aber zu Hause der Lektüre gefrönt und gelernt, anstatt *den Sabbat zu beachten und ihn heiligzuhalten*.

Oder als Nächstes das Lernen. Im richtigen Leben heißt Lernen, etwas beigebracht zu bekommen, wie *Ich habe diesen Übersetzungskurs belegt, um Französisch zu lernen*. Unter Juden heißt *lernen* allerdings nur selten „etwas beigebracht bekommen", sondern eher „sich mit etwas befassen, intensiv erforschen", und es kommt fast immer ohne Akkusativobjekt aus. Weil es überflüssig ist.

Wir wissen alle, dass der Gegenstand des Lernens die Thora ist. Um zu lernen, setzt man sich ins *Beth Midrasch*, das Haus des Lernens. Man geht für ein Jahr an die Jeschiwa, um dort zu lernen (die Jeschiwa ist eine höhere Talmudschule zur Ausbildung von Gelehrten und Rabbinern; d. Übers.). Am College hielt Beth, meine Mitbewohnerin, eine Veranstaltung mit dem Titel „Mittwochabendlernen" ab, bei der sich mindestens dreihundert Juden im Dachgeschoss der Earl Hall zusammendrängten, sich in Zweiergruppen aufteilten und lernten: den *Schemirat Schabbat*, *Masechet Brachot* oder sonst einen heiligen Text.

Wer eine schnelle Antwort auf die Frage: „Warum bist du Christin geworden, was hat dich am Christentum fasziniert?" haben will, dem antworte ich: „Die Menschwerdung." Wenn eine schnelle Antwort auf die Frage: „Warum bist du orthodoxe Jüdin geworden?" verlangt ist, dann sage ich: „Lernen, Textstudium." Je länger ich in meiner Charlottesviller Synagoge den jüdischen Glauben aufsog, desto mehr war ich überzeugt, dass das Judentum im Kern aus einer Gruppe von Texten bestand und aus einer speziellen, rabbinischen Lesart derselben – Kanon und Hermeneutik sozusagen. Und ich war überzeugt davon, dass jene, die diese Texte lasen und sie richtig lasen, orthodoxe Juden waren.

Man könnte meinen, dass ich unmittelbar nach meiner Ankunft alle an der Columbia nur verfügbare jüdische Bildung in mich hineingestopft habe, mit Heißhunger; dass ich Judaistik-Veranstaltungen belegt hätte und als Pflichtsprache Hebräisch und nicht Deutsch; oder dass ich an Dienstagabenden zu Talmudkursen am Drisha Institute für jüdische Bildung gegangen wäre oder mir ein Aramäisch-Wörterbuch zugelegt hätte. Aber damit würde man irren.

Es war nicht so, dass ich das Beth Midrasch an der Columbia oder das Drisha Institute komplett gemieden hätte. Eine Veranstaltung habe ich im Drisha tatsächlich besucht, acht Wochen lang oder so, einmal die Woche; und ferner haben Beth und ich einen halbherzigen Versuch unternommen, uns jeden Morgen vor dem Gottesdienst zu treffen, um einen Text über die Hilchot Schabbat, die Sabbatvorschriften zu lesen. Ich besuchte außerdem gewissenhaft Beths „Mittwochabendlernen" und las zusammen mit einer Frau, die jetzt als Anwältin arbeitet, mit einem Rabbiner verheiratet ist und zwei Kinder hat, das talmudische Traktat, welches sich mit Passah befasst. Aber das war's dann auch. Mein Hebräisch blieb lückenhaft. Ich habe es geschafft, alle vorgeschriebenen Scheine für Religion zu bekommen, ohne eine einzige Judaistik-Vorlesung belegt zu haben.

Vielleicht habe ich gedacht, dass das Ethos genügen würde, dass sich in der Nähe des Lernens aufzuhalten aufs Gleiche rausläuft wie das Lernen selbst. Vielleicht war ich auch dadurch eingeschüchtert, wie viel all die anderen, die gerade von ihrem Jahr an einer Jeschiwa in Israel zurück waren, darüber wussten, wie man in diese merkwürdigen Bücher mit seltsamen Schriftzeichen hineinfindet, die nicht einmal die Seiten in gewohnter Weise bedecken. Vielleicht wurde ich auch durch all die anderen Themen, die man studieren konnte, abgelenkt – amerikanische Geschichte, Physik, Philosophie oder Staatsrecht. Eventuell war ich bloß faul. Oder vielleicht auch alle vier Sachen zusammen, wenn nicht noch mehr. Jedenfalls ließ sich die Ehe nicht besonders gut an.

Um es weiter mit der Ehe zu vergleichen: Ich denke manchmal führt an einer Scheidung kein Weg vorbei. Und doch probiert man, bevor man sich scheiden lässt, alles nur Erdenkliche, um verheiratet zu bleiben. Man hört mit dem Fremdgehen auf. Man sucht sich einen guten Eheberater. Man sagt seinem Gatten alles, was man ihm schon vor drei Jahren hätte sagen sollen, und man hört verblüfft zu, wenn er einem dasselbe sagt, und dann kniet man sich hin und bittet den Herrn, einem zu helfen, seinem Mann zu vergeben; man erinnert seine Trauzeugen an das, was sie bezeugt haben, und daran, dass sie einen an das abgegebene Versprechen gemahnen sollen; und man tut alles, was einem nur einfällt, um seine Ehe zu retten.

Um das Bild noch ein wenig zu strapazieren: Ich hatte das Judentum geheiratet und war ihm mit einem fremden Gott, einer anderen Religion untreu geworden, hatte mir einen anderen Lover genommen. Und ich stellte fest, dass ich mich in diesen Lover verliebt hatte, und rang eine Zeit lang verzweifelt die Hände. Ich versuchte meinen inneren Aufruhr und meine Angst zu bezwingen, und dann reichte ich zum Entsetzen meines Mannes, der aus allen Wolken fiel, die Scheidung ein, packte hastig meine Sachen in Kartons und zog aus und bei meinem neuen Geliebten ein, ohne auch nur eine angemessene Zeit verstreichen zu lassen.

Was ich eigentlich hätte tun sollen, habe ich unterlassen: Ich hab mich nie mit meinem Mann hingesetzt und ihm die nackte

Wahrheit ins Gesicht gesagt, dass ich mich in jemand anderes verliebt hätte, mich aber bemühen wolle, dass die Ehe nicht in die Brüche geht und was wir deswegen jetzt genau unternehmen könnten? Kein einziges Gespräch. Kein Wort von Jesus zu Rabbi M. Kein Wort zu Beth, nicht eine Diskussion. Nie habe ich gesagt: *Ich hab mein Taufgelübde abgelegt, und jetzt brauche ich deine Hilfe.* Die Ehe-Metapher stimmt aber teilweise auch nicht. Mein Gatte war eigentlich kein nichtsahnender Trottel. Die Scheidungspapiere waren nicht der erste Hinweis auf meinen Seitensprung. Da waren mein erklärungsloses Fehlen beim Abendessen, die Anrufe fremder Männer, der Lippenstift am Kragen und die anders nicht erklärbaren Stimmungsschwankungen: überschwängliche Fröhlichkeit, wenn ich mich mit meinem Geliebten getroffen hatte, das Elend in Person, wenn nicht.

Ich glaube, weder Beth noch Tova noch mein Rabbi haben etwas davon geahnt, dass ich einen mit Jesus draufmachte, aber sie merkten alle, dass ich immer seltener da war. Dass ich seltener in der Schul war, freitagabends seltener überm Sabbatmahl hockte, gelegentlich in einem ärmellosen Kleid in der Stadt gesehen wurde, hauchdünn, aus blauer Baumwolle. Ich glaube nicht, einer von ihnen konnte sich vorstellen, dass ich meine Schul-Zeit mit Kirche verbrachte, aber dass ich sie mit irgendwas gefüllt habe, war ihnen schon klar. Doch keiner hat ein Wort darüber verloren. Keiner hat irgendwann gesagt: *He, ich wollt nur mal hören, wie's dir so geht. Alles klar? Oder ist irgendwas mit dir?* Oder barscher: *Lauren, die Schul ruft. Du solltest besser hin.* Ich gehörte doch zu ihrer Religionsgemeinschaft; es wäre ihre Aufgabe gewesen, so etwas zu sagen.

Das alles erzähle ich nun Beth, während wir auf unserer Bank in New Haven in der Wintersonne sitzen. Es sprudelt nur so aus mir heraus, voller Zorn. Ich wäre gerne seinerzeit eine andere gewesen, weniger feige, weniger ängstlich. Ich hätte mich gerne mit ihr in unserer kleinen Studentenbude hingesetzt und ihr erzählt, dass ich mein Judentum zu verlieren drohte, meine Zusagen nicht mehr halten konnte.

Aber auch sie hätte anders sein sollen. Sie hätte versuchen sollen, mich zur Einhaltung meines Versprechens anzuhalten. Stattdessen hatte sie pluralistisch zugesehen und mich machen lassen, denn darum geht's beim College; zumindest ging es für Beth darum, die am College vor allem Weltoffenheit und Unvoreingenommenheit gelernt hat.

Hier auf der Bank in New Haven erfährt sie nun, dass ich sie gern anders gehabt hätte, dass sie etwas hätte sagen sollen, mich fragen, warum ich nicht das tat, was ich versprochen hatte. Sie hätte grob sein sollen, eingreifen, die harte Tour. Sie hätte mir meine eigenen Worte vorhalten sollen und solange warten, bis ich irgendwie reagiert hätte.

Einordnungen

Ich sitze in der Butler Library, esse verbotenerweise ein Hörnchen, von dessen Krümel sich wahrscheinlich eine Generation von Silberfischen ernähren wird, und lese eine Buch über den Schokoladenverbrauch von Neuengland zu Kolonialzeiten. Dort wird gerade ausführlich das Thema Frühstücksnahrung aus Schokolade behandelt, als ich zwei meiner Mitstudenten, Y. und Z., sich unterhalten höre. Wie bei Studenten üblich, tratschen sie über andere Studenten, und ich belausche sie.

Sie unterhalten sich über die Teilnehmer unseres Seminars zur Geschichte des 19. Jahrhunderts. „Ich war kurz davor, ihn zu erwürgen", sagt Y., und ich habe bald heraus, dass es um R. geht, einen ziemlich arroganten Harvard-Absolventen, der jetzt seine Doktorarbeit übers Tupfenmuster schreiben will. In der aktuellen Veranstaltung schreibt er über das Tupfenmuster in der Bürgerkriegsepoche. Laut R. änderte sich durch den amerikanischen Bürgerkrieg die Stellung des Tupfenmusters. Seine These besteht nach einem groben Entwurf, den er neulich hatte herumgehen lassen, darin, dass der Bürgerkrieg „nicht nur die Sklaven, sondern auch die Mode befreit" habe. Zu Kriegsbeginn bevorzugten die elegante Dame und der Stutzer uni oder ganz selten mal Streifen. Bei Kriegsende waren Tupfen der letzte Schrei. R. zufolge hatte die Pünktchenmanie mit dem Blutvergießen im Krieg zu tun. Inmitten des Todes wollten die Menschen das Leben bekräftigen, und das Leben wird durch Kreise oder Tupfen symbolisiert.

„Was mich am meisten nervt", sagt Y. zu Z., „ist, dass er nicht das geringste Modeempfinden hat. Wenn man schon über das Tupfenmuster schreibt, dann könnte man sich beim Anziehen doch wenigstens ein *bisschen* Mühe geben."

Nachdem sie R.s Sammlung ausgefranster Wollpullis einer detaillierten Analyse unterzogen hat, wendet Y. sich F. zu, die über ein gebräuchlicheres Thema schreibt: die Finanz- und Steuerpolitik DeWitt Clintons, eines frühen Gouverneurs von New York, der vor allem für den Bau des Erie-Kanals bekannt ist. Als Y. endlich auf das von mir erwartete Thema, nämlich: mich, zu sprechen kommt, werde ich zappelig.

„Du bist doch ganz gut mit dieser Lauren befreundet", sagt Y. zu Z. (Das stimmt, auch wenn wir so unterschiedlich sind wie Felix und Oscar. Z. ist elegant, hat lange Beine und schwarzglänzendes Haar, lenkt mit der sexy Lücke zwischen ihren Schneidezähnen die Blicke auf sich; auf mich lenken sich die Blicke höchstens, wenn ich laut niese, und meine Haare sind so nichtssagend, das sie nicht einmal ein Adjektiv verdienen. Sie lebt mit ihrem Freund, einem Investmentbanker, ihrem fünfzehn Monate alten Sohn und einem Au-pair-Mädchen in einer schnieken Wohnung in der East Side, während ich in meinem Kämmerlein hocke und mich frage, ob ich verantwortungsbewusst genug bin, um mir eine Katze zuzulegen. Sie befasst sich mit den Eliten im New Deal, ich mich mit Anglikanern in der Kolonialzeit; und sie hat ungefähr so viel Interesse an Religion wie ich an den Details von ABS. Dennoch ist sie meine beste Freundin an der Columbia und ich werde ihr später gestehen müssen, dass ich sie und Y. belauscht habe.) Y. meint also: „Du bist doch ganz gut mit dieser Lauren befreundet. Ist sie eigentlich so ein fundamentalistischer Bibelfritze?"

Ich höre, wie Z. versucht, sich hindurchzuwinden. „Wieso?", fragt sie.

„Na, zum Beispiel wegen ihrem Thema." Stimmt schon: Ich schreibe über die Geschichte des Abendmahls im Amerika des 19. Jahrhunderts. „Und dann, also – sie zitiert anscheinend ständig den Römerbrief."

„*Bibelfritze* ist ziemlich gehässig", sagt Z. Und: „Sie ist allerdings ziemlich religiös. Ich glaube, sie bezeichnet sich selbst als Evangelikale; als Bibelfritze oder als Fundamentalistin hab ich sie sich jedenfalls noch nicht bezeichnen hören." Dann wechselt Z. das Thema, wieder zurück zum Tupfenmustler, und bald gehen die beiden. Ich mampfe mein Hörnchen und blicke mich suchend nach einer Bibel um.

Was Z. gesagt hat, stimmt. Ich bezeichne mich nicht als Fundamentalistin.

Jemand hat vor Kurzem einen Artikel über die Unterschiede zwischen dem roten Amerika (wählt Republikaner, isst Fleisch in rauen Mengen, ist fromm, lebt auf dem Land) und dem blauen Amerika (wählt die Demokraten, schlürft Cappuccino, ist hypergebildet, Stadtmensch) veröffentlicht. Die Leute im roten Amerika wissen nicht, dass man nach Mittag keinen Cappuccino mehr trinkt; viele wissen nicht mal, was Cappuccino überhaupt ist. Viele von uns im blauen Amerika, räumt der Autor ein, haben genauso wenig Ahnung von den Eigentümlichkeiten des roten Amerikas. Blaue Amerikaner wissen nicht, was im christlichen Talk-Radio erzählt wird oder was „an Mittwochabenden in Megakirchen abgeht". Schlimmer noch: Viele im blauen Amerika würden einem „nicht den Unterschied zwischen einem Fundamentalisten und einem Evangelikalen erklären können".

Also, blaues Amerika, sperr die Lauscher auf. Hier kommen die Insider-Infos.

1957 veranstaltete Billy Graham eine Evangelisation in New York. Sie war natürlich dafür gedacht, Ungläubige zu Christus zu bringen. Graham war besorgt darüber, was mit diesen neuen Christen passieren würde, wenn die Prediger die Stadt wieder verlassen hatten. Er wollte sicherstellen, dass die örtlichen Gemeinden darauf vorbereitet waren, die Bekehrten willkommen zu heißen und zu unterstützen. Also trafen sich Graham und seine Leute in der Vorbereitungsphase mit Pastoren aus der Stadt, um die Gemeinden auf den erhofften Zustrom neuer Christen vorzubereiten und ihnen bei der Aufnahme zu helfen. Graham war Baptist, solide evangelikal, war am Florida Bible Institute und am Wheaton College in Chicago gewesen. Er war ordinierter Baptistenprediger und hatte als junger Mann das Evangelium mit der Organisation „Jugend für Christus" gepredigt. 1952 begann er mit seiner neuen evangelistischen Kolumne „Meine Antwort" Hunderttausende von Lesern zu erreichen. Im Jahr vor seiner New Yorker Evangelisation gründete er „Christianity Today", die führende evangelikale Zeitschrift des Landes. Seine christlichen Referenzen waren makellos.

Dennoch löste Grahams Zusammenarbeit mit den Gemeinden in New York eine große Kontroverse aus: Eine Zeit lang traf sich Graham mit evangelikalen Pfarrerkollegen, aber auch mit Katholiken, vergleichsweise liberalen Presbyterianern und anderen, die nicht zum frommen Protestantismus zu rechnen sind. Die Erweckung wurde sogar vom Protestantenrat der Stadt New York gesponsert – von einer Einrichtung also, die 94 % der New Yorker Gemeinden vertrat und Mitglied im wichtigen „Nationalen Kirchenrat" war. Im pluralistischen Klima unserer Tage hören sich solche Annäherungsversuche vielleicht nicht besonders gewagt an, seinerzeit aber waren sie radikal. Graham schien Christen, deren Theologie liberaler als seine war, eine Art offizielle Anerkennung zu geben.

Einflussreiche konservative Christen gingen auf die Barrikaden und verurteilten den aufstrebenden jungen Evangelisten. Graham behauptete sich indes und betonte, „dass die Grabenkämpfe im Volk Gottes … ein äußerst schlechtes Vorbild sind" und dass sich „die christliche Nachfolge nicht durch die richtige Dogmatik, sondern durch Liebe" auszeichne. Grahams vorsichtige Ökumene und das dadurch ausgelöste Trara verschärften die noch immer ausgeprägte Spaltung von Evangelikalen wie Graham auf der einen und Fundamentalisten auf der anderen Seite.

Das blaue Amerika hat allen Grund, von den Differenzen zwischen Evangelikalen und Fundamentalisten verwirrt zu sein. Diese Differenzen, die sich eher intuitiv fassen als schriftlich belegen lassen, sind wohl gefühlsbedingt. Fundamentalisten wie jene, die Graham angegriffen haben, tendieren dazu, sich von der restlichen amerikanischen Kultur abzusondern. Sie misstrauen der Ökumene und dem Dialog zwischen den Denominationen. Fundamentalistische Eltern sind tendenziell restriktiver, wenn es darum geht, welche Fernsehsendungen ihre Kinder sehen und welche Rap-Stücke sie hören dürfen.

Dann gibt es das Problem mit der Wissenschaft. Nicht alle Fundamentalisten fassen das erste Kapitel der Genesis als wissenschaftliche Beschreibung der Entstehung unseres Planeten auf, aber fast jeder, der 1. Mose so versteht, ist Fundamentalist. Und dann die Geschlechterfrage. Fundis tendieren eher dazu, das Wörtchen „gehorchen" ins Trauversprechen der Frau einzufügen (Evangelikale sind allerdings für gewöhnlich auch nicht gerade radikale Feministen).

Einer meiner Professoren, der den Großteil seiner akademischen Karriere damit zugebracht hat, über den amerikanischen Protestantismus zu forschen und zu schreiben, hat es einmal, nur halb im Scherz, so ausgedrückt: Ein Fundamentalist ist ein Evangelikaler, der sich über irgendetwas ärgert.

Da mein Temperament und meine Ansichten eher nicht zum allgemeinen Misstrauen oder der Feindseligkeit der Fundamentalisten gegenüber der Gesellschaft im Allgemeinen passen, bezeichne ich mich selbst also eher als evangelikal und nicht als fundamentalistisch. (Eine ähnliche Zweiteilung gab es übrigens auch zu meinen orthodoxen Zeiten. Ich war Teil der sogenannten modernen orthodoxen Gemeinde, die, im Gegensatz zu den Schwarzhüten aus Williamsburg und Mea Schearim, am säkularen Leben teilzunehmen versuchen, ohne das jüdische Gemeindeleben zu opfern oder die Gebote der Halacha nicht mehr einzuhalten. Das Motto der Jeschiwa-Universität, dem modern-orthodoxen College in New York, bringt es auf den Punkt: „Thora und Wissenschaft", also die Vorstellung, dass jüdisches Lernen und scheinbar säkulare Fächer verschmolzen werden können. Das Motto könnte auch etwas für Evangelikale sein.)

Doch selbst wenn ich gewisse Unterschiede zwischen Evangelikalen und Fundamentalisten anerkenne, so muss ich doch sagen, dass wir mehr Gemeinsamkeiten als Unterschiede haben. Beide Gruppen sind bibeltreu (wiewohl Fundamentalisten eher zu einer wörtlichen Auslegung neigen und die Lehre von der Unfehlbarkeit der Bibel, wonach sie, in den Originalhandschriften, vollkommen und makellos ist, frei von Irrtümern und Fehlern, vor allem für die Identität der Fundamentalisten von größerer Bedeutung ist). Die Person Jesu steht sowohl im Glauben der Evangelikalen wie auch der Fundamentalisten im Mittelpunkt. Für Evangelikale und Fundamentalisten ist es sicher, dass sie Sünder sind und dass sie einzig durch Jesu Blut am Kreuz von ihren Sünden gerettet worden sind. Aus diesem Grunde ist für sie die „persönliche Beziehung zu Jesus Christus" so zentral wichtig, um es mal im Jargon sowohl von Evangelikalen wie Fundamentalisten auszudrücken. Jesus ist nicht fern und unerreichbar, sondern mischt sich unmittelbar in den Alltag jener, die an ihn glauben, ein. Das Lieblingskirchenlied meiner baptistischen Großmutter bringt das auf einfache Weise auf den Punkt:

> „Und Er geht mit mir,
> und Er spricht mit mir,
> und Er sagt mir, dass ich ganz Sein …"

Evangelikale und Fundamentalisten sind Christen, die gerne mit ihrem Gott spazierengehen und sich dabei mit ihm unterhalten, über alles, angefangen vom Weltfrieden bis zur Kfz-Versicherung.

Manchmal habe ich sogar Zweifel, ob ich die Bezeichnung „evangelikal" wirklich für mich reklamieren soll. In theologischer Hinsicht bin ich zwar mit dem evangelikalen Mainstream auf einer Linie, aber wenn ich gefragt werde, ob ich evangelikal sei oder nicht, drehen sich die Fragen nur ganz selten um Theologie. Stattdessen will man von mir wissen, ob ich Pat Robertson wähle, Amy Grant höre und der Ansicht sei, dass die Erde nur fünftausend Jahre alt ist. Ich habe tatsächlich noch nie für Pat Robertson gestimmt, ich höre lieber Mary Chapin Carpenter und ich glaube, dass Darwin auf der richtigen Fährte gewesen sein könnte.

Wenn mir also einer meiner Gin-kippenden, verkratzten Jazz hörenden Columbia-Kollegen die E-Frage stellt (eine Frage, die ich erschreckend häufig zu hören bekomme), versuche ich spontan erst mal Zeit zu gewinnen, druckse herum, betreibe Haarspalterei und erkläre, dass ich theologisch ganz sicher evangelikal ausgerichtet bin, aber dass ich kulturell, intellektuell und politisch bei Weitem nicht so schlicht bin wie das Klischee des Fragestellers vom Evangelikalismus. Ich bin zu unsicher und mache mir zu viel Sorgen darum, wie ich wahrgenommen werde, um eine Korrektur der Annahmen meines Gesprächspartners zu riskieren – zum Beispiel, indem ich darauf hinweise, dass 38 % aller Demokraten in Amerika sich als wiedergeborene Christen bezeichnen, ganz zu schweigen davon, dass ich darauf hinweise, nicht alle Republikaner oder Heimunterrichtler seien Knalltüten. Ich will einfach nur seinen Eindruck von mir korrigieren: *Nein, nein, ich gehöre nicht dazu. Ich gehöre zu euch. Ich glaube, dass Jesus Christus Herr ist, aber ich trage auch Netzstrümpfe und trinke Single Malt Scotch Whisky.*

Ich bin bestimmt nicht weniger anfällig als andere dafür, Menschen in Schubladen zu stecken. Ohne groß Beweise dafür zu haben, nehme ich mal an, dass Y. zu jenen gehört, die Friedrich Schleiermacher als gebildete Verächter der Religion bezeichnet hat. Als er Z. nach meinem Verhältnis zur Bibel gefragt hat, war er vielleicht auch ein bisschen an Theologie interessiert – vielleicht hat er wissen wollen, ob ich tatsächlich glauben würde, dass die Bibel wahr sei –, in erster Linie ging es ihm aber um Soziologie. Y. wollte wissen, ob ich einer von *denen* war – von diesen schrägen, zurückgebliebenen, intoleranten Leuten, die schon in Filme mit FSK ab 12 nicht mehr reingehen und ein paar Hosenanzüge aus Polyester besitzen.

Als ich mich Sonntag in der Kirche umsehe, stelle ich fest,

dass ich am liebsten von Y. selbst gefragt werden würde: *He, Lauren, bist du eine von denen? Von diesen Bibeltypen?* Wenn er mich direkt fragen würde, wäre meine detaillierte Analyse hinfällig und ich würde einfach *Ja* sagen, auch auf die Gefahr hin, dass Y. deswegen annimmt, ich hielte staatliche Schulen für gottlos und hätte einen ausgeprägt schlechten Kunstgeschmack. Ich würde Y. eine positive Antwort geben, weil ich um mich herum in All Angels' einen bunt gemischten Haufen Christen sehe, der teilweise bei Wal-Mart einkauft, zum Teil aber auch Vera Wang trägt. Und ich weiß, dass diese Leute zu mir gehören, samt Polyester, Amy Grant und so weiter.

Familienwerte

Am Ende von Lukas 12 steht ein schwieriger Vers, Worte Jesu, die jenen Christen, die gedankenlos das Schlagwort von den „Familienwerten" im Mund führen, zu denken geben sollten, die *mich* jedenfalls beunruhigen: „Es wird der Vater gegen den Sohn sein und der Sohn gegen den Vater" (rev. Lutherbibel). Manchmal empfinde ich diesen Vers als sehr wahr.

Meinem Vater habe ich von meiner Konversion nur kleckerweise erzählt. In der Woche vor meinem Umzug nach England bin ich ein paar Tage bei ihm zu Besuch gewesen und habe ihm gesagt, dass ich gedächte, in Cambridge eventuell hin und wieder in die Kirche zu gehen. Das war bestenfalls eine Halbwahrheit. Ich wusste genau, dass ich in die Kirche gehen, mich taufen lassen, christlich sein und handeln würde. Aber mehr, als dass ich hin und wieder mal in die Abendandacht gehen würde, schaffte ich meinem Vater nicht zu erzählen.

Ein paar Tage nach meiner Ankunft in Cambridge bekam ich

einen langen und wortreichen Brief von meinem Vater. Eigentlich ist er kein großer Briefschreiber. Den einzigen Brief an eine seiner Töchter, an den ich mich entsinnen kann, hat meine Schwester in ihrem ersten Jahr am College bekommen. Sie war knapp achtzehn, beinah alt genug, um zu wählen, und sie überlegte, sich als Republikanerin registrieren zu lassen. Da zückte mein Vater Block und Stift und schrieb ihr einen langen, langen Brief, in dem er ihr erklärte, warum sie bei den Demokraten unterschreiben solle.

Ich war zehn und er hat mir eine Kopie von seinem demokratischen Sendschreiben geschickt, da ich ja irgendwann auch mal eine Entscheidung zwischen den Parteien würde treffen müssen. Den Brief habe ich nicht mehr und ich erinnere mich lediglich an eine Zeile über Hämmer und Ambosse: ein Hauptunterschied zwischen Demokraten und Republikanern bestünde in ihrem Umgang mit den Armen; für die Republikaner solle jeder seines eigenen Glückes Schmied sein, während die Demokraten im Auge behielten, dass sich nicht jeder Hammer und Amboss leisten kann.

Als ich zwanzig war, kam dieser zweite Brief und es ging darin sozusagen auch um die Entscheidung für eine Partei, darum, unser Leben am Leben unseres Vaters zu orientieren. Der Brief bat mich, ganz schlicht, nicht Christin zu werden. So manches wurde in dem Brief nicht gesagt, jedenfalls nicht explizit. Zum einen wurde darin nicht erklärt, warum genau es für einen Mann, der höchstens ein paar Tage im Jahr in der Schul verbrachte, kaum ein Wort Hebräisch verstand und zweimal Christinnen geheiratet hatte, so wichtig war, die jüdische Tradition fortzuführen. Es stand darin nicht, dass der jüdische Glaube mit der Familie verbunden ist, mit dem gemeinsam an einem Tisch verbrachten ersten Passah-Abend, mit unserer Familie. Es stand auch nicht darin, dass der jüdische Glaube, auch wenn er sich bei mir ganz anders äußerte als bei ihm, eine Gemeinsamkeit war, so wie meine Schwester und er eine gemeinsame Vorliebe für College-Basketball haben. Es stand nicht darin, dass er meine Konversion als Zurückweisung seiner Person verstand. Noch fragte der Brief nach dem Weshalb und Warum. Es stand dort nur: *Bitte tu das nicht, du tust mir damit weh.*

Ich legte den Brief beiseite, steckte ihn in den Schutzumschlag eines Gedichtbandes, den ich gerade las, wo ich ihn sicher aufgehoben und leicht wiederfindbar wähnte. Aber irgendwie ist er verschollen. Als ich ihn noch mal lesen wollte, war der Brief meines Vaters nicht mehr da.

Der Brief machte mich traurig, hielt mich aber nicht davon ab, in die Kirche zu gehen; er hielt mich lediglich davon ab, über das Thema mit meinem Vater zu sprechen. Dass ich getauft worden war, erzählte ich ihm erst sechs Monate hinterher, und dabei bat er mich, nicht weiter darüber zu sprechen. Er akzeptiere es, würde mich nicht enterben, ich würde weiterhin seine Tochter sein, aber er mochte oder konnte keine Einzelheiten anhören.

Gemeinde, Gott oder Gebet sind daher bei uns kein Thema. Und wenn wir über etwas anderes sprechen, ist unsere Unterhaltung von einer schleichenden Oberflächlichkeit geprägt. Ich erzähle ihm von den Arbeiten, die ich schreibe, aber über *Berufung* sprechen wir nicht. Ich erzähle ihm von Entscheidungen, die ich treffe, aber spreche niemals darüber, *im Gebet Gottes Willen für mein Leben zu entdecken.* Ich erzähle ihm, dass ich einen neuen Schreibtisch gekauft habe. Ich erzähle ihm nicht, wie ich mich langsam in jenen Menschen verwandele, als den Gott mich haben möchte.

Lil, meine Physiklehrerin an der Highschool, die erste Christin, der ich meinen Meerjungfrauentraum geschildert habe, Lil wurde zur Christin, als sie zehn Jahre verheiratet war. Ihr Gatte machte sich Sorgen, war bestürzt, hatte Angst, dass sie sich in jemanden verwandeln würde, den er nicht mehr verstehen konnte, hatte Angst, dass sie zu einer Karikatur verkäme, einer engstirnigen, feuerschnaubenden, Bibelsprüche speienden Verrückten. Einige Jahre nach ihrer Bekehrung sah er sie an und meinte: „Weißt du, Schatz, eigentlich hast du dich gar nicht *so* sehr verändert."

In mancher Hinsicht stimmte das. Lil unterrichtete immer noch Physik, hatte noch immer ihre Freude an Ballett und Football, backte noch immer einen super Quicheboden. Der Kommentar ihres Gatten sprach allerdings auch Bände über ihre Ehe, die zwar stabil war, aber sich inzwischen eher an der Oberfläche dahinbewegte. Lils Mann konnte nicht begreifen, dass alles, was für sie wesentlich war – warum sie morgens aufstand, wie sie die Welt sah, was sie mit ihrer Traurigkeit machte –, sich grundlegend geändert hatte, auch wenn sie noch immer Quiche backte.

Manchmal stelle ich mir vor, dass mein Vater das Konvertieren ungefähr so sieht wie der Mann von Lil. Ich stelle mir vor, wie er mich ansieht, nachdem ich viele Jahre Christin bin, und feststellt, dass ich mich eigentlich nicht sehr verändert habe. Ich bin immer noch eine eierköpfige Akademikerin. Ich schufte noch immer viel. Ich bin immer noch hinter den Jungs her und ich gebe immer noch zu viel Geld für Ferngespräche aus. Auch weiterhin werde ich lieber lesen als Fernsehen zu gucken, ins Theater zu gehen oder zu reisen. Ich wohne immer noch zur Miete, in einer Wohnung, die aussieht, als ob gerade eine Handgranate eingeschlagen hätte, und ich habe noch immer einen Rochus auf Sport. Ich bilde mir ein, dass er die ganzen Ähnlichkeiten erkennt und zu seinem Trost feststellt, dass er seine Tochter nicht wirklich an Christus verloren hat. Und ich bin traurig, weil genau dieser Trost Beweis dafür ist, wie viel zwischen uns beiden verloren gegangen ist.

Dov

Lowell House, das zweitälteste der Harvard-Colleges in Cambridge/Massachusetts, wurde im Jahre 1930 errichtet. Es wurde nach den Lowells benannt, einer alten Familie aus Massachusetts mit vielen Harvard-Absolventen in ihren Reihen. John Lowell hat seinen Abschluss 1721 gemacht und es gab noch viele andere berühmte Lowells, etwa die Dichter Amy Lowell und James Russel Lowell oder den Astronomen Percival Lowell, der das Lowell-Observatorium in Arizona gegründet und um die Jahrhundertwende drei Arbeiten zum Mars geschrieben hat. Lowell House ist berühmt für seinen Winterball, für seine russischen Glocken, die sonntags alle zugleich läuten, und dafür, dass alljährlich im Frühling die Ouvertüre „1812" von Tschaikowski gespielt wird.

Ich bin im Auftrag einer Zeitschrift hier, um die Rektorin vom Lowell House, die gerade ein neues Buch über Buddhisten, Hindus und Muslime geschrieben hat, zu interviewen. Wir treffen uns in der Rektorenwohnung, die direkt neben der Mensa liegt. Die Wohnung ist ein auffälliges Häuschen mit einer auffallend breiten Tür. Die Rektorin, Expertin für indische Religionen, hat die Porträts der Lowells, die früher im Entree hingen, in ein blaues Salonzimmer verfrachtet. Sie hat sie durch kunstvolle, dunkle Gebetswandbehänge aus den Krischna-Tempeln in Rajasthan ersetzt.

Sie hat mir eine Wegbeschreibung gemailt, aber ich finde auch so hin. Dov, der orthodoxe Harvard-Student, mit dem ich während des Colleges zusammen war, hat im Lowell House gewohnt; ich weiß gar nicht mehr, *wie* oft ich dort übernachtet habe. Zu meiner Erschütterung stelle ich fest, dass er bald sein Fünfjähriges hat, sein Abschluss ist fünf Jahre her, und ich bin seitdem nicht mehr in Cambridge/Massachusetts gewesen.

Als ich im Eingang vom Lowell House stehe, vermisse ich

Dov plötzlich. Ich vermisse sein breites, aufrichtiges Lächeln, seine Gedankenschärfe, die Art, wie er mich jedes Mal, wenn ich in Boston aus dem Zug stieg, hochhob, wie Fred Astaire, der Ginger Rogers herumschwenkte, eine tanzende Umarmung. Ich vermisse sogar seine lächerliche Angewohnheit, im Gehen mit einem imaginären Golfschläger auszuholen, um seinen Draw zu perfektionieren. Wenn er jetzt hoch zu Ross vorbeikäme, würde ich wohl auf dem Rücken eines Pferdes mit ihm nach North Dakota reiten. Aus allen Poren quillt mir das Gefühl, ihn zu vermissen.

Dov war attraktiv, charmant und klug. Wahrscheinlich haben wir am Anfang einander eingeschüchtert. Ich kam von meinem ersten Date mit ihm nach Hause und begriff, was die Leute meinen, wenn sie von „Wolke sieben" reden: Ich wusste nicht, ob ich schwebte oder gerade ohnmächtig wurde. Damals habe ich wohl das Wort *überwältigt* benutzt. Bei unserem zweiten Treffen habe ich ihm gesagt, ich sei überwältigt.

In Harvard habe ich ihn das erste Mal an einem Februarwochenende besucht, und irgendwie war es nicht zu kalt. Ich lief mit aufgerissenem Mund und Augen groß wie Eiskugeln herum, ganz die Provinzlerin aus North Carolina. In Harvard spielten alle Squash. Alle Freunde von Dov hatten ein Rhodes-Stipendium gehabt oder würden eins bekommen. Dov nahm mich auf eine Dinnerparty in einer unanständig gut eingerichteten Wohnung mit; die Gastgeberin verlangte von jedem am Tisch, auswendig ein Gedicht aufzusagen. Mir fiel lediglich ein Lied von Shel Silverstein ein; die Gastgeberin, eine intelligente Rothaarige, die Dov später hinter meinem Rücken küssen sollte, ließ "The Love Song of J. Alfred Prufrock" hören. In voller Länge. Ich wusste, dass mein Glotzen ungebührlich war, aber ich glotzte dennoch. Hätte jemand eine Parodie auf Harvard schreiben wollen, er hätte es sich nicht besser ausdenken können.

Mit der Zeit ließ die Ehrfurcht nach. Harvard begann von seinem Glanz zu verlieren. Ich merkte, dass ich mit Dovs Freunden bei ihren Diskussionen und Wortgefechten mithalten konnte. Tatsächlich besuchte ich ihn später sehr gern in Harvard. Mir gefielen die ganzen Antiquariate, von denen es in Cambridge/Massachusetts wohl mehr als irgend sonst auf der Welt gibt. Ich mochte den Fluss. Dov und ich gingen dort abends spazieren, und er küsste mich. Das war sehr malerisch. Und ich liebte ihn, liebte ihn mit dieser überraschenden, leichten, einfachen College-Liebe, jene Art Liebe, in die man sich sorglos hineinfallen lassen kann, weil man erst achtzehn ist und noch nicht weiß, wie sehr es wehtun wird.

Wenn Dov den Gottesdienst leitete, freute ich mich immer darauf, in die Schul zu gehen. Er hatte einen tollen Bariton und sein Hebräisch klang perfekt. Ich ging dann in die Synagoge, saß auf der anderen Seite der Mechiza, des anderthalb Meter hohen hauchdünnen, zarten weißen Vorhangs, der Männer und Frauen trennte, und hörte ihm beim Beten zu. Manchmal spähte ich durch die Mechiza hinüber zu den Männern, guckte, wo er saß, sah ihm zu, wenn er aufstand, um zu beten, sah, neben wem er saß, sah ihn, manchmal, an die Decke starren und tagträumen.

Die Mechiza-Apologeten haben recht: Es hat schon seinen Vorteil, nur mit anderen Frauen zu beten, keine Angst um sein Aussehen haben zu müssen oder ob man sich an den Händen berührt. Die Befürworter sagen, dass gemeinsames Beten zu sehr ablenken würde, und dass wir uns aufeinander konzentrieren würden und nicht auf Gott. Mit Dov neben mir hätte ich nie und nimmer gebetet. Durch den Vorhang zu spähen lenkte mich auch so schon genug ab.

Eine Winterhochzeit

Hannah und ich gehen auf eine Winterhochzeit. Die Braut ist Hannahs beste Freundin vom College. Da Jim auf einer Konferenz in einer anderen Stadt weilt, nimmt Hannah mich als Begleitung mit.

Eine schöne Hochzeit, nichts als Tüll, perfekte Lieder und fröhliche Menschen. *Vielleicht*, denke ich, *bewirkt diese Hochzeit ja, dass sie sich wieder stärker an ihr Trauversprechen gebunden fühlt.* Vielleicht sieht sie die errötende Braut und den dämlich grinsenden Bräutigam und denkt an die ganzen Menschen, denen sie mit ihrem Seitensprung wehtun würde. Vielleicht erinnert sie sich, wie leicht und optimistisch sie sich bei ihrer eigenen Hochzeit gefühlt hat.

Als sie mich in der Woche darauf zur Morgenandacht trifft, rechne ich damit, dass sie sagt: *Tanya und Bill einander das Ja-Wort geben zu sehen war, wie bei einer Taufe dabei zu sein; dadurch weiß ich wieder besser um meine eigenen Verpflichtungen.* Stattdessen erzählt sie mir, dass sie von der Hochzeit nach Hause gefahren ist, Mr. Lateinamerikanische Literatur angerufen hat, mit ihm in ein Restaurant und danach ins Bett gegangen ist. Anschließend ist sie nach Hause gefahren und hat geheult. Nach dem Heulen hat sie ihn angerufen und ihm gesagt, dass sie ihn nicht wiedersehen könne, und dann hat sie seine Nummer aus ihrem Adressbuch gerissen und ist nicht ins Bett gegangen, sondern hat geraucht (was sie seit der Highschool nicht getan hatte) und mit den Fingern getrommelt, bis Jim um vier nach Hause gekommen ist. Dann hat sie ihm vom Dinner, vom Sex und vom Adressbuch erzählt.

„Er hat geguckt, als sei er soeben von einem Bus überfahren worden", erzählt sie mir. „Er hat gedacht, ich würde ihn verlassen. Aber das ist nie Thema gewesen. Ich hab nie vorgehabt, ihn zu verlassen."

Ich weiß nicht, wie sich der Lateinamerikanische-Literatur-Mensch fühlt, aber mindestens drei Leute kommen sich wie Versager vor. Hannah hat das Gefühl, als Ehefrau versagt zu haben. Jim meint, als Ehemann gescheitert zu sein. Und ich habe als Christin, Freundin, Trauzeugin versagt. Ich hätte in der Lage sein sollen, sie davon abzuhalten. Ich hätte bessere Argumente haben sollen oder überzeugendere Gebete.

Zur Morgenandacht gehören Beichte und Sündenerlass. Wir beichten in Demut dem Allmächtigen unsere Sünden, und dann sagt der Pfarrer: „Der allmächtige und gnädige Gott schenkt euch Vergebung und Erlass all eurer Sünden, wahre Reue, Änderung des Lebens, und die Gnade und den Trost des Heiligen Geistes." Das Gebetbuch schreibt vor: „Ein Diakon oder Laie, der die vorstehende Formel benutzt, kniet dabei und ersetzt das ‚euch' durch ‚uns' und ‚eurer' durch ‚unsrer'." Der Laie bin heute Morgen ich und ich spreche diese Worte über Hannah und mich.

Im Laufe der Woche sehe ich Jim bei einer Vorlesung. Er lächelt, aber er sieht übernächtigt aus und seine Hände zittern. Ich weiß nicht, wie er und Hannah den Frieden zwischen sich genau wiederherstellen wollen, aber ich bin mir sicher, dass sie es schaffen werden. Mich überkommt bei Jims Anblick die Erkenntnis, dass Jesus als Einziger groß genug ist für diese Art von Vergebung und wir nur vergeben können, weil er uns zeigt, wie das geht. Ich entsinne mich, dass er auch mir meine Sünden vergeben hat, dass er am Kreuz mit „Es ist vollbracht" Hannahs Ehebruch gemeint hat und meine ganzen eigenen Sünden und die von Jim und dem Lateinamerikanische-Literatur-Typen und die meiner Eltern, meiner Pfarrer und aller anderen, auf Dauer, in Gänze, vergeben.

FASTENZEIT

Das Auflegen der Asche an Aschermittwoch ist eine kühne Sache. Der ganze Tag ist kühn. Kühn leuchtet kirchliches Purpur an der puritanischen weißen Wand meiner schlichten Kirche, und unser Pfarrer, Milind, hat ein ebenso purpurnes Gewand an, das er während der Gottesdienste in der gesamten Fastenzeit tragen wird. Es ist eine kühne Liturgie, die wir nach dem „Book of Common Prayer" sprechen sollen: Anzuerkennen, dass wir aus Staub sind und wieder zu Staub werden sollen, und trotzdem unser Auserwähltsein als Gottes Kinder zu verkünden.

Die Asche ist allerdings das Kühnste von allem. Ein dunkler, unleugbarer Strich auf der Stirn, eine kühne Verkündung von Tod und Auferstehung zugleich. Man vergisst, dass man ihn auf der Stirn hat, und geht aus der Kirche, hinaus in die Welt, eine lebende Mahnung, dass Christus für uns gestorben ist. Das Kreuz, das Milind am Aschermittwoch auf meine Stirn macht, ist kein schönes, kleines Stückchen Silber, das an meinem Hals baumelt, aber leicht in meine Bluse rutscht. Das Aschenkreuz ist kühn und kann nicht verleugnet werden.

Ich vergesse seine Existenz, hüpfe aus der Kirche, ohne daran zu denken, bis ich in der U-Bahn angestarrt werde. Es mag Wohnviertel in New York geben, wo Stirnkreuze am Aschermittwoch nichts Ungewöhnliches sind. Aber in meiner U-Bahn, in der lauter weltläufige Upper-West-Sider sitzen, sehe ich im ganzen Waggon nur einen einzigen anderen mit Aschekreuz. Ein paar Leute starren mich an, einer lächelt traurig, und ich rutsche unruhig auf meinem Sitz hin und her und frage mich, was sie sich wohl fragen mögen.

Als ich endlich beim Campus bin, fühle ich mich richtig unbehaglich. Die Columbia ist unbeschadet ihrer bezaubernden Kapelle ein Ort, an dem man anderen Wahrheiten zugetan und bei dieser eher zurückhaltend ist.

Ich missioniere nicht, jedenfalls im Sinne von Traktätchen-Verteilen. Ich lege nicht wie beiläufig einer Freundin den Arm um die Schultern, blicke ihr bedeutungsschwanger in die Augen und frage: „Susie, würdest du in den Himmel kommen, wenn du morgen von einem Bus überfahren würdest?" Wenn ich mich direkt mit Missionsbefehl an die Jünger – geht hinaus in die ganze Welt und ruft alle Menschen in meine Nachfolge – konfrontiert sehe, zucke ich zusammen, weil ich weiß, dass ich nicht mal die Menschen in der Umgebung meines Apartments rufe.

Ich schöpfe Trost daraus, dass die Kirche gegenwärtig zur „Evangelisation durch vorbildliche Lebensführung" neigt, wie das unaufdringlich genannt wird. Um so zu evangelisieren, muss man keine Traktate verteilen; es ist dafür bloß eine gute, gottesfürchtige, das Evangelium ausstrahlende Lebensweise vonnöten. Ich nehme gerne an, dass die meisten Menschen wissen, dass ich Christin bin, und mein Geheimnis wissen möchten, wenn ihnen auffällt, dass ich manchmal fröhlich und manchmal friedfertig bin, anders als sie in diesem Moment.

Mit einem Kreuz auf der Stirn herumzulaufen, ist allerdings noch mal etwas ganz anderes. Ich komme mir enttarnt vor, entdeckt; ich bin verlegen.

Am späten Abend flitze ich noch zur Bibliothek, um ein überfälliges Buch zurückzugeben, und dabei läuft mir eine Mitstudentin über den Weg. Als wir dastehen und uns unterhalten, fischt sie ein Papiertuch aus ihrer Tasche. „Hör mal, du hast einen Fleck auf der Stirn. Komm, ich wisch den mal ab."

„Äh, also, eigentlich", stammele ich leise, „eigentlich soll der da sein. Heute ist nämlich Aschermittwoch." Sie sieht mich verständnislos an. „Ein christlicher Festtag", sage ich. In ihrem Gesicht regt sich immer noch nichts. „Christlich", sage ich lauter und stelle mir dabei vor, dass ich vor Konstantin lebe. „Damit fängt die Fastenzeit an, die Zeit, die Ostern ihren Höhepunkt findet. Man kriegt von den Pfarrern dieses Aschekreuz auf die Stirn, zur Erinnerung daran, dass Christus für unsere Sünden gestorben ist."

Das war nicht das einzige Gespräch an jenem Tag, das von meinem Aschekreuz ausgelöst wurde. Eine mir unbekannte Studentin war am Morgen auf mich zugekommen und hatte mich gefragt, wo sie in die Kirche gehen könnte; ein anderer Student war feindseliger und wollte von mir wissen, wie es angehen könne, dass ich versuchen würde, Studenten im Grundstudium kritisches Denken beizubringen, wo ich mit meinem Aschekreuz auf der Stirn selbst offensichtlich nicht kritisch denken würde. Eine dritte Studentin, die ich nur vom Sehen kannte, bat mich, mich mit ihr hinzusetzen, brach in Tränen aus und erzählte mir, dass ihre Eltern sich scheiden ließen. *Ob das Nonnen, die in Ordenstracht die Straße langlaufen, auch so ergeht?*, fragte ich mich. Und dann begegnete mir noch eine alte Freundin, die ich seit dem College nicht mehr gesehen hatte. „Wann hast du denn den jüdischen gegen den christlichen Glauben eingetauscht?", fragte sie und setzte damit ein Gespräch in Gang, bei dem ich nicht nur das Wann, sondern auch das Warum erklärte.

Ich war darauf vorbereitet gewesen, dass Aschermittwoch eine anstrengende, intensive Erfahrung werden würde. Ich war darauf vorbereitet gewesen, in dem Augenblick, in dem Milind mir sagte, dass ich Staub sei, etwas Profundes, Bewegendes zu verspüren. Auf einen Tag unvermeidbarer Evangelisation war ich nicht vorbereitet gewesen.

Womöglich war die Evangelisation nicht gelungen. Schließlich hat sich keiner dieser Studenten mit mir hingekniet und mit mir ein Sündergebet gesprochen. Schließlich haben mir früher, vor meiner Konversion, viele Leute viel erzählt, ohne dass ich mich gleich bekehrt hätte, aber am Ende hat es dann doch gereicht. Vielleicht wird das bloße Wissen darum, dass ein normal wirkendes höheres Semester einer Elite-Uni zumindest einmal im Jahr bereit ist, seinen Christenglauben zu bekennen, irgendwo im Herzen irgendeines Studenten wohnen.

Aschermittwoch erinnerte mich an den Sederabend. Das dürfte wohl nicht mal unpassend sein, denn beim Seder geht es darum, der Befreiung aus der Gefangenschaft in Ägypten zu gedenken, und mit Aschermittwoch beginnt jene Zeit, die in der größten Befreiung überhaupt gipfelt, der Auferstehung Christi von den Toten.

Am Sederabend tut man allerlei seltsame Dinge – man trinkt vier Becher Wein, man isst bittere Kräuter und ungesäuertes Brot. Für jede Handlung gibt es dabei einen besonderen Grund. Der Meerrettich erinnert an die Bitterkeit der Knechtschaft in Ägypten; das ungesäuerte Brot hilft einem, sich der Israeliten zu entsinnen, die so eilig flüchten mussten, dass der Brotteig keine Zeit hatte aufzugehen.

Von den Rabbinern lernen wir allerdings, dass es noch einen allgemeineren Grund für diese seltsamen kulinarischen Gesten gibt: Sie sollen Interesse bei Kindern wecken. Den Kindern, die bei Tisch sitzen, wird auffallen, dass etwas Außergewöhnliches vor sich geht – sie essen schließlich nicht jeden Abend Bitterkräuter und flache Brote –, und sie werden fragen, warum man nicht die Brötchen oder Pumpernickelscheiben isst, die es sonst gibt. Damit haben ihre Eltern einen Anknüpfungspunkt und können ihnen erzählen, was Gott für die Juden in Ägypten getan hat.

Das Kreuz auf unserer Stirn ist als drastische Erinnerung für uns selbst gedacht – und es funktioniert tatsächlich. Als Milind mich ansieht und sagt: „Bedenke, Mensch, dass du Staub bist und wieder zum Staube zurückkehrst", weiß ich, was Gott für mich getan hat. Er hat mich nicht bloß geschaffen, er hat auch im Blut seines Sohnes seine Gnade über mich ausgegossen. Über mich, einem Haufen Staub!

Doch das Kreuz regt auch die anderen Menschen zu Fragen an. Es gibt einem eindeutige Gelegenheit – wenn nicht gar Verpflichtung –, seinen Glauben zu bezeugen.

Da niemand als Folge meines Aschekreuzes zum Glauben gekommen ist, war meine Aschermittwochsevangelisation wahrscheinlich kein besonders gewaltiger Erfolg. Wenn Erfolg aber bedeutet, dass etwas Geistliches mit mir passiert ist, dann war sie doch erfolgreich. Ich musste mich meinem Unbehagen als Christin auf einem weltlichen Campus stellen und ich bin wieder ein Stück näher dran, dieses Unbehagen loszuwerden. Manchmal male ich mir aus, an einem christlichen College zu unterrichten, wo ich mich mit dieser speziellen Sorge nicht herumschlagen müsste. Es wäre dann eine gegebene Tatsache und keine Überraschung, dass ich mich als Jüngerin Jesu bezeichne.

Doch Gott hat mich anscheinend an der ziemlich weltlichen Columbia postiert, jedenfalls bis auf Weiteres. Ich habe den Verdacht, dass er mich nicht bloß wegen des Studiums und für einen schicken Abschluss hier untergebracht hat, sondern auch, um ein bisschen Salz zu sein, ein wenig Sauerteig für das Brot. Die Herausforderung besteht für mich darin, das ganze Jahr über so kühn bei der Verkündigung des Evangeliums zu sein.

Lesefasten

Wir schreiben den Tag nach Aschermittwoch, und ich bin mit Milind in einem Café neben der Kirche zum Frühstück verabredet. Ich bestelle Eier und er bestellt sich Kaffee. „Also, Lauren", sagt er, „was hast du dir für die Fastenzeit vorgenommen?"

Ich antworte, mit nicht geringem Anflug von Selbstgerechtigkeit, dass ich beabsichtige, jeden Freitag zu fasten. Kommt mir wie eine große Sache vor, sehr viel gravierender, als mir Schokolade oder Koffein abzugewöhnen.

„Im Ernst?", fragt Milind. „Gut für dich." Seine Aschermittwochspredigt hatte sich ein paar Minuten mit dem Fasten beschäftigt. Er hatte davon gesprochen, etwas aufgeben zu müssen, was einem wirklich wichtig ist. Etwas zu geben, was wirklich man selbst war. Wir sollten daran denken, wie es war, etwas von Freunden geschenkt zu bekommen. Nicht das Geschenk selbst war das Wichtigste am Geschenk, sagte Milind, sondern die Gesinnung, mit der es gemacht wurde.

Beispielsweise besitzt deine Freundin ein tolles grünes Sommerkleid. Es gefällt dir schon seit Monaten. Sie schenkt es dir. Sollte sie es lediglich ausrangiert haben – sie hat noch achtzehn von der Sorte, weswegen es für sie kein großes Opfer darstellt, es wegzuschenken –, dann ist die ganze Aktion eher eine Enttäuschung. Wenn aber auch deine Freundin daran hängt, dieses Kleid innig liebt, du es aber trotzdem bekommst, weil sie weiß, dass dich das glücklich macht – dann wird Begeisterung bei dir aufkommen. Das Kleid bekommt eine ganz neue Bedeutung.

„So verhält sich das auch mit den Geschenken, die wir Gott machen", sagt Milind in seiner Predigt. „Ich möchte euch dazu ermutigen, Gott etwas zu geben, das euch wirklich wichtig ist. Etwas, das ihr wirklich liebt. Etwas, ohne das ihr nur schwer auskommt."

Essen, denke ich und stürze mich auf meine Eier, ist etwas, das ich auf keinen Fall missen möchte. Ich bin mir sicher, dass Milind mich für mein großes Opfer loben wird.

Milind nippt an seinem Kaffee. „Lauren", sagt er, „ich möchte, dass du noch etwas in der Fastenzeit aufgibst." Ich runzele die Stirn. „Ich möchte, dass du das Lesen lässt."

Ich werfe einen Blick auf das Buch, das ich mitgebracht habe, um die fünf Minuten zu überbrücken, die ich vielleicht auf Milind würde warten müssen, da er sich hin und wieder verspätet. Es handelt sich um ein Buch übers Predigen im mittelalterlichen Frankreich. „Ich soll das Lesen lassen", wiederhole ich.

„Genau", entgegnet er. „Ich habe den Eindruck, dass du für dein Leben gerne liest, und ich möchte, dass du während der Fastenzeit ohne Lesen auskommst." Ich esse noch einen Löffel Ei. „Ich glaube, Bücher wären ein wirklich bedeutsames Geschenk für Jesus", sagt er. Ich streiche Butter auf meinen Muffin. „Darf ich dich fragen", sagt Milind, „was du beispielsweise donnerstagabends machst, nachdem du gegessen und gespült hast und mit Arbeiten fertig bist?"

„Ich lese."

„Und an den Donnerstagabenden, wo du ausnahmsweise mal nicht liest?"

„Ich weiß nicht", sage ich. „Für gewöhnlich lese ich."

Dann sagt er es noch mal: „Ich möchte, dass du während der Fastenzeit nicht liest."

„Okay!", meine ich leichtsinnig. „Philipper 4,13!" Philipper 4,13 lautet: „Das alles kann ich durch Christus, der mir Kraft und Stärke gibt." Das ist der Bibelvers aus den Mitford-Büchern. In Mitford bringen die Episkopalen die unmöglichsten Sachen zuwege und zwitschern dabei munter „Philipper 4,13". „Weißt du", sage ich zu Milind, „Lesen ist für mich eher so die Rückfallebene. Wenn ich Zeit habe, nichts zu tun habe, dann lese ich."

„Nein, nein", sagt Milind. „*Ich* lese in der Freizeit. Bei dir ist Lesen das Leben."

Ich schreibe eine Mail an Jo, die Pfarrerin am Clare College im englischen Cambridge. Oft habe ich ihr theologische Fragen gestellt, und sie hat genauso oft die Hände überm Kopf zusammengeschlagen. „Wüsstest du ein Buch zu dem Thema für mich?", fragte ich dann. Normalerweise war die Antwort Nein; auch wenn sie ihren Doktor hatte und eine Universitätsgemeinde leitete, so verwendete sie anscheinend doch mehr Zeit darauf, ihren Glauben zu leben, anstatt darüber zu lesen. Meine Mail ist ganz kurz: „Liebe Jo, mein Pfarrer hier hat mich gebeten, während der Fastenzeit nicht zu lesen, und ich sag auch noch JAAA!!!! LG, Lauren." Sie schreibt zurück: „Liebe Lauren, ich habe gut gelacht. LG, Jo."

Sonntag blickt Milind mich an, nicht ohne Sorge. „Und, wie kommst du mit der Versuchung klar?", fragt er. Man könnte meinen, mir wäre plötzlich mein Keuschheitsgürtel abgenommen worden und ich wäre mit Tom Cruise zusammengezogen. „Vielleicht solltest du deine Bücher aus deinem Apartment räumen, nur für die Fastenzeit. Damit du nicht ständig in Versuchung bist."

„Milind", sage ich, „ich habe dreitausend Bücher in meinem Apartment. Die kann ich nicht einfach während der Fastenzeit woanders parken."

„Dreitausend? Dein Apartment muss aber groß sein."

„Nein", sage ich, „Ich habe ein winziges, fast bezahlbares Studentenapartment."

„Aber dreitausend Bücher? Wo schläfst du denn?", fragt er.

„Auf Büchern", sage ich.

Normalerweise lese ich in der U-Bahn. In der ersten Woche der Fastenzeit beobachte ich stattdessen Leute. Leutegucken wird allerdings irgendwann langweilig, und ich stelle fest, dass ich, statt zu lesen oder Leute zu gucken, im Geiste Predigen halte. Ich stelle mir vor, dass ich ein langes, fließendes Gewand anhabe und meine Herde mit den Finessen der Bibelauslegung bekannt mache, ihnen krause geschichtliche Einzelheiten, die ihnen eventuell nicht bekannt sind, beibiege, sie dazu beflügle, mit noch mehr Hingabe zu leben.

Im Speziellen stelle ich mir die Fastenzeitpredigten vor, die ich vielleicht in fünfzehn Jahren halten werde. Sie fangen so an: „Vor fünfzehn Jahren bat mich mein Pfarrer während der Fastenzeit um etwas sehr Radikales. Er bat mich, in der Zeit nicht zu lesen." Vereinzeltes Glucksen in der versammelten Gemeinde. „Wie die meisten von Ihnen wissen, wüsste ich nichts Besseres, als es sich mit einem Buch gemütlich zu machen. Damals saß ich an meiner Doktorarbeit und schrieb außerdem Buchbesprechungen für ein Webzine (Webmagazin; d. Übers.), folglich war die Bitte, nicht zu lesen, ungefähr so, als ob man einen Bäcker bitten würde, aufs Mehl zu verzichten. Im ersten Jahr war das hart, teilweise unerträglich. Aber ich hab es jedes Jahr wieder gemacht und stelle inzwischen fest, dass ich mich während der Epiphaniaszeit auf meine Fastenübung zu freuen beginne. Ich freue mich auf den Platz, den sie in meinem Kopf freiräumt. Ich freue mich auf die stille Zeit, während der ich nur meine Worte und die Worte Gottes höre und nicht all die gedruckten Worte auf den Buchseiten."

Im richtigen Leben lässt sich der Verzicht aufs Lesen überhaupt nicht so prächtig, selbstzufrieden und einfach an wie in dieser Fantasiepredigt. Er ist überraschend schwer.

In seiner Aschermittwochspredigt hatte uns Milind gewarnt, dass die wahre Prüfung bevorsteht, wenn man für sich allein ist. Würden wir uns an unsere Fastenübungen halten, wenn niemand hinguckte? Machten wir das, um unsere Freunde zu beeindrucken oder als Geschenk an Gott? Würden wir heimlich einen Schokoriegel essen oder eine Cola trinken, wenn wir allein zu Hause waren? Würden wir gewissenhaft sein oder mogeln?

Eine Zeit lang bin ich ziemlich gewissenhaft und dann mogle ich. Anfangs ist mein Verhalten ausgesprochen löblich. Ich lasse das vergriffene Buch über Kirchengeschichte ungelesen liegen, als ich es endlich aufgetrieben habe. Zwei Tage nach dem Frühstück mit Milind liegt es bei mir auf der Matte; ich packe es aus, lege es ins Regal und da bleibt es auch. Ich lese auch nicht die Erinnerungen einer Frau an ihre Erfahrungen mit dem Gebet – obwohl ich ein Jahr lang darauf gewartet habe, dass sie erscheinen. Ich bleibe sogar ganz ruhig, als ein neuer Krimi von einer meiner Lieblingsautorinnen auf meinem Schreibtisch bei der Arbeit liegt.

Doch dann erscheinen die Erinnerungen eines Freundes an seine Kindheit und Jugend, die er mit seinem Vater, einem Pfarrer, im Süden zur Zeit der Rassentrennung verbracht hat. Der Verfasser schickt mir ein Exemplar, und ich lege es auf den wachsenden Stapel von Büchern, mit denen ich mich nach Ostern zu befassen gedenke. Da ist es in guter Gesellschaft. Jeden Morgen komme ich am Regal vorbei. Ich gucke das Buch des Freundes an, das Buch guckt zurück. Ich nehme es aus dem Regal, streiche über den geschmeidigen Einband, sehe mir das Foto auf dem Schutzumschlag an. Doch dann verschwindet es wieder zwischen den anderen Bänden.

Ich versuche mich zu überzeugen, dass ich berechtigten Grund habe, das Buch zu lesen. Ich versuche es auf Basis unserer Freundschaft zu rechtfertigen. Ich bin mit dem Autor befreundet, und als seine Freundin sollte ich ihn anrufen und ihm vorjubeln, wie großartig das Buch ist. Aber das geht natürlich nicht, wenn ich es nicht gelesen habe. *Vielleicht*, denke ich, *vielleicht kränkt es Charles sogar, dass ich das Buch nicht gelesen habe. Vielleicht sollte ich nur ein paar Kapitel lesen, dann könnte ich ihm wenigstens ein bisschen dazu sagen. Ich wette, Jesus würde mir genau dazu raten. Das dürfte das Liebevollere sein.*

Selbst mir fällt auf, dass dieses Brett äußerst schmal ist. Eines Donnerstagabends aber werfe ich einen Blick auf mein Bücherregal und sage: „Drauf gepfiffen!" Ich packe das Buch und stürze mich drauf. Ich lese die Nacht durch. Es geht mir wie jemandem, der eine Diät macht, lange nichts Leckeres mehr zu essen bekommen hat und beschließt, sich eine Familienpackung Eiscreme in einem Rutsch reinzutun.

Ich spare diese Fastenzeit viel Geld. Ich hab nur einmal kurz in einen Buchladen reingeguckt, um ein Geburtstagsgeschenk für eine Freundin in England zu kaufen. Als ich im Lebensmittelladen an den Melonen herumdrücke, treffe ich einen der Verkäufer von Labyrinth Books. Er fragt mich, ob ich länger auf Reisen gewesen sei. „Vielleicht auf Barbados?", fragt er.

Ich bin mir nicht sicher, ob ich in der Fastenzeit 2020 wirklich eine selbstzufriedene Predigt halten und erzählen werde, wie sehr ich mich auf mein Lesefasten freue. Aber ich glaube, ich werde auch nächstes Jahr das Lesen lassen. Sechs Wochen lang die Bücher aufzugeben, hat mir nicht nur mehr Freizeit verschafft. Ich habe dadurch nicht bloß Geld gespart. Vor allem war ich komplett mit meinem Leben allein. Ich lese, denke ich mal, aus mehreren Gründen. Um mich zu informieren, zum Vergnügen, um herauszubekommen, wie man ordentliche Sätze formuliert. Aber ich lese auch, um drohende Verzweiflung oder Trübsal zu betäuben. Jemand schrieb mal: „Lesen, zumal aus freien Stücken, heißt seinen Willen erklären, eine Stimme abgeben; man postuliert ein Anderswo und bricht dorthin auf. Und wie alles Reisen ist auch das Lesen eine Bewegung und eine Art Kommentar zum Ort, den man verlassen hat. Freiwillig ein Buch aufzuschlagen heißt in gewisser Weise auch, die Unzulänglichkeit entweder des eigenen Lebens oder der Sicht darauf zu bemerken" (Sven Birkerts).

Schon vor der Fastenzeit hatte ich geargwöhnt, dass ich das Lesen nur so benutzte, als Anreiz oder Fluchtweg. Ende Februar schrieb ich in mein Tagebuch etwas übers Lesen: „Ich merke, dass mich die Sache zunehmend fertig macht." („Die Sache" war natürlich ein Mann.) „Ich merke es nicht daran, dass ich mehr schlafen oder essen möchte, sondern daran, dass ich das tun möchte, was ich in diesem Falle immer tue: Mich in einen Wohlfühl-Kleinstadtroman verkriechen, den ich schon ein Dutzend Mal gelesen habe, für gewöhnlich Mitford, manchmal in einen meiner Lieblingskrimis. Scheint mein Allheilmittel zu sein."

In der Fastenzeit fehlt mir dieses Allheilmittel, und ich stelle fest, dass ich häufiger bete – was aber wenig überraschend ist. Zu Anfang bete ich häufiger, weil ich einfach mehr Zeit dazu habe. Am Sonntag nach meinem gemeinsamen Frühstück mit Milind war ich zu Hause. Ich hatte meine Arbeit erledigt und war anschließend mit einem Freund essen gegangen. Als ich wieder in meiner Wohnung war, habe ich ein wenig Musik gehört, gebadet, mir eine Tasse Tee gekocht, telefoniert, war insgesamt ziemlich planlos. Ich hatte an dem Abend nichts mehr zu tun. Ich betete die Komplet. Was ich seitdem jeden Abend getan habe. Ich habe sonst nichts zu tun.

Aber ich stelle fest, dass ich auch häufiger bete, weil mir die üblichen Ablenkungen fehlen. Wenn ich in einem Sumpf aus Traurigkeit und Irrtümern feststecke, kann ich damit nicht zu Mitford gehen. Ich muss sie vor Gott bringen.

Allmählich habe ich den Verdacht, dass Milind mich nicht aufs Lesen zu verzichten gebeten hat, nur weil es die Entsprechung zu einem innig geliebten grünen Sommerkleid ist, sondern weil ich dadurch vielleicht Jesus näherkäme. Auf die Knie gehen würde.

Grandy

Eine Familie mit zwei Kindern, die zu den Niagarafällen unterwegs ist und dabei durch New York kommt, nimmt am Sonntagsgottesdienst in All Angels' teil. Während des Kirchencafés unterhalte ich mich mit der fröhlichen blonden Mutter namens Violet. Als sie mir von ihrer Farm in Georgia erzählt, kommt ihre kleine Tochter, die ich auf drei schätze, heranscharwenzelt, um uns Kekse anzubieten. Ich gurre: „Du hast da aber viele Kekse", dabei setzt meine Gebärmutter kurz aus.

„Sag mal unserer neuen Freundin guten Tag", sagt Violet. „Gib ihr doch mal die Hand." Violet sieht mich an. „Darf ich vorstellen? Iola Jane."

„Bitte?", sage ich.

„Der Name ist etwas ungewöhnlich, geb ich ja zu", antwortet Violet und lacht ein kehliges Lachen. „Iola. Hast du wahrscheinlich noch nicht gehört. Iola hat in unserer Familie eine lange Tradition."

Ich erkläre, dass ich den Namen doch schon mal gehört habe, genau einmal. Meine Großmutter, die Mutter meiner Mutter hieß Iola. Iola Elizabeth.

Iola Elizabeth – bei meiner Schwester und mir hieß sie Grandy – ist vor sieben Jahren gestorben. Ihre letzten Jahre waren ziemlich kümmerlich. Sie war zwar bei guter Gesundheit, ging aber kaum aus dem Haus, nicht mal in die Kirche oder zum Frisör, beides Dinge, die ihr in jungen Jahren enorm wichtig waren. Sie hatte keine Freunde. Eine Frau aus ihrer Gemeinde sah jeden Morgen kurz bei ihr vorbei, um zu sehen, ob sie noch am Leben war.

Besuche bei ihr waren immer anstrengend und langweilig. Meine Großmutter pflanzte ihre Beete mit Brunnenkresse und Ringelblumen voll und sprach nie über jemanden ein böses Wort. Sie hatte sich und ihre Tochter mit ihrem mageren Lehrerinnensalär durchgebracht, nachdem ihr Miststück von Gatte sich 1945 davongemacht hatte; sie war fromm, sparsam, trank nicht. Selbst als sie schon pensioniert war, schickte sie meine Mutter zum Spirituosenladen, um Rum zu holen, wenn sie einen Rumkuchen backte, weil es sich für eine baptistische Lehrerin nicht schicke, Alkohol zu kaufen, nicht mal zum Backen. Sie war eine unschlagbare Mau-Mau-Spielerin und sie mochte uns sehr. Ich wusste allerdings nie, was ich mit ihr reden sollte, und sie begluckte uns, wollte uns ständig füttern. Mir grauste vor diesen Besuchen. Ich sträubte mich dagegen hinzufahren. Verließ ihr Haus, so schnell ich konnte.

Als ich auf dem College war, ließ das Sträuben allmählich nach, ein Jahr oder so vor ihrem Tod.

Normalerweise fuhr ich zusammen mit meiner Mutter hin, doch das letzte Mal habe ich sie allein besucht. Ich war im zweiten Collegejahr, fuhr mein eigenes Auto, und plötzlich kam ich mir erwachsen vor, würde all das tun können, was meine Schwester tat, wenn sie zu Besuch war – während Grandy Mittagsschlaf hielt, das Wohnzimmer staubwischen, für sie einkaufen gehen. Ich holte sämtliche Lebensmittel, um die sie gebeten hatte, Tiefkühlbrötchen, Prinzessbohnen-Dosen, frisches Obst, Milch. Und ich kaufte ein kleines lila Veilchen in einem durchsichtigen Plastikbehälter sowie Zimtschnecken.

Auf dem Weg zurück zu ihr machte ich bei einem Einkaufszentrum halt und ging in ein Geschäft, in dem es laut Schild „christliche Artikel aller Art" gab. Es war das erste Mal, dass ich in einer christlichen Buchhandlung war, und ich wusste nicht, wonach ich eigentlich suchte. Grandys Augen waren ziemlich schlecht geworden und sie las kaum noch, also fragte ich die Verkäuferin, ob sie Bücher auf Kassette dahätte. Die Auswahl war klein. Ich kaufte eine Kassette mit Predigten von Billy Graham und ein bisschen Gospelmusik. Von den Sängern und Gruppen kannte ich keine einzige. Ich kaufte einen Kassettenrekorder und ein paar Batterien. Sechs Monate später starb Grandy im Schlaf.

Meine Großmutter war bei ihrem Tod wohl traurig darüber, dass keine von uns Christin war, Mutter nicht, ich nicht, meine Schwester nicht. Ich glaube, sie dachte tagtäglich an die Verheißung aus den Sprüchen, dass die eigenen Kinder im Alter nicht vom Wege der Gerechtigkeit abweichen werden, sofern man sie richtig erzogen hat. Wahrscheinlich wartete sie darauf, dass meine Mutter in die Kirche zurückkehrte. Ich habe keine Ahnung, wie der Himmel ist oder wo meine Großmutter sich jetzt befindet, ob sie zu Gottes Füßen sitzt oder ob sie sich in einem zeitlosen Übergangsstadium befindet, in dem sie Jesu Wiederkunft und die leibliche Auferstehung der Toten abwartet. Aber ganz gleich, wo sie sich aufhält – ich hoffe mit Inbrunst, dass sie mich sehen kann und weiß, dass ich Christin geworden bin. Mein Glaube wird wohl nie so unerschütterlich sein wie ihrer. Um so zu glauben wie sie, werde ich immer zu verschämt, gebildet und modern sein. Aber ich hoffe, dass sie irgendwo sehen kann, dass ich zumindest ein bisschen glaube. Das würde sie wohl zum Lächeln bringen.

Mit Gott reden

Letzte Woche habe ich einen Mann kennengelernt. Er heißt Bill und ist groß und schlank und intelligent und weiß interessante Dinge. Ich bin ganz angetan von ihm. Ziemlich angetan. Sehr sogar. Nach unserem ersten Date – einer Verabredung von der Sorte, wo man erst mal gar nicht weiß, dass man ein Date hat, und dann sitzt man bis in die frühen Morgenstunden da und hat am Ende ein Gefühl, als ob man zwei Wochen mit ihm in den Bergen gewesen wäre und nicht bloß gemeinsam essen und anschließend noch ein Gläschen trinken. Jedenfalls: Nach diesem Date war er erst mal unterwegs. Sobald er zurück war, wollten wir was trinken gehen. Was wir dann auch taten. Er trank einen 7 and 7, meine ich, und ich trank Tullamore Dew.

Der Yale-Club war weitestgehend verwaist, bis auf ein paar Erstsemester, die gerade auf dem Sprung ins Ausland waren. Ich stellte fest, Bill ist der einzige Mensch, dem ich bisher begegnet war, der Aufnahmen von *allen* Streichquartetten Dvořáks besaß und nicht nur von den bekannten, den Quartetten Nr. 12 und Nr. 14; ich war von all den Quartetten schwer beeindruckt. Ich hätte seiner torfigen, kratzigen Stimme am liebsten jahrelang zugehört. Und dann ging er nach Hause und ich ging nach Hause und war von da an nur noch auf ihn fixiert. Ich war komplett geplättet, konnte an nichts anderes mehr denken als an ihn ihn ihn. Konnte nicht arbeiten, nicht duschen, nicht einkaufen, ohne dabei an ihn zu denken, an den Mann-den-ich-nach-zweimal-weggehen-heiraten-möchte. Nahm seine aus drei Sätzen bestehenden Mails unter die Lupe. Rang mit mir, ob ich ihn anrufen sollte, oder ob das zu direkt wäre. Könnte andererseits irgendwas direkter sein als die angeschickerten Tullamore-Dew-Dinge, die ich ihm dahinschmelzend ganz sicher in der menschenleeren Bar im Yale-Club gesagt hatte?

Statt Bill rufe ich Randi an und sage: „Ich entwickle gerade eine Obsession und muss damit aufhören, das ist alles lächerlich, ich hebe ab und das ist lächerlich, ich kenn ihn nicht mal, ich kriege nichts mehr gebacken, ich wache morgens auf und denke an ihn, als Allererstes." Und Randi sagt das, was ich von ihr erwartet habe: „Bete."

„Ja", sage ich, „funktioniert aber leider nicht so richtig. Ich hab's Mittwochabend versucht, als ich auf seinen Anruf wartete, um die Verabredung im Yale-Club klarzumachen; hibbelig gewartet habe, keine Klausuren korrigieren konnte, nur gewartet habe – da habe ich gebetet." (Ich hatte mich auf meinen fleckigen rosa Dhurrie gekniet und gesagt: „Okay Gott, mir laufen gerade ein paar Dinge aus dem Ruder. Ich will mir nicht so verrückt vorkommen wegen diesem Mann, aber ich will auch nicht versuchen, eine Situation zu beherrschen, die für mich nicht beherrschbar ist. Also überlasse ich das lieber dir. Hier, bitteschön. Werd damit fertig." Ich nahm sogar – und jetzt wird's ein bisschen peinlich – eines meiner Kreuzigungsbilder von der Wand, hielt es fest und malte mir aus, mein inneres Paket aus Neurose, Angst und Kontrollfreakigkeit Jesus zu Füßen zu legen.) „Also", sage ich zu Randi, „das habe ich am Mittwoch schon versucht, und allem Anschein nach hat's nicht funktioniert."

„Du wirst wohl jeden Tag beten müssen", sagt Randi, „in einem fort, diese Hingabegebete. Es nützt sicher nichts, wenn du sie auf dem Weg zur Uni dazwischenquetschst: ‚He, Gott, ich hab gerade keine Zeit zum Reden, aber könntest du bitte diese überkandidelten Gefühle wegmachen, besten Dank für deine Mühe, bis später dann.'"

„Also", wende ich ein, „so dazwischengequetschte Gebete könnten schon wirken, wenn er möchte, dass sie das tun. Er ist doch schließlich allmächtig. Wenn er wollte, könnte er so Gefühle einfach wegmachen."

„Du wirst jeden Tag beten müssen", wiederholt Randi. (In ein paar Wochen wird sie den Satz noch mal sagen, als das Prickeln in der Sache mit Bill-mit-der-torfigen-Stimme nach einem dritten und vierten Date nachlässt wie in einem abgestandenen Ginger Ale, ich am Boden zerstört bin, nicht mehr aus dem Bett will. Sie wird sagen: „Du musst jeden Tag beten. Vielleicht sogar zweimal.")

Das Beten fällt mir extrem schwer. Meistens kommt es mir wie Zeitverschwendung vor. Unproduktiv. Es würde mehr bringen, wenn ich ein bisschen schreiben würde, ein Buch lesen, eine Konjugation üben oder einen Kuchen backen. Manchmal kann ich mir wochenlang kaum ein Gebet abringen, denn beten ist langweilig, ich komme mir albern dabei vor (schließlich wirkt man so, als würde man ins Nichts reden oder Selbstgespräche führen – was sogar vielleicht stimmt); aber in erster Linie ist es unproduktiv. Oder wie Jo mal gesagt hat: „Wenn man einen Tag im Gebet verbracht hat, kann man abends nicht auf einen Stapel Zahnpastatuben zeigen und sagen: ‚Das habe ich heute getan.'"

Dennoch gibt es Wochen, in denen ich dann doch bete, jene Wochen, in denen ich mir sicher bin – oder zumindest mir einreden kann, sicher zu sein –, dass Gebete etwas bewirken, auch wenn ich dieses Etwas vielleicht nicht sehen und erkennen kann. Thomas von Aquin schrieb: „Beten lohnt sich, denn es macht uns zu Vertrauten Gottes." Diese Ausdrucksweise gefällt mir. Ich stelle mir vor, ich bin eine Katze, die auf Gottes Schulter sitzt und überall im Weg ist. Danach zitiert Thomas von Aquin Psalm 141: „Nimm mein Gebet als Weihrauch an, der hinaufsteigt und zu dir gelangt!" (Übers. Gute Nachricht Bibel)

Wenn man als Jude gerecht sein möchte, betet man dreimal pro Tag, Schacharit, Mincha, Ma'ariv, morgens, nachmittags, am Abend. Mindestens zu zehnt, in einer Gruppe, in der Schul oder im Wohnzimmer, und zwischendurch, über den ganzen Tag verteilt, durchsetzt man seine Rede mit Segenssprüchen, segnet jeden Krümel, den man sich in den Mund steckt, segnet Donner und Regenbogen, spricht einen Segen, wenn man einen Zwerg oder Gnom oder sonst ein seltsam aussehendes Wesen sieht, einen Segen, wenn man einem Weisen begegnet, einen Segen nach dem Pinkeln, Segen allerorten.

Die Segenssprüche sind einfach und kurz gehalten, und selbst ein Neuling braucht nicht lange, bis er gewohnheitsmäßig segnet. Ein Segensspruch wird zu Selbigem durch seinen Anfang aus sechs Wörtern, der übersetzt „Gelobt seist Du, Ewiger, unser Gott, König der Welt" lautet. König der Welt, der etwas tut: Der Brot aus der Erde gedeihen lässt, der das Meer gemacht hat, die Ackerfrüchte erschafft, der uns mit seinen Geboten heiligt. Rabbi Meir schrieb im 2. Jahrhundert, dass Juden bestrebt sein sollten, pro Tag hundert Segenssprüche zu sagen. Während des Colleges bin ich manchmal mit dem Zug zum Botanischen Garten in der Bronx gefahren, nur damit ich ein paar Blumen hätte, die ich mit einem Segensspruch bedenken konnte.

Die Gebete, die Dreimal-täglichen-Gebete, sind länger und schwerer zu lernen, und sie erfordern mehr Disziplin. Auch wenn ich sie nicht mehr spreche, so entsinne ich mich doch an das, was ich von ihnen gelernt habe, zweierlei nämlich: Zum einen ist es wichtig, gemeinsam mit anderen, in einer Gruppe zu beten – diese Lektion widerlegt die von mir gern geglaubte Lüge, dass es im Gebet nur um das vertikale Gespräch zwischen mir und Gott und Gott und mir geht; und zum zweiten, dass Liturgie stumpfsinnig ist, eine Gewohnheit, Routine; man lernt sie auswendig, sagt sie aus dem Gedächtnis her, ohne auf den Sinn zu achten – und trotzdem ist sie die wichtigste Sache auf Erden. Sie ist Start und Ziel gleichermaßen. Liturgie ist für mich so fade wie Makkaroni mit Käse – aber ohne sie gäbe es für mich kein Gebet.

Unter anderem durch die Liturgie bin ich in die Episkopalkirche hineingeschlittert, und sie ist einer der Gründe, warum ich dort bleibe. Wenn man mich fragt, wie ich speziell zur Episkopalistin geworden bin und nicht Lutheranerin, Presbyterianerin oder Pfingstlerin, die sich im Geist erschlagen langlegt, dann sage ich, dass ich damals nicht die leiseste Ahnung gehabt habe, allerdings lange vorher wusste: *Wenn* ich Christin würde, dann eine von der episkopalischen Sorte. „Die Hand Gottes", sage ich, „die Hand Gottes hat mich geleitet." Gottes Hand aber nur zum Teil, denn die Episkopalkirche erinnert mich immer wieder ans Judentum, mit allen Haken und Ösen, Ecken und Kanten.

Zum Beispiel erinnert mich die Hermeneutik der Episkopalkirche ans Judentum, also ihre Art zu lesen, speziell wie die Kirche die Bibel liest. Juden lesen die Bibel, die fünf Bücher Mose, die Schriften und die Propheten, durch einen rabbinischen Gazevorhang. Sie setzen sich nicht einfach mit dem 3. Buch Mose hin und klamüsern sich heraus, wie man zu leben hat. Andernfalls wäre etwa koscher zu leben weitaus einfacher. Schließlich steht in Levitikus bloß, dass man ein Ziegenböcklein nicht in der Milch seiner Mutter kochen soll; die Bedeutung dieses Verses wurde letztendlich von den Rabbinen im Talmud festgelegt: Halte Fleisch und Milch komplett getrennt, keine Cheeseburger, keine Lasagne mit Fleisch, keinen Hamburger auf die Pizza, auch nicht hintereinander bei derselben Mahlzeit, keinen Karamellbecher nach dem Filet Tartare, warte nach dem Essen ein paar Stunden (manche sagen eine, andere drei oder sechs), bis du Milch trinkst, einen Joghurt löffelst oder ein Käsebrot schmierst.

Die jüdische Überlieferung lehrt, dass Gott am Berg Sinai nicht bloß die schriftliche Thora offenbart hat, sondern auch die mündliche Thora – den Talmud und die ganzen anderen rabbinischen Kommentare. Diese ganzen Einzelheiten, Lesarten, Interpretationen, das Käsebrot und die Lasagne – das alles hat Mose am Berg Sinai empfangen. Sie sind genauso bindend wie alles, was im 3. Buch Mose steht, auch wenn sie erst sehr viel später schriftlich festgehalten wurden. Juden, die es wagen, die geschriebene Thora ohne die mündliche Thora zu lesen, sind Häretiker ersten Ranges, Karäer. Das sind jene Ju-

den, welche die 613 Gebote des Alten Testaments wörtlich nehmen, alle Lehren der Rabbinen jedoch ablehnen.

Anglikaner und andere katholische Kirchen – also die rö-
misch-katholische und die orthodoxen – lesen die Bibel wie orthodoxe Juden. Anglikaner sehen die Bibel durch den Gazevorhang der Kirchenväter, sie tarieren die Bibel mit dem Gewicht
aus Jahrhunderten von kirchlicher Überlieferung und Lehre aus.
Dies trennt die katholischen Kirchen von den Protestanten, die
der Tradition weniger Gewicht verleihen. Martin Luther leitete
die Reformation mit dem Ruf nach *sola scriptura*, „allein die
Schrift", ein, und er übersetzte die Bibel aus dem Hebräischen
und Griechischen in die Volkssprache, damit der Laie sie selbst
lesen und deuten konnte, ohne Anleitung durch Jahrhunderte
kirchlicher Lehre, sondern unmittelbar durch den Heiligen
Geist.

Wenn ich genau dazu gezwungen wäre, mich in mein Kämmerlein einschließen müsste, nur ich, die King-James-Bibel und
der Heilige Geist, dann würde ich wahrscheinlich nie wieder
eine Bibel aufschlagen. Zu furchteinflößend wäre diese Aufgabe für mich. Wenn ich weiß, dass stattdessen ich, der Heilige
Geist und zweitausend Jahre an Lehre, Auseinandersetzung,
Entwirrung zusammenkommen, fühle ich mich dabei sehr viel
wohler, habe mehr Vertrauen, bin weniger eingeschüchtert. An
diese Art des Bibelstudiums bin ich gewöhnt. Sie ist nicht anders, als das 1. Buch Mose zusammen mit einem Kommentar
von Raschi zu lesen oder dem großen jüdischen Gelehrten des
18. Jahrhunderts, Gaon von Wilna. Das Neue Testament ohne
Hieronymus, Augustinus und Beda Venerabilis zu lesen, ist für
mich ungefähr so sinnvoll, wie die hebräische Bibel ohne Raschi zu lesen. Das also war einer der Gründe, warum ich mich
zur Episkopalkirche hingezogen fühlte: gemeinsam mit der
Kirche zu lesen.

Das andere, was auf mich vertraut wirkte, als ich zum ersten

Mal eine episkopale Kirche betrat, waren: das Gebetbuch, das Gebet zu festgesetzten Zeiten, dass man mehr oder minder dieselbe Liturgie benutzte wie Anglikaner in aller Welt, dass man jeden Morgen, jeden Abend dieselben Gebete sprach, immer wieder und wieder, bis man sie auswendig konnte, sie irgendwann Routine waren, langweilig, behaglich wie die Küche der besten Freundin und vertraut wie Pfannkuchen.

Randis Großmutter Pauline stirbt. Sie hat Parkinson. Sie ist in einem Krankenhaus in Maryland, und Randi hat sie bestimmt seit fünfzehn Jahren nicht mehr gesehen; aber Tod bleibt immer noch Tod und egal, wie man es sieht, eine schwere Sache. Pauline ist siebenundneunzig, und ich weiß nicht so recht, wie ich für sie beten soll. Für ihre Heilung? Für eine ruhige letzte Reise? In meinem Gebetbuch finde ich im Abschnitt „Fürbitten und Dankgebete" einen Abschnitt für die Betagten. „Stärke ihren Glauben und versichere sie, während ihre Kraft schwindet, deiner Liebe."

Vor einigen Jahren stand im Magazin der New York Times ein Artikel über das Priestersein in der katholischen Kirche. Früher war es für die Söhne irischer und italienischer Einwanderer ein sozialer Aufstieg, wenn sie Priester wurden, ein probates Mittel für jene Kinder, die per Kontingent von den Elitehochschulen ferngehalten wurden, eine gute Ausbildung und eine gute Stelle zu bekommen. Doch welcher virile Mann, fragte sich der Artikel, würde heutzutage noch Priester werden wollen? Wer würde ein Keuschheitsgelübde ablegen wollen, wenn ihm andere Türen offen stünden? Der Artikel konzentrierte sich in erster Linie auf Themen, wie man sie aus der sonntäglichen „Times" gewohnt ist: Homosexualität, Zölibat, Empfängnisverhütung. Doch mittendrin gab es gut versteckt einen Absatz zum Thema Gebet. Die Seminaristen, schrieb die Autorin, „sprechen über ihr Gebetsleben so, wie die meisten Menschen über ihr Liebesleben reden".

Heute bekomme ich von einer beinah Fremden eine Mail, einer Frau, die sich dadurch auszeichnet, dass sie vage sowohl mit mir als auch mit Steven, meinem Ex, bekannt ist. „Ich hab gehört, dass Steven sich verlobt hat", schreibt die Bekannte in ihrer Mail. „Ich bin in Gedanken bei dir. Ich hoffe, du bist nicht allzu sehr durch den Wind." Die Bekannte hat augenscheinlich angenommen, dass Steven die Güte besessen hätte, mir von seiner Verlobung zu erzählen. Diese Annahme war – obwohl ich mich, in Anbetracht unserer weiterhin anhaltenden Bemühungen, eine freundschaftliche berufliche Beziehung aufrechtzuerhalten, erst gestern eine halbe Stunde lang mit Steven über die Anfänge der heutigen Bürgerrechtsbewegung unterhalten habe – falsch.

Wenn sich dein Exfreund weniger als sechs Monate nach eurer Trennung verlobt, tut es gut zu hören, dass deine Freundinnen ihn nicht ausstehen können. Es ist dann schön, Freundinnen zu haben, die beteuern, dass er einfach niemand Ebenbürtiges heiraten kann, dass Tiffany-die-Teilzeit-Pilates-Trainerin zweifelsohne lange Beine hat, aber nur etwa sechs Hirnzellen. Es tut gut, Freundinnen zu haben, welche sagen, dass ich ohne ihn besser dran bin. Es tut gut, Freundinnen zu haben, die bei mir Händchen halten, mir die Haare flechten, mir Schokoeis auf den Teller löffeln, wenn ich eigentlich keinen Bissen herunterbekomme, Freundinnen, die sagen, dass Steven unglücklich ihre Ehe nicht von Dauer sein wird, sie wahrscheinlich durch einen absichtlichen Zufall geschwängert wurde; Freunde, die sagen, dass er ein Ekelpaket ist, ein Schwachmat, ein Komplettidiot; Freunde, die sagen, allein die Tatsache, dass er jemanden mit dem Namen Tiffany heirate, zeige, dass er keine gute Partie sei.

Ich bin erschüttert von ihrer bevorstehenden Hochzeit. Ich kapier's einfach nicht. Wie hat er mir Briefe schreiben können, in denen stand: „Es ist nicht so, dass ich mir ein Leben ohne dich nicht vorstellen kann. Ich habe sechsundzwanzig Jahre ohne dich gelebt (ich muss mir das nicht erst vorstellen) und ich weiß, dass es in allen Punkten mit dir besser ist als ohne dich"; Briefe, die mich mit klebrig-süßen Valentinstagsworten anflehten: „Heirate mich, verbringe alle deine Morgen, Tagträume, Nächte mit mir, sei geduldig mit mir und hilf mir, dich besser zu lieben." Wie hatte er mir diese Briefe schreiben können und dann heiratet er sechs Monate später Tiffany, die Pilates-Trainerin mit den langen Beinen.

Aber vor allem bin ich entgeistert, fassungslos, schlicht perplex, dass wir gestern Morgen eine halbe Stunde telefoniert haben und er sich nicht bemüßigt gefühlt hat, am Ende des Gesprächs, nachdem wir über die Ursachen des Busboykotts von Montgomery und darüber geredet hatten, warum die Bürgerrechtsbewegung genau damals ihren Anfang genommen hat, dass er es da nicht geschafft hat zu sagen: „Ich bin übrigens froh, dass du mich angerufen hast, denn ich muss dir was sagen." Nur zwei Sätze. „Tiffany und ich heiraten nächste Woche. Ich dachte, das sollte ich dir sagen."

In meinen großzügigeren Momenten denke ich: *Nun, er wusste, dass ich in den nächsten Tagen ziemlich viel zu tun hatte. Er wusste, dass ich wichtige Prüfungen hatte. Er dachte, dass ich mich vielleicht aufregen würde, und er wollte mir nicht meine Vorbereitungen vermasseln, und er dachte, dass er's mir hin-*

terher erzählt. Meistens bin ich allerdings nicht so mildtätig. In diesen anderen Augenblicken denke ich: *Sein feiges Herz konnte einfach nicht die nötigen Reserven locker machen.*

Ich bin ein gemeiner, kleinlicher Mensch und eine fürchterliche Christin obendrein, und ich hoffe das ganze Wochenende lang, dass Steven und seine Braut nicht glücklich miteinander werden, dass sich seine brillante Doktorarbeit als Mist erweist, dass es ihm durchs Dach regnet, ihm die Karre verreckt und er für den Rest seines Lebens in diesem gottverlassenen Kaff in Arkansas in einer Ehe ohne Liebe festsitzt. Auch hoffe ich, dass sie keine Christin ist, ihn geradewegs auf einen Pfad der Sünde und Rastlosigkeit führt, weg von der Kirche, mittenhinein in ein Lotterleben. Ich hoffe, er vergisst das Baby zu taufen, mit dem sie in der Fantasie meiner Freundinnen schwanger ist.

Einen Freund habe ich, der etwas anderes sagt, etwas anderes als das übliche als Unterstützung gemeinte Steven-ist-ein-Idiot-und-ich-bin-sehr-sauer-auf-ihn-Gewäsch. Meinen Freund Sam. Er schreibt mir eine kurze Nachricht: „Versuche für Steven und seine künftige Braut zu beten. Forme das Gebet mit deinen Lippen, auch wenn du bloß Wut spürst. Denk immer daran, dass der Heilige Geist für uns betet."

Zuerst hört sich dieser Rat schrecklich fromm an. Aber eigentlich ist er es nicht. Als ich seine Nachricht lese, bin ich genervt, weil ich weiß, dass er recht hat. Auf die Idee, für sie zu beten, war ich gar nicht gekommen. Doch Sam ist klug und weise, und daher bete ich für Steven und Tiffany, nicht so sehr ihretwegen, sondern um meinetwillen.

Ich bete das Gebet für Familien, das sich in meinem burgunderroten „Book of Common Prayer" zwischen das Gebet für die Zukunft der Menschheit und das für die Kindererziehung schmiegt:

> „Allmächtiger Gott, unser himmlischer Vater, der du als Einziger in Familien weilest. Wir anempfehlen deiner

dauerhaften Obhut die Stätten, an denen dein Volk wohnt. Halte sie, so flehen wir dich an, fern von jedem Quell der Bitterkeit, von Prahlsucht und Stolz. Erfülle sie mit Glauben, Tugend, Weisheit, Mäßigung, Geduld, Güte. Verbinde in dauerhafter Zuneigung jene, die im heiligen Ehestande zu einem Fleisch geworden sind. Die Herzen der Eltern mögen sich den Kindern zuwenden, und die Herzen der Kinder den Eltern: Lass so inbrünstige Liebe zwischen uns allen erwachsen, auf dass wir immerdar einander freundlich zugetan sind; durch unseren Herrn Jesus Christus.“

Es ist schon schwer, dies für sie zu beten. So gottgefällig bin ich nicht. Jedes Mal, wenn ich beim Wörtchen „wohnt“ anlange, kommen mir die Tränen.

Ich bin zu der Überzeugung gekommen, dass Gott gerade keine Rufbereitschaft hat. Das meint Randi nach meiner Überzeugung, wenn sie sagt, dass ich täglich beten muss, vielleicht sogar zweimal. Er ist allmächtig und wenn er wollte, könnte er wohl verfügbar sein, und vielleicht ist er es sogar bei seltener Gelegenheit. Im Allgemeinen erscheint Gott indes nicht, wenn man ihn anpiepst. Er ist genau dort, wo er immer ist, und regelmäßiges, tägliches-vielleicht-zweimal-tägliches Beten gibt uns zumindest einen Hinweis darauf, wo dieses Dort sein könnte und wie man dort hinkommt; unter anderem gibt uns die Liturgie die Möglichkeit, dorthin zu gelangen, wenn uns alle anderen Wege verstellt sind.

Wenn ich nicht beten kann, bekomme ich die nötigen Worte aus dem Gebetbuch. Liturgische Gebete, schrieb Edith Stein einst, stärkten den Geist und schrieben ihm einen festen Weg vor.

Manchmal habe ich das Gefühl, dass mir etwas Poetisches eingefallen ist. Einmal, als ich mal wieder Qualen litt, mich mit Fragen herumplagte wie: *Was soll ich mit meinem Leben anfangen, würde ich für immer allein sein, sollte ich Nonne werden, sollte ich meine Diss abbrechen* und ähnlich überspannten Ängsten, da echote es in meinem Kopf: „Geh und tu das Werk, das ich dir gegeben habe." *Das Werk, das ich dir gegeben habe. Das Werk, das ich dir gegeben habe.*

Welch sinnreicher Gedanke, dachte ich. *Ich glaub's ja nicht, dass mir so was eingefallen ist. Vielleicht sollte ich die Uni hinschmeißen und lieber einen Master of Fine Arts* (Abschluss in Kunst; d. Übers.) *machen.* Den ganzen Tag, die ganze Woche lang hörte ich diese Worte, *das Werk, das ich dir gegeben habe*, hörte sie und zog Trost aus ihnen, war mir nun sicher, dass Gott mir ein Werk zu tun gegeben hatte, dass er mich in die Welt gesandt hatte, um es zu tun, dass er mich sogar morgens zu früh geweckt hatte, um dieses Werk zu tun, es gehörte mir, ich war ihm geweiht, er hatte es mir gegeben. Ich hörte diesen Satz die ganze Woche lang, und er gab mir inneren Frieden. Nicht nur, dass Gott mir ein Werk aufgetragen hatte, er hatte mir auch kleine poetische Momente der Zuversicht geschenkt.

Dann kam ich am Sonntag in die Kirche. Wir eröffneten den Gottesdienst mit einem Lied. Kreuzträger und Priester zogen ein. Wir beteten das Tagesgebet, wir lasen drei Abschnitte aus der Bibel. Milind hielt eine mitreißende Predigt über Vergebung. Wir sangen noch ein Lied, sprachen das Fürbittengebet, tauschten den Friedensgruß. Milind teilte die Eucharistie aus. Dann sprachen wir das Dankgebet. „Wir danken dir, dass du uns als lebendige Glieder deines Sohnes empfängst." Und da, mitten in diesem Gebet, die Worte, die ich die ganze Woche über von Gott erhalten hatte: „Und nun, Vater, sende uns aus, um das Werk zu tun, das du uns gegeben hast." Es war die Liturgie, die da in meinem Kopf hängen geblieben war, Worte aus der Liturgie, die mir kaum auffielen, wenn wir sie Sonntag für Sonntag sprachen, und dennoch hatte ich sie jäh begeistert wahrgenommen, mitten an einem Nachmittag unter der Woche, als ich sie am dringendsten brauchte.

Gewohnheit und Pflicht haben heute einen schlechten Beiklang. Wenn das Gebet zur Gewohnheit geworden ist, so muss es unpersönlich sein, ohne Gefühl, so eine Art Trinkspruch. Wenn man etwas tut, weil man dazu verpflichtet ist, dann zählt es nicht, jedenfalls nicht so viel, wie wenn man es aus freien Stücken macht; es zählt nicht, wie bei einem Kind, das danke sagt, weil es von seinen Eltern dazu angehalten wird. Manchmal, oft, wirkt das Beten auch auf mich so, unpersönlich, kaltherzig, nicht wie etwas, das ich freiwillig tue. Es wäre schön, wenn es mir immer oder zumindest häufiger inspiriert vorkäme, voller Glut, wie wirkliches Liebesflüstern. Was ich jedoch begreife, je länger ich die Liturgie miterlebe, ist: Was für mich vermeintlich passiert, hat wenig mit dem zu tun hat, was wirklich geschieht. Es ist ein großes Geschenk, wenn ich im Gebet durch Gott bewegt werde, etwas fühle, überhaupt irgendwas. Doch das Werk geschieht, egal, ob ich fühle oder nicht. Sediment wird gelegt. Worte des Gotteslobs werden zu den grundlegendsten Worten in meinem Kopf. Worte, auf die ich mich zurückziehen kann, die Werbespots und Vorlesungen übertönen, und manchmal sogar meinen eigenen inneren Monolog.

Vielleicht hatte Paulus die Liturgie im Sinn, als er uns ermunterte, ohne Unterlass zu beten.

Sonntagmorgens in der Kirche sprechen wir das Vaterunser im Herzen des Gottesdienstes, kurz vor der Austeilung des Abendmahls. Nachdem Milind die Geschichte von Jesus beim letzten Abendmahl erzählt, mitten in den Worten von der Einsetzung des Abendmahls, direkt, bevor er das Brot bricht, sprechen wir das Vaterunser. Milind leitet unser Unisono mit den Worten ein: „Und nun, so wie es unser Heiland Christus uns gelehret hat, sprechen wir kühn …" In neueren Versionen der Liturgie lauten die Worte ein wenig anders: „Wir beten, so wie es unser Erlöser Christus uns gelehrt hat." Ich finde die alten Worte allerdings besser. In den neueren, einfacheren Worten geht etwas Entscheidendes verloren. Die Kühnheit des Ganzen geht verloren, dazustehen und sich zu entsinnen, dass Gott unser Vater ist, selbst wenn er im Himmel ist.

Um es sich schwer zu machen, die Worte auszusprechen, sich aus dem reinen Auswendighersagen aufzuschrecken, sich den Schock des Ganzen bewusst zu machen, gibt es reichlich Möglichkeiten. Mit schmalen Büchlein, die sich einzig und allein mit dem Vaterunser befassen (jeden Vers einzeln auseinandernehmen, Satz für Satz, Atemzug um Atemzug, versuchen, einer Sache, die so alt und vertraut ist, dass sie nutzlos und zu klein geworden ist, neues Leben einzuhauchen), haben bei uns christliche Autoren aller Couleur ein Schweinegeld gemacht. Unmittelbar nach meiner Taufe habe ich viele davon gelesen – nicht, weil ich das Vaterunser schon leid gewesen wäre, sondern weil das Lesen übers Beten einfacher war als das Beten selbst. Und ich weiß noch, wie verblüfft ich war, in einem dieser Bücher zu lesen, dass Schuld oder Sünden besser mit „Schulden" wiedergegeben würde. „Vergib uns unsere Schulden, wie auch wir vergeben unseren Schuldigern."

Ich hab noch immer Probleme damit, das zu beten. Noch immer bin ich der Ansicht, dass Steven mir, wäre er ein Gentleman, 800 Dollar überweisen würde, für alte Flugtickets nach Arkansas. Dass er mich zum Weinen und zu Zornesausbrüchen gebracht hat, kann ich vergeben, und auch, was immer es war, was er eines Abends gesagt hat und wodurch ich so wütend wurde, dass ich ein volles Weinglas so hart auf seinem Bücherregal abgesetzt habe, dass mir Chardonnay und Glas über die Hand zerstoben sind – die Schuld zu vergeben, ist indes schwieriger.

In einem Buch über den Glauben im Deutschland der frühen Neuzeit erzählt jemand die Geschichte von einem siebzigjährigen Mann namens Lienhart Seitz. 1587 wurde Seitz vom Göttinger Schultheißen vorgeladen. Seitz nähme seinem Pfarrer zufolge nie am Abendmahl teil und würde sich auch zu beten weigern. Der Pfarrer hatte Seitz zu speziellen Gebetsübungen eingeladen, doch jedes Mal, wenn Seitz sich auf den Weg zum Pfarrhaus machte, landete er an irgendeinem anderen Ort: etwa beim Haus eines Freundes oder im Wirtshaus. „Dass der Alte geistig wach und rege war", schreibt der Autor, „stand nicht in Zweifel; schließlich ließ er sich beim Pferdehandel nie übers Ohr hauen. Er konnte lediglich das Vaterunser nicht behalten." Als der Schultheiß Seitz mit Gefängnis drohte, versprach Letzterer, dem Pfarrer einen Besuch abzustatten und zu versuchen, die Worte zu lernen. Sehr zuversichtlich war Seitz allerdings nicht: „Ganz egal, wie oft er das Vaterunser wiederholte, immer blieb er an der Stelle hängen, wo er seinen Feinden vergeben sollte."

Selbst wenn man als Jüdin aufwächst, lernt man das Vaterunser – zumindest als Jüdin in den Südstaaten. Ich selbst habe es im Sommerlager gelernt, im Juli nach der vierten Klasse, in einem der Dutzend Lager in North Carolina. Weit genug von zu Hause entfernt, um dort zu übernachten, aber auch dicht genug dran, dass mich meine Eltern am Besucherwochenende und anderen Wochenenden besuchen kamen, mich vom Lager abmeldeten und mit mir in der Stadt Eisessen gingen.

Mir gefiel es überhaupt nicht in diesem Lager. Berühmt dafür, Mädchen und Jungs in kräftige Frischluftfanatiker zu verwandeln, offerierte es alle möglichen Sport- und Bergsteigeraktivitäten: Wandern, Kanufahren, Exkursionen zu Naturlehrpfaden, Rucksacktouren, Klettern. In den drei Jahren, die ich dorthin gefahren bin, habe ich mich kein einziges Mal zu so einer Unternehmung angemeldet. Ich nahm an Werken, Theater, rustikal Kochen teil, an allem, bei dem ich nicht rausmusste. Die größte Rolle, die mir beim Theaterspielen zufiel, war eine von fünfzehn namenlosen Waisen in einem Musical. Beim Werken machte ich aus Stöckchen und Garn Gottesaugen, die meine Mutter zu Hause stolz in ihren Regalen aufstellte, und beim Kochen lernte ich, wie man Gurken einlegt, Möhrenbratlinge und Brombeermarmelade macht. Wandern ist mir immer fremd geblieben.

Als meine Eltern endlich begriffen, dass ich ein unverbesserlicher, fröhlicher Nerd bin, also ein intelligenter Schwachkopf, ging es mir sehr viel besser, denn von nun an schickten meine Eltern mich stattdessen auf Bildungsfreizeiten, Freizeiten, bei denen ich Kurse im Gedichteschreiben und in Deutsch belegte und generell dafür sorgte, dass sich der Sommer so wenig vom normalen Schuljahr unterschied wie nur eben möglich.

Aber nicht nur Kochen hatte ich in dem Sommerlager, sondern obendrein auch meine erste Stunde in Sachen Gebet. Religion mogelte sich nur am Sonntagmorgen herein, während das Lager sich auf einem Halbkreis aus Bänken versammelte, um Folksongs zu singen und quäkergleich zu schweigen. Nach dem fünften Joan-Baez-Lied stellten wir uns um den Fahnenmast auf, sahen das Sternenbanner gen Himmel entschweben und sprachen dabei das Vaterunser. Anders als bei den Folksongs gab es dabei keine abgezogenen Liedblätter; dieses Gebet wussten alle auswendig.

Nach dem zweiten Sonntag blickte ich zu Marianne, meiner von mir angehimmelten Gruppenleiterin. Sie war eine eher stämmige Schönheit. Sie hatte kräftige, wohlgeformte Waden, Haare wie aus einem Pferdeschwanz und von einem Blond, das nicht aus der Tube kam. In der Hütte mit den Grundschülern war sie eigentlich vergeudet. Man hätte sie besser zu den Teenies getan, damit die Fünfzehnjährigen gemerkt hätten, dass man sich nicht zu Tode hungern muss, um hübsch zu sein. Ich könnte wetten, dass Marianne niemals Cola light getrunken oder einen Nachtisch verschmäht hat. Am letzten Abend im Lager erzählte sie mir, dass ich ihr Lieblingsmädchen sei; ich war außer mir vor Freude, aber dann haben sich drei Wochen später meine Eltern getrennt und ich hatte keine Briefmarken und habe deswegen Marianne nie den Brief geschrieben, den ich ihr versprochen hatte.

An jenem Sonntagmorgen drehte ich mich zu ihr hin und sagte leise: „Ich kenn das Gebet nicht."

„Das habe ich wohl gemerkt", sagte sie. „Ich bring's dir bei."

Irgendwann im Laufe des Tages, während der Mittagsschläfchenpause oder als wir Lagerbewohner unsere Hütten hätten sauber machen sollen, schrieb sie mir das Gebet auf ein Blatt Dünndruckpapier, und wir setzten uns damit nach draußen. Von Jesus sagte sie kein Wort, auch nicht, woher das Gebet kam und dass es in einem Buch auf anderem dünnen Papier versteckt ist, in Rot gedruckt.

Marianne sagte lediglich, dass sie damit groß geworden war, dieses Gebet täglich zu sprechen, und dass sie sich daran erinnerte, es in meinem Alter jeden Abend mit ihrer Mutter am Bett gebetet zu haben.

Sie hat mir nicht jedes einzelne Wort erklärt, und so blieb vieles in diesem Gebet für mich unverständlich.

Randi schreibt mir in einer Mail, dass es ihrer Mutter ein wenig besser geht. Sie sei gestern lange genug bei Bewusstsein gewesen, um nach Wasser zu fragen. Randi sagt, überall im Land würde für ihre Mutter gebetet, und sie glaubt, diese Gebete würden eine ganze Menge bewirken. „Ich glaube jetzt nicht, dass meine Mutter davon ewig leben wird", schreibt sie, „nicht mal noch ein Jahr. Aber vielleicht bekommt sie dadurch die Kraft, um Wasser zu bitten."

„Das ist eine komische Sichtweise", schreibe ich zurück. „Ich weiß nie, ob ich auch so übers Beten denken kann, dass es dermaßen viel bewirkt, dass Großmütter davon essen oder geliebte Menschen einen nicht betrügen."

„Keine Ahnung", entgegnet Randi. „Ich weiß auch nicht, wie ich darüber denken soll. Ich weiß es wirklich nicht."

Sie sagt, sie liegt nachts wach, denkt an ihre sterbende Großmutter, an ihr tolles Baby, daran, dass sie selbst nächste Woche siebenunddreißig wird. „Mich bringt das alles sehr aus der Fassung", schreibt sie.

Augustinus schrieb, dass Gott uns bisweilen nicht gibt, worum wir ihn bitten: „In seiner Großzügigkeit gibt der Herr uns oft nicht, was wir begehren, um uns vielmehr etwas Wünschenswerteres zuteilwerden zu lassen."

Telefonieren mit Randi

Randi neigt zum Ängstlichsein. Sie legt sich auf etwas fest, setzt es sich in den Kopf und fängt dann an, sich Sorgen darum zu machen, große Sorgen. Und manchmal, wenn es keinen Grund zur Sorge gibt, denkt sie sich irgendwas aus, nur damit sie sich um etwas Sorgen machen kann. Wenn ihr Mann drei Sekunden zu spät kommt, hat sie Angst, dass er bei einem Autounfall getötet wurde. Wenn ihre Tochter mal schnieft, hat sie Angst, es könnte Tuberkulose sein. Als sie noch in New York gewohnt hat, hat sie ein Semester lang an einem kleinen College unterrichtet. Einmal die Woche, abends, von sechs bis neun. Irgendwann im März beichtete der Pförtner ihr, dass er sich in sie verknallt habe – Randi lächelte und war für den Rest des Semesters in Angst und Schrecken, dass er irgendwann mit einer Waffe im Unterrichtsraum stehen und sie alle niederschießen würde.

Normalerweise geht Randi auch nicht ans Telefon. Jedenfalls nicht bei jedem. Wenn sie den Hörer sofort nach dem ersten Läuten abnimmt, heißt das, sie erwartet einen Anruf von irgendwem, und man weiß, dass man selbst nicht derjenige ist. Heute rufe ich sie an und sie hebt ab, noch bevor der erste Klingelton ausgeklingelt hat. „Und, auf wessen Anruf hast du gewartet?", frage ich.

„Ach, du weißt schon", sagt sie.

„Nein, weiß ich nicht. Wen?"

„Also, ich hab bei mir in der Brust diese komische Stelle entdeckt. Eine Art Knubbel. Jedenfalls eine seltsame Stelle." Noch eine Sache, wegen der sie sich gerne Sorgen macht: Brustkrebs. „Also hab ich die Schwester im Gesundheitszentrum angerufen und sie gebeten, mich zurückzurufen, damit sie mir noch mal erklärt, worauf genau ich bei der Selbstuntersuchung achten muss."

„Du hast also auf den Rückruf der Krankenschwester gewartet?"

„Nein", sagt Randi, „die hat schon angerufen. Wir sind gerade fertig geworden, vor zwei Minuten. Sie hat natürlich gesagt, dass alles in Ordnung wäre, ich mir keine Sorgen machen müsste." Randi hört sich wie kurz vorm Durchdrehen an.

„So", sage ich, „du hast also darauf gewartet, dass sie noch mal anruft und dir erzählt, dass sie soeben ein Schlüsselsymptom übersehen habe und du in Wirklichkeit eine inoperable Form von Brustkrebs hast und in einer Woche tot bist."

„Genau", sagt Randi.

„Hör mal", sage ich, „sie könnte dich noch dreimal anrufen, um dich zu beruhigen – es hätte doch keinen Zweck. Du könntest achtzehnmal mit der Krankenschwester sprechen, und es würde nichts nützen. Das einzige Gespräch, das hilft, ist das Gespräch mit Gott." Ich höre mich fromm an. Randi seufzt.

Im weiteren Verlauf unterhalten wir uns dann darüber, was wir mal werden wollen, wenn wir groß sind: Ehefrauen, Mütter, Professorin an irgendeinem netten College. Verblüffenderweise ist Randi in den zurückliegenden fünf Jahren tatsächlich Ehefrau, Mutter und Professorin für Jüdische Studien geworden. „Schon komisch", sagt Randi, „wie viele Jahre war ich nicht auf diese ganzen Sachen aus, und jetzt hab ich sie tatsächlich und könnte die Hände in den Schoß legen. Ich hatte immer Angst, dass ich das alles nicht schaffen würde, keinen Mann kriegen würde, kein Kind, keine Stelle. Jetzt, wo ich das alles habe, muss ich mir Sachen einfallen lassen, um die ich mir Sorgen machen kann."

„Also, hör mal, genau so macht Gott das", sage ich nüchtern. „Er hat dir das alles gegeben, damit du dich ein bisschen entspannst und zurücklehnst, dann kann er dir nämlich in ein paar Jahren den Teppich unter den Füßen wegziehen."

Einen Augenblick lang ist Randi still. Dann sagt sie: „Du veräppelst mich, ja?" Und ich sage, ja, das war nicht ernst gemeint. Sie sagt: „Du hast das eben also bloß gesagt, damit ich merke, wie lächerlich, bescheuert und undankbar ich bin, ja?" Und ich sage, ja, deshalb hab ich das eben gesagt.

Smaragdgrüner Sichelmond
und andere Bodyart

Alles in allem war ich in der Highschool ein ziemlich braves Kind. Die Schlafenszeit um zehn Uhr wurde nämlich eingehalten bis zu dem Tag, als ich fürs College umzog. Nur dreimal habe ich dagegen verstoßen, jedes Mal, um wach zu bleiben und Daniel Defoes Roman „Moll Flanders" zu lesen.

Und dann waren da die Tattoos, vier Stück: ein smaragdgrüner Sichelmond an meinem Fußknöchel, ein Armband aus herbstlichem Laub, eine violette Blume in einem violetten Stern direkt über meiner linken Brust, und ein kleiner Lorbeerkranz (wegen meinem Vornamen: Lauren heißt Lorbeer) an meinem linken Becken (was, dies möge jüngeren Leserinnen als Hinweis dienen, eine wenig weitsichtige Stelle für ein Tattoo ist, denn in der Pubertät mag der Bauch noch flach wie ein Brett sein, irgendwann bekommt man dank Mensa Kilos drauf, wird schwanger usw., und dann verliert dein perfektes, total süßes Tattoo jede Form, zerfließt bis zur Unkenntlichkeit).

Die Tattoos waren das Einzige, womit ich offen rebelliert habe. Gut, okay, offen ist vielleicht übertrieben. Ich hielt sie vor meinen Eltern versteckt, und als ich schließlich doch ertappt wurde, dachte ich mir eine lächerliche Geschichte aus, die sie anscheinend tatsächlich glaubten, wonach das nur temporäre Tattoos aus 100% natürlicher Pflanzenfarbe waren, die nach acht Monaten wieder verblichen wären.

Das war Anfang der 90er. Seitdem sind Tattoos trendy geworden, nicht mehr Bikern, Seeleuten und Bauarbeitern vorbehalten. Überall im Land sieht man Blumen, Sonnen und Violinschlüssel verschämt von Mittelschichts-Gymnasiastinnenknöcheln hervorlugen.

Normalerweise bin ich in Sachen Popkultur ja gar nicht auf dem Laufenden. Das aber war ein Trend, bei dem ich dabei sein wollte. Ein Tattoo wäre vielleicht ein Ausgleich für meine dicke Bücherwurmbrille, es würde mich vielleicht nicht gerade als hip, aber zumindest doch als neutral kennzeichnen. (Die gleiche Denke erklärt meine jugendliche Nasenringphase und ist vielleicht auch, wie ich zu meiner Schande eingestehen muss, für meinen Flohmarktbrillenfetisch verantwortlich.)

So richtig passte es natürlich nicht zusammen, dass sich ein Mädchen, das im Begriff war, orthodoxe Jüdin zu werden, tätowieren ließ. 3. Mose 19,28 hält fest: „Ihr sollt um eines Toten willen an eurem Leibe keine Einschnitte machen noch euch Zeichen einätzen" (rev. Lutherbibel), und vom jüdischen Gesetz sind Tattoos verboten, ganz schlicht und ergreifend. Tatsächlich hat es eine gewisse Nähe zum Selbstmord, sich ein Tattoo machen zu lassen; sowohl Tätowierung wie Selbstmord können dazu führen, dass ein Jude nicht auf einem jüdischen Friedhof begraben werden darf (das Verbot, einem Selbstmörder ein ordentliches Begräbnis zukommen zu lassen, wird schon mal ganz gerne umgangen, indem ein großzügiger Rabbi den Selbstmörder für verrückt und daher schuldunfähig erklärt).

Damals versuchte ich den Tattoos mit Vernunftgründen beizukommen. Ich wusste, dass ich nach der Halacha nicht jüdisch war; ich wusste, dass ich in ein, zwei Jahren mit einem Rabbinerdreigestirn zur Mikwe gehen würde; und ich wusste, dass nichts aus meiner Vor-Mikwe-Zeit wirklich berücksichtigt werden würde. Ich wusste, dass sich die Rabbis, wenn ich plötzlich sterben würde, die Tattoos auf meinem Leichnam ansehen und sich entsinnen würden, dass ich die schon hatte, als ich noch nicht Jüdin war, und sie daher erlauben würden, mich auf einem jüdischen Friedhof zu bestatten.

Die Argumentation war zwar ein bisschen verdreht, doch ich war mit ihr zufrieden; ich war der Ansicht, eine ziemlich talmudische Art der Logik zu meinem eigenen Vorteil angewandt zu haben.

Es gibt eine lange Tradition christlichen Tätowierens. Prokop, ein byzantinischer Geschichtsschreiber des frühen 6. Jahrhunderts, vermerkte, dass viele Christen in Europa sich das Kreuz auf ihre Arme hatten tätowieren lassen. Im 16. Jahrhundert ließen sich Pilger als Erinnerung an ihre Loretowallfahrt Tätowierungen machen, oftmals die Jungfrau Maria oder den heiligen Franziskus. Um die gleiche Zeit kehrten europäische Palästinabesucher mit eintätowiertem Jerusalemkreuz zurück. Ein Engländer, der im 17. Jahrhundert den europäischen Kontinent bereiste, bemerkte: „Sie … tätowieren die Arme der Pilger mit den Namenszügen von Jesus, Maria, Jerusalem, Bethlehem, mit dem Jerusalemkreuz und einer Vielzahl anderer Zeichen" (George Sandys). Christen verbanden Tätowierungen nicht nur mit Jesu Wundmalen, sondern auch mit zwei Versen aus dem Neuen Testament – dem Wort des Paulus aus Galater 6: „denn ich trage die Malzeichen Jesu an meinem Leibe" (rev. Lutherbibel), und die prophetische Vision aus der Offenbarung, in der Christus seinen Namen auf der Hüfte trägt (Kap. 19,16).

Von Ausnahmen einmal abgesehen, haben viele konservative Christen ihre Schwierigkeiten mit Tätowierungen. Einige Christen behaupten unter Verweis auf 3. Mose, dass Tattoos ausdrücklich verboten sind, Schluss, Ende, aus. Wir tätowierten Christen erinnern dann die Bibelzitierer liebenswürdig daran, dass sie auch an 3. Mose 11 gebunden sind, wenn sie schon 3. Mose 19 wörtlich nehmen möchten: Darin wird der Genuss von Speck und Muscheln untersagt.

Doch selbst jene Christen, die einräumen, dass das alttestamentliche Tätowierungsverbot für Christen nicht bindend ist, finden dauerhafte Körperverzierungen eher beängstigend. Tattoos erscheinen ihnen als Abhang, auf dem man in eine fremde, gefährliche Lebensweise abgleitet. Wenn sich die Tochter ein Tattoo machen lässt, dann schleicht sie sich vielleicht auch nachts aus dem Haus, um mit irgendeinem Freund in dessen Wagen Tequila zu trinken.

Der sechzehnjährige Sohn von Freunden kam neulich mit einer grinsenden Banane auf der Wade nach Hause, woraufhin seine Mutter ausgerastet ist. Ich kann mir schon vorstellen, dass es ein wenig irritierend ist, auf das Tattoo zu glotzen und dabei an das wohlriechende, rosig-glatte Baby zu denken, das der Sohn einmal war. Aber ich versuche meine Freundin zu beruhigen, dass ein Bananentattoo, bei allem berechtigten Zweifel am Geschmack ihres Sohnes, kein Grund zur Sorge ist. „Wenn man sich ein Tattoo machen lässt, heißt das noch lange nicht, dass man von nun an Satanist sein möchte", sage ich. Wenn Teenies aus der Mittelschicht sie unter ihren Jacken und Flanellhemden tragen, bedeutet das, dass Tätowierungen inzwischen domestiziert sind.

Dennoch dürfte es christliche Fragen zum Thema Tattoos geben, die dringend einer Antwort bedürfen. Das Christentum lehrt die fleischliche Auferstehung am jüngsten Tag. Wird mein auferstandener Körper auch tätowiert sein?

Während meiner Collegezeit ging ich einmal im Monat Bewohner eines jüdischen Altenheims besuchen. Sehr alte Menschen haben mich immer ein bisschen eingeschüchtert, und von daher fielen mir diese Besuche eher schwer. Die Gerüche und die Traurigkeit des Ortes haben mich regelmäßig fertig gemacht.

Eines Julinachmittags las ich einer alten Frau vor, die im Rollstuhl saß. Sie hieß Flora. Mit gesenktem Kopf und gekrümmtem Rücken saß sie da. Ich war mir nicht sicher, ob sie mich hörte oder überhaupt mitbekam, dass ich da war. Ich las aus Jane Austens „Stolz und Vorurteil" vor.

Als ich zu der Stelle kam, wo Bingleys Schwester Elizabeth bittet, mit ihr einen Spaziergang im Gang zu machen, stupste Flora gegen mein rechtes Bein. „Wieso hat so ein nettes Mädchen wie du eine Tätowierung?" Die Ränder des Mondes lugten unter den Schlaufen meiner Sandale hervor. Noch bevor ich antworten konnte, schob sie einen ihrer Ärmel hoch, und zum Vorschein kam eine wellige Zahlenreihe. Ich starrte sie an und las dann weiter, so als ob Flora nichts gesagt hätte: „Ihre Gestalt wirkte elegant, und sie verstand es, einherzuschreiten; doch Darcy, für den das alles bestimmt war, ließ sich in seiner Beschäftigung nicht im Geringsten stören." (aus: Stolz und Vorurteil, Leipzig, 2. Aufl. 1990, S. 64)

Zwar Jahre darauf starb Flora. KZ-Nummern sind ein weiterer Fall, bei dem Rabbiner eine Ausnahme in Sachen Friedhof und Tätowierungen machen. Flora bekam ein jüdisches Begräbnis, im einfachen Totenkleid und schlichten Kiefernsarg, auf dem Jüdischen Friedhof von Queens.

DIE KARWOCHE

Palmsonntag

Wir haben Palmsonntag, den Tag, an dem wir des – anscheinend triumphalen – Einzugs Jesu in Jerusalem gedenken. Er ist
durch die ländlichen Gebiete getourt, hat dabei in Gleichnissen
gelehrt und Wunderheilungen vollbracht, jetzt reitet er auf einem Esel in Jerusalem ein. Die Menschen – die Juden – stehen
Spalier, um diesen auf einem Esel reitenden Heiler zu sehen, sie
schwenken Palmwedel und jubeln Hosiannas. Dieselben Menschen, die ein paar Tage später von Pontius Pilatus seine Kreuzigung fordern werden.

    In All Angels' marschieren wir am Palmsonntag um den
Block, wedeln mit Palmblättern und singen Lieder, in denen
wir von unserer Liebe zu Jesus künden. Mir fällt das ziemlich
schwer, und etwas peinlich ist es mir auch, jedem, der einem auf
den Straßen Manhattans entgegenkommt, zu verkünden, dass
ich diesen Kram glaube. Ich bin schick und unsicher. Und ich
habe Angst, jemandem über den Weg zu laufen, den ich kenne
und der gerade zur Schul unterwegs ist, denn dieses Jahr fallen
der zweite Tag des Passahfestes und Palmsonntag zufällig auf
einen Tag. Aber bei der zweiten Liedstrophe gehe ich ganz darin auf, werde mitgerissen und verkünde mit Stolz meinen je-
cken Glauben, in der Gewissheit, dass das dazugehört, wenn
man (mit Paulus' Worten) Narr um Christi willen werden will.

Ich komme mir wie ein Heilsarmeemädel von anno Tuck vor, das die dicke Trumm für Gott und für die Abstinenz rührt.

Wieder in der Kirche, nehmen wir unsere Gesang- und Gebetbücher und starten den Gottesdienst. Doch statt die betreffenden Bibelpassagen einfach vorzulesen, werden sie von einer Theatergruppe gespielt: Jesus, wie er Babys im Tempel heilt; die Menschenmenge, die ihn begrüßt; dann Pontius Pilatus, zaudernd, verwirrt, zwiespältig; die Menge, die „Kreuzige ihn!" schreit. Es ist ein bisschen wie ein Passionsspiel.

Ich mag diese Anfälle von Theater, die immer wieder mal im Gottesdienst auftreten, nicht so besonders. Sie kommen mir infantilisierend vor, als wenn man meint, das Evangelium aufbretzeln zu müssen, es zu lustiger Unterhaltung zu machen, statt es selbst dramatisch und direkt genug sein zu lassen. Possen in der Kirche nerven mich.

Heute aber fühle ich mich nicht genervt oder zum Kind gemacht. Ich bin baff, wie die Juden in diesem Stück aussehen. Die ganze Sache stinkt nach Christus-Mord-Bezichtigung. Das Passionsspiel spitzt zu, was das Johannesevangelium ausdrückt: Pontius Pilatus ist nicht zu gebrauchen, schuld sind die Juden, sie haben sich in einen blutrünstigen, krakelenden Mob verwandelt und Jesus umgebracht. Ich blicke mich um, sehe die Kinder in den Bankreihen und denke: *Die werden denken, die Juden sind böse.* Ich erwarte, dass Milind sich in seiner Predigt irgendwie dazu äußert, aber da kommt nichts.

Es ist ein schwieriger Text, einer, von dem ich nie weiß, was ich mit ihm anfangen soll. Das Gerichtsverfahren gegen Jesus ist so, wie es in den Evangelien dargestellt wird, judenfeindlich und von Generationen von Christen als Grund herangezogen worden, um Juden umzubringen. Die frühen Kirchenväter stießen in dieses Horn, ebenso die Christen des Mittelalters, die Juden töteten und frei erfundene Geschichten über Hostienfrevel in die Welt setzten, und auch die deutschen Kirchen im Jahre 1933.

Die Sache hat aber noch eine andere Seite: Die Geschichte steht so in der Bibel. Sie steht so in dem Text, der von der Kirche kanonisiert worden ist. Sie steht im Buch, das wahrer ist als alle anderen Bücher, das Buch, aus dem wir uns nicht die Rosinen rauspicken sollen und dürfen, das Buch, über das wir nicht urteilen dürfen, nach dem vielmehr wir gerichtet werden.

Es ist nicht das erste Mal, dass ich bei diesem Thema auf die Palme gehe. Neulich hat mir ein Freund ein Buch über Pontius Pilatus geliehen, das in einem angesehenen christlichen Verlag erschienen ist. Mit jedem Kapitel, das ich las, wuchs mein Abscheu. Dieses Buch sei schlicht antijüdische Propaganda, sagte ich zu meinem Freund, als ich es ihm zurückgab, da gäb's kein Drumrumreden; Pilatus war darin unschuldig und an Jesu Tod waren einzig und allein die intriganten, habgierigen Juden schuld. Mein Freund hielt meine Kritik an diesem Roman für ungerechtfertigt. „In diesem Buch", sagte er, „steht nichts, was nicht auch in den Evangelien steht."

Ich komme mit diesem Text nicht zurecht, aber eines sollte wohl offensichtlich sein: Es ist zweitausend Jahre her und uns ist klar, dass die Geschichte, diese Die-Juden-haben-Jesus-ermordet-Geschichte, eine Geschichte mit Folgen ist. Nach zweitausend Jahren sollte die Kirche meiner Ansicht nach Verantwortung dabei zeigen, wie sie dieses Stück aus der Heilsgeschichte erzählt. Ich meine damit nicht, dass wir leugnen sollten, dass dieses Kapitel aus Johannes Teil der Heiligen Schrift ist, oder dass wir es nicht mehr lesen sollten. Aber wir sollten auch nicht einfach unkommentiert den Vorwurf des Gottesmordes auf die Bühne bringen.

Ein paar Tage nach Palmsonntag esse ich mit Esther in einem Restaurant Souflaki und Reispudding. Esther ist eine weitere

Jüdin in All Angels'. Sie ist Abendmahlshelferin, sitzt im Missionsausschuss und macht in der Gemeinde so viel, dass ich oft vergesse – sie hat auch noch einen ganz normalen Job.

Vor etlichen Jahren, als Esther neu in der Gemeinde war, damals hatte All Angel' noch einen anderen Pfarrer, hat sie eines Sonntagmorgens, wie man so hört, eine ziemlich heftige Szene gemacht. Es war der Sonntag vom Martin-Luther-King-Wochenende; in der Predigt ging es um Versöhnung und Miteinander zwischen den Rassen und darum, seinen Nächsten zu lieben, auch wenn der anders war als man selbst. Die Hälfte der Musik war von Gospelchören entliehen. Nach der Predigt sang die Gemeinde ein Lied, das zur Melodie von „Deutschland, Deutschland über alles" geschrieben war, die aus einem Streichquartett von Haydn stammt und von den Nazis vereinnahmt wurde. In den wenigen Sekunden zwischen Lied und nachfolgendem Glaubensbekenntnis stand Esther auf und erklärte, sie sei entsetzt und gekränkt. (Die Tatsache, dass es auch die Melodie der heutigen deutschen Nationalhymne ist, ohne die nationalistischen Strophen, spielte für sie offensichtlich keine Rolle; d. Übers.) Der Pfarrer entschuldigte sich für die Takt- und Gedankenlosigkeit der Gemeinde. Esther verließ demonstrativ die Kirche.

Die Frage, die sich also stellt: Wie nimmt die Gemeinde das Passionsspiel vom Palmsonntag auf?

Holocaust-Gedankenspiele

Manchmal habe ich diese längeren Holocaust-Gedankenspiele. Dabei gibt es zwei Varianten: In der ersten bin ich mit einem lieben Christen verheiratet, wir haben ein tolles vierteljüdisches

Kind, führen ein geruhsames Leben, lehren an irgendeiner fürnehmen Uni, haben ein tolles Haus mit tollen Möbeln, viele reizende Freunde, die wir ständig zu ganz reizenden Dinnerpartys einladen, und dann setzen die Verbote ein, welche Juden dies und das und jenes untersagen, sie von Ämtern und bestimmten Berufen ausschließen, und dann gibt es Gewalt und noch mehr Grausamkeiten, und ich beschließe zu gehen. Vielleicht nach Venezuela. Ich erkläre dem lieben christlichen Gatten, dass ich gehe, fliehe, um genau zu sein, und dass ich unsere Tochter mitnehme, und das ist eine Prüfung. Ich prüfe ihn, seine Liebe zu mir – ob er nach Venezuela mitkommt oder ob er zu Hause bleibt.

Im anderen Gedankenspiel werden auch die Verbote verhängt, es geht mit der Gewalt los, und alles wird immer schlimmer und schlimmer, und in diesem Gedankenspiel steht die Kirche auf der falschen Seite. Die Kirche ist eingeschüchtert, feige, macht sich mitschuldig, genau wie seinerzeit die evangelische Kirche in Deutschland. Ich bin irgendwo, wo es dunkel ist, matschig, da sind Züge, es regnet. Kleidung, Landschaft, alles ist grau und oliv und braun. Ich habe die Kirche Edith-Stein-mäßig angefleht, an alle einflussreichen Christen, die ich kenne, Eingaben gemacht, aber die Kirche rührt sich nicht vom Fleck. Und so stehe ich schließlich auf und halte eine aufsehenerregende Rede. Ich sage: „Wenn die Kirche zu mehr nicht imstande ist, wenn Kirche so ist, dann habe ich mit ihr nichts mehr zu tun." Ich erkläre, dass ich Jüdin bin und gefasst hingehen werde, wohin man die Juden schickt, in jede Folter, jedes Todeslager, das man sich diesmal ausgedacht hat. Auch dieses Gedankenspiel ist eine Probe. Ich prüfe die Kirche, noch mehr aber mich, wer ich bin, zum wem ich halte, wo ich lebe.

Sedermahlsgeschichten

Gründonnerstag. Die englische Bezeichnung „Maundy Thursday" rührt vom lateinischen „mandatum" (Befehl, Gebot) her, womit Christi Gebot gemeint ist, einander zu lieben. Jesus und seine Jünger haben sich zum letzten Mal vor seiner Kreuzigung versammelt. Nachdem der Tisch gedeckt ist, gießt Jesus, der „aber wusste, dass ihm der Vater unbegrenzte Macht gegeben hatte, dass er von Gott gekommen war und zu ihm zurückkehren würde", Wasser in eine Schüssel, schnappt sich ein Tuch und beginnt, seinen Jüngern die Füße zu waschen. „Auch ihr (sollt) euch gegenseitig die Füße waschen", sagt Jesus zu den Zwölf. „Ich habe euch damit ein Beispiel gegeben, dem ihr folgen sollt." Die Jünger sind wie immer ratlos, sie begreifen nicht, dass Jesus bald tot sein wird, dass er sie auf seinen Tod vorbereitet, wenn er sie lehrt, einander zu lieben und wie man in und bei ihm bleibt, wenn er erst einmal in den Himmel zurückgekehrt ist.

Der Bibeltext für Gründonnerstag erzählt eben jene Fußwaschung. Außerdem lesen wir in der Kirche noch einen Abschnitt aus 2. Mose. Unser Kirchenvorstandsvorsitzender steht am Lesepult und liest uns den Text in seinem entschlossenen Südstaatenakzent vor: „Sagt der ganzen Gemeinde Israel: Am zehnten Tage dieses Monats nehme jeder Hausvater ein Lamm", sagt er, „je ein Lamm für ein Haus" (rev. Lutherbibel). Das ist aus 2. Mose 12, wo Gott Mose und Aaron anweist, dem Volk zu sagen, es solle ein Passahopfer vorbereiten und die Türpfosten mit Lammblut bestreichen, damit Gott die Häuser der Israeliten verschonen kann, wenn er Ägypten mit der letzten und schlimmsten Plage heimsucht, mit der Tötung der Erstgeborenen.

Wir lesen diese Stelle, weil morgen Karfreitag ist, an dem von Gott das vollkommene Passahopfer dargebracht wird. In unserem, dem christlichen Kalender ist Karfreitag die Mitte der Karwoche; wir bewegen uns aus der Fastenzeit heraus in die dunkle Zeit der Kreuzigung und dann wieder hinaus in die Auferstehung an Ostern. Dass wir diese Stelle lesen, ist allerdings besonders passend, weil im jüdischen Kalender heute die Mitte von Passah ist. Die beiden Feste finden nicht immer zur gleichen Zeit statt, weil die Kirche nach dem gregorianischen Kalender rechnet, während sich der jüdische Kalender nach dem Mond richtet; wenn sie sich aber überschneiden, nimmt das einem den Atem und ist schade.

Fünf Häuserblocks von All Angels' entfernt steht ein hohes, verschnörkeltes Wohnhaus aus Vorkriegszeiten, in dem ich während eines Großteils meiner Collegezeit viele Wochenenden und die meisten Ferien verbracht habe. In Wohnung 3B, einer Wohnung, die für ein frischverheiratetes Paar samt Hausmädchen entworfen worden war, lebt eine fünfköpfige Familie. Das heißt, sie wohnen nicht mehr alle dort, die Kinder sind alle ausgezogen, gehen aufs College oder sind verheiratet und leben in anderen Städten. Das war die Familie Farmer, die mich in meinen Collegejahren mehr oder weniger adoptiert hatte.

Kennengelernt hatte ich Zev und Joan Farmer in dem Sommer, den ich am „Drishna Institut für jüdische Erziehung" verbrachte. Die Familie, bei der ich damals wohnte, Liz und Arthur Goodman und deren fünf Kinder, waren sehr eng mit Zev und Joan befreundet. Als ich Zev und Joan gegen Ende jenes Sommers kennenlernte, hatte ich mich bereits in die Sabbatlieder verliebt, die ich gelernt hatte, hatte mich daran gewöhnt, wie die langen Röcke an meinen Knöcheln rauschten, mich bereits für ein orthodoxes Leben entschieden, war bereit, in die Mikwe zu steigen, um eine richtige Jüdin zu werden; an dem Abend, als Zev und Joan die Goodmans besuchten, hatte ich einen dicken Wälzer auf dem Schoß und suchte darin nach einem Namen. Ich wusste, dass Konvertiten einen neuen hebräischen Namen annahmen, so wie Christen in der frühen Kirche oft den Namen eines Heiligen annahmen. Mir gefielen Hephziba (was „die Begehrte" heißt), Bathscheba und Deganit. Ich sprach diese Namen den ganzen Abend lang vor mich hin, störte Joan, Zev, Arthur und Liz jedes Mal, wenn ich einen neuen möglichen Namen fand, bei dem, was sie vorhatten, wahrscheinlich den Talmud zu studieren. Joan lachte und meinte, ich solle mir vielleicht lieber einen weniger ausgefallenen Namen aussuchen, einen mit weniger Silben, vielleicht Rachel oder Schira.

Das nächste Mal sah ich Joan und Zev Farmer rund anderthalb Jahre später. Zwischenzeitlich war ich aufs College gewechselt, war in der Mikwe gewesen, hatte ich Rena, die älteste Tochter der beiden kennengelernt, die ein Jahr und ein paar gequetschte älter war als ich und an der Columbia in New York Physik studierte. Sie war ziemlich bodenständig, liebte den Herrn und schwärmte wortreich von Jerusalem, wie toll sie das Deutsche Viertel fände und wie toll die Heimaterde. Sie verströmte diesen leisen, selbstverständlichen Glauben. Schon beim Kennenlernen wusste man, dass sie Gott liebte und dass ihre Liebe zu Gott ihr gesamtes Tun beeinflusste, jede Entscheidung, jeden Satz, den sie sagte. Bei meiner Konvertierung nahm ich ihren Namen an: Rena. Ich hab mich nicht des Klangs wegen für den Namen entschieden oder wegen seiner Bedeutung („Freude"), sondern weil Rena Farmer der Typ Jüdin war, der ich auch sein wollte.

Nur wenige Monate, nachdem ich in der Mikwe gewesen war, lud mich Rena zum Pessach zu sich nach Hause ein. Ich weiß noch, wie voll es in der Wohnung war – Rena, ihre Eltern, ihr Bruder Aaron, der ein bisschen jünger war als ich, und dann noch Leah, die drei Jahre jünger war; und eine Cousine, die aus Israel zu Besuch war; und Joans Mutter, die 1934 von Deutschland nach Amerika geflohen war. Ich war kaum durch die Tür, da wurde ich schon zum Möhrenraspeln eingeteilt. Viel Schlaf habe ich damals nicht bekommen. Zu viele Namen wollten gelernt sein und zu viele Bücher durchgeblättert, zu viele Gespräche geführt, als dass man sich hätte lange mit Schlaf aufhalten können.

Das war das erste Fest, das ich in der Wohnung der Farmers verbrachte; für den Rest meiner Collegejahre war ich an jedem Fest bei ihnen, an jedem Fest und an fast jedem Sabbat, und manchmal auch unter der Woche, wenn ich was zu essen brauchte, pleite war, die Waschmaschinen bei mir im Wohnheim wieder mal ihren Dienst verweigerten oder ich mir eine Grippe eingefangen hatte, oder wenn ich einfach mal irgendwo übernachten wollte, wo ich nicht von neun Millionen anderen Achtzehnjährigen umgeben war.

Einmal saß ich im Wohnzimmer und las einen Roman, als Joan mich in die Küche schleifte und meinte: „Ich möchte gern mit dir über etwas reden, was du neulich abends gesagt hast." In ihrer Stimme lagen Dringlichkeit und Ernst, sie sprach gedämpft. „Als du nach Schabbes gehen wolltest und Aaron versucht hat, dich zu überreden, noch zu bleiben und mit ihm und Leah ins Kino zu gehen, da hast du gesagt: ‚Nein, ich muss nach Hause gehen.'" Joan hielt inne. Ich guckte misstrauisch und wartete, dass sie zu dem Punkt kam, an dem ich sie beleidigt oder verunsichert oder wasweißich hatte. „Ich finde es traurig, dass du dein Zimmer im Wohnheim als dein Zuhause ansiehst."

„Aber das ist doch mein Zuhause", sagte ich. „Dort wohne ich."

„Ich möchte, dass du das hier als dein Zuhause ansiehst", sagte sie und wies dabei in die Küche. Oben auf dem Kühlschrank standen Schachteln mit Donuts, und im Spülbecken stapelten sich die Teller.

In meinem letzten Studienjahr, nachdem ich mir das „Book of Common Prayer" gekauft hatte und die Veranstaltung in der „Kirche vom auferstandenen Licht" besucht hatte, begann ich ein paar Leuten zu erzählen, dass Jesus mich in seine Richtung zu locken schien. In erster Linie redete ich mit meiner Freundin Jana. Jana war konvertiert, von den Presbyterianern zu den Mormonen, und ich fragte sie in jenem Frühjahr immer wieder, wann und wie sie wusste, dass sie sich sicher war, wie sie zu der Entscheidung gekommen war, wie sie es den Leuten gesagt hatte und wie die darauf reagiert hätten.

In jenem Frühjahr besuchte sie mit mir zusammen die Farmers zum Seder. Ich weiß so gut wie nichts mehr von diesem Sederabend. Ich weiß nicht mehr, wer sonst noch da war, was wir gegessen haben, was ich anhatte oder welche Lieder wir gesungen haben. Ich weiß auch nicht mehr, wie ich mit Jana zum Campus zurückgegangen bin oder wie sie in meinem vollgestopften Zimmer geschlafen hat. Ich weiß allerdings noch, dass sie den Sederabend ganz toll fand und dass sie in ihrem kirschroten Pyjama auf der Kante meines schmalen Bettes gesessen und gemeint hatte: „Willst du das wirklich alles aufgeben?" Womit sie meinte: um Episkopale zu werden?

Ich war der Ansicht, sie bezöge sich damit auf die Sederabende, das Singen, die Haggada, das Ritual und sogar die Freude, und ich sah sie an und antwortete stockend: „Ja. Ja, ich werde das alles aufgeben." Ich bin mir allerdings nicht sicher, ob ich begriffen hatte, was „das alles" sein würde, und dass auch die fünf Menschen in der 3B dazugehörten. Von Aaron mal abgesehen, habe ich sie seit vier Jahren nicht mehr gesehen.

Das Sedermahl ist für einen Bücherwurm ideal. Es ist die einzige Mahlzeit im ganzen Jahr, bei der man beim Essen nicht nur ein Buch lesen darf, sondern sogar soll. Die Haggada, wörtlich „die Geschichte" oder „die Erzählung", bestimmt, was beim Mahl passiert, sie ist Text und Regiebuch in einem. Die Haggada ist ein weises Buch und sie hat viele vollkommene Sätze und Absätze. Meine Lieblingsgeschichte steht ziemlich zu Anfang, kurz nachdem gesagt wird, dass wir „Sklaven in Ägypten" waren. Die Geschichte erzählt von fünf Rabbinen, die in der Nähe von Jaffa Seder feiern wollen. Die Rabbinen legen sich an den Sedertisch – liegen, wie es zu Pessach Brauch ist, weil nur freie Menschen, Mitglieder des Königshauses liegen, Sklaven liegen nicht zu Tisch – und erzählen die Geschichte von der Flucht aus Ägypten. Sie sind dermaßen ins Erzählen vertieft, dass sie die ganze Nacht aufbleiben und feiern, bis in den Tag hinein, reden und reden über den Auszug, und irgendwann erscheinen ihre Schüler und sagen ihnen, dass es Zeit fürs Gebet ist, dass die Stunden, in denen es gestattet ist, das Morgengebet zu sprechen, fast schon vorüber sind.

Mir gefällt die Hingabe dieser fünf Rabbinen. Was für einen Spaß müssen sie bei ihrem Seder gehabt haben. Und ich kann ihre Berauschtheit gut nachempfinden, dass sie so sehr darin aufgehen, über Gott zu reden und über Theologie und andere geistige Dinge, dass sie darüber fast das Gebet vergessen. Ich erkenne mich ein bisschen in diesen Rabbinen wieder, so berauscht vom Denken, dass man beinah zu beten vergisst.

Als ich aus England nach New York zurückgezogen war, suchte ich leicht zwanghaft das Gespräch mit anderen jüdischen Konvertiten. Ich reiste nach Baltimore, um da mit einem konvertierten Ehepaar zu sprechen. Ich erinnerte mich dunkel, dass ein Ex-Freund von mir einen Freund hatte, dessen Vater als Jude aufgewachsen war und nun lutherischer Pfarrer war; ich machte ihn irgendwo in Iowa ausfindig und führte ein fünfstündiges Telefonat mit ihm. Ich las den Artikel einer Jurastudentin aus Stanford, die in der Highschool vom Judenzum Christentum konvertiert war; ich schrieb ihr eine Mail, und als sie das nächste Mal in New York war, gingen wir zusammen einen Kaffee trinken. Und durch Freunde von Freunden lernte ich einen Rechtsanwalt aus der Bronx namens Jeff kennen. Er war als Jude aufgewachsen, wollte sogar mal Rabbiner werden, war dann aber vor fünfzehn Jahren wie ich am Ende des Colleges Christ geworden. Er und seine Frau Amy, eine Mittelalterhistorikerin, luden mich im Herbst zu sich zum Essen ein.

Ich fand beide nett, auch wenn sich zwei Menschen nicht weniger ähnlich sein konnten. Jeff ist schlampig, chaotisch und hat eine Wampe. Er lacht laut aus dem Bauch heraus und legt auf Förmlichkeiten keinen Wert. Amy ist penibel, ihr Arbeitszimmer ist bis zur Besessenheit gestylt, mit speziell auf die Größe ihrer Bücher hin angefertigten Regalen. Als Allererstes macht sie morgens ihre Haare zurecht. Es fällt schwer, sie sich in Morgenmantel und Schlappen vorzustellen; ich bin mir nicht sicher, dass sie überhaupt Morgenmantel und Schlappen besitzt.

Als wir uns kennenlernten, befanden sich Jeff und Amy in der Anfangsphase des langwierigen Prozesses einer Adoption. „Sich mit dem Großziehen eines Kindes zu befassen", sagte Amy präzise, „hat eine Reihe von Fragen aufgeworfen, die sich uns bisher gar nicht gestellt hatten." Zum Beispiel die Frage, was man dem Kind über das Judentum erzählt; oder wie man die Wunden zwischen Jeff und seinen Eltern, die von seiner Konversion entsetzt waren, heilt; oder die Frage danach, welche Rolle der jüdische Glaube im Leben eines Christen spielt. „Ich war überrascht", sagte Amy bei diesem ersten Dinner. „Ursprünglich war ich der Ansicht, dass nur Jeff davon betroffen sei. Er ist der Jude. Mit mir haben diese Fragen doch gar nichts zu tun. Inzwischen denke ich, dass das nicht stimmt. Wenn das seine Fragen sind und wenn diese Fragen so starken Einfluss auf das Leben unseres Kindes haben werden, dann sind das auch meine Fragen."

„Wir überlegen", sagte Amy später, „dieses Jahr irgendwie eine Art Seder zu feiern."

„Einen christlichen Sederabend", sagte Jeff. „Nichts Großes. Aber irgendwas, dass uns den Rahmen für ein Gespräch über ein paar dieser Themen verschafft."

„Hätten Sie Lust, dabei zu sein?", fragte Amy.

An diesem gemeinsamen Sederabend nehme ich auf meinem Stuhl an Jeffs und Amys Esstisch Platz und bin mir sicher, dass sich so die jüdischen Frauenrechtlerinnen vorkommen mussten, als sie in den 70ern ihre ersten frauenbezogenen Haggadas für ihre Frauen-Sederabende machten – als Wegbereiter, kreativ und nicht ohne die Befürchtung, dass es nicht klappen könnte, dass sie diese Geschichte eventuell nicht in die Form zwängen konnten, die sie für sie haben musste.

So weit vorn sind wir natürlich auch wieder nicht, christliche Sederabende erfreuen sich schon seit Jahren einiger Beliebtheit. Manchmal werden sie von Gemeinden gesponsert, oder der Hauskreis trifft sich zum Pessachessen. Manche Christen finden den Seder interessant, weil sie gerne mehr über die jüdischen Wurzeln der Kirche erfahren möchten, einen Splitter von Jesu Leben als Jude kennenlernen. Das hat er in seinem Leben gemacht, dann sollten wir das auch machen. Andere Christen sind am Seder interessiert, weil die Eucharistie, das Abendmahl, für sie so einen hohen Stellenwert hat. Da immer mehr Christen erkennen, dass das Abendmahl im Zentrum des christlichen Gottesdienstes steht, wird in Gemeinden, die früher viermal im Jahr oder einmal pro Monat das Abendmahl feierten, nun jede Woche das Abendmahl gefeiert.

Das Abendmahl wurde von Jesus an einem Sederabend begründet: Es war Matze, die er bei den Worten: „Dies ist mein Leib" hochhielt, und Sederwein war es, den er trank, als er sagte: „Dies ist mein Blut. Dies tut zu meinem Gedächtnis!" Christen, die ins Abendmahl hineinwachsen, möchten manchmal dieses letzte Mahl nacherleben.

Wir tun also an sich nichts grundlegend Neues, mir ist es allerdings schon neu. Das ist das erste Mal, dass ich bei einem christlichen Seder dabei bin.

Wir sitzen zu acht am Tisch: Amy, Jeff, ich und Martha, eine Freundin von ihnen, die aus Georgia zu Besuch ist, dann ihre Freunde Alice und Albert und deren Zwillingstöchter Alicia und Amelia Ann. Wir folgen dem traditionellen jüdischen Ritus. Wir haben die hebräische Haggada mehr oder minder unverändert gelassen und gehen sie von vorn nach hinten durch. Wir segnen den Wein. Wir essen ein Frühlingsgemüse. Wir brechen die Matze, wobei Jeff drei Stück hochhält, das mittlere herauszieht und in zwei Hälften bricht. Später wird er eine der Hälften verstecken, ein Spiel für die Kinder, die das vermisste Stück irgendwo in der Wohnung finden müssen, und wenn sie es haben, wird Jeff es auslösen, ihnen im Austausch für die fehlende Matze etwas schenken, und dann werden wir das fehlende Stück als Nachtisch essen.

Als Amy Jeff die mittlere Matze durchbrechen sieht, beginnt sie zu weinen. „Es ist sein Leib, der bricht", sagt sie und alle am Tisch wissen, was sie meint. Wir sehen in den drei Matzefladen den dreieinigen Gott, den Vater, den Sohn und den Heiligen Geist, und sehen, dass wir die mittlere Matze nehmen und brechen, und wir begreifen, dass so Jesu Körper gebrochen werden wird, am Kreuz. Ich denke: *Wir Christen sind das, wir, wir machen das, nicht die Juden.* Beim Seder ist es so offensichtlich: *Nicht die Juden haben seinen Leib gebrochen. Unsere Sünden haben ihn gebrochen. Brechen brechen*

brechen. Nicht sie haben ihn getötet; die Last unserer Sünden hat ihn umgebracht.

Franz Rosenzweig war ein deutsch-jüdischer Philosoph, der fast zum Christentum konvertiert wäre. Über Jahre hinweg führte er einen selbstquälerischen – und faszinierenden – Briefwechsel mit seinem Cousin Eugen Rosenstock-Huessy, welcher Christ geworden war. 1913 beschloss Rosenzweig schließlich, selbst zu konvertieren. Aber, sagte er, er würde als Jude zum Christentum kommen wollen, nein müssen. Bevor er sich also in die Kirche aufmachte, um sich taufen zu lassen, ging er in eine Synagoge. Das war an Kol Nidre, dem Abend, mit dem Jom Kippur, der Versöhnungstag beginnt. Und dort in der Synagoge erkannte Rosenzweig, dass das Judentum einen lebendigen Zugang zu Gott bietet. In einer Art Umkehrung des Paulus'schen Damaskuserlebnisses verschrieb Rosenzweig sein Leben dem Judentum. Was eigentlich der Weg zum christlichen Glauben hatte werden sollen, stellte sich als das Ziel heraus. Rosenberg schrieb später dann das einflussreichste Werk jüdischer Philosophie des 20. Jahrhunderts.

In „Der Stern der Erlösung" erörtert Rosenzweig Zeit, Kalender und Feste. Über Pessach schreibt er: „Die Schöpfung eines Volks zum Volk geschieht in seiner Befreiung." Und genau darum, so will mir scheinen, geht es sowohl beim Passah wie beim Gründonnerstag: die Schöpfung zum Volk. Durch die Flucht aus Ägypten wird aus Menschen *ein* Volk, und durch das beim letzten Mahl eingesetzte Abendmahl wird auch aus uns Christen *ein* Volk. Denn genau das sprechen wir ja in der anglikanischen Liturgie der Eucharistie: „Lass uns ein Leib sein, denn wir brechen vom gleichen Brot." Die sichtbare Gestalt des Volkes Israel wird beim Auszug aus Ägypten begründet, der Leib Christi beim Abendmahl. Die Frage, die sich beim christlichen Seder stellt, ist, wie diese beiden beim Sedermahl in Verbindung stehen.

Die ganze Woche denke ich an meine Familie. In der Kirche während der Lesung, während ich bei Amy und Jeff bin, auf der Straße oder beim Kücheputzen. Ich denke an die Passahfeiern meiner Familie in North Carolina, und ich denke an das Seder der Farmers, ich denke an Beth, meine ehemalige orthodoxe Mitbewohnerin am College, und ihren Mann in New Haven, und ich denke an Randi samt Mann und Baby beim Seder in Ohio, und ich werde davon traurig.

Mit dem Seder wird Gott dafür gedankt, dass er uns aus der Gefangenschaft befreit hat; die Feier ist aber auch mit Sehnsucht durchschossen, mit Messiaserwartung. Sie endet schließlich mit der Erkenntnis, dass die Errettung noch nicht vollständig ist. Während des Schlussgebets sagt man die Worte: „Bald wirst du die Triebe des Wurzelstocks, den du gepflanzt hast, nach Zion führen, erlöst und voller Freude." Ich denke an meine Familie, an die Farmers, an Randi und alle anderen, die diese Worte sprechen, dieses Fest der Befreiung feiern, und ich wünsche mir, sie würden erkennen, dass Jesus genau diese Erinnerung an unsere Errettung aus Ägypten feierte, und dann starb er, um sie auf ewig zu befreien.

Während des Colleges war ich ein bisschen in Aaron Farmer verliebt. Ich habe nie erfahren, ob auch er ein bisschen in mich verliebt war. Wenn die Umstände anders gewesen wären, hätten wir vielleicht schon vor Jahren geheiratet, hätten zusammen ein Kind, würden hier in New York leben und alle naselang seine Eltern besuchen. Es hat allerdings nicht sein können, denn die Farmers sind Kohanim, das heißt, sie stammen von den israelitischen Hohepriestern ab, jenen Männern, die seinerzeit im Tempel die wichtigsten Opfer vollzogen und an den heiligsten Tagen in eine Mikwe eintauchten, ihre Schuhe auszogen und das Allerheiligste betraten. Einmal im Jahr traten sie hinein, und sie sprachen Gottes unaussprechlichen Namen aus. Der Tempel steht zwar nicht mehr, aber Juden wissen, dass es eines Tages wieder einen Tempel geben wird, und daher müssen die Kohanim, muss die Priesterklasse rein und für sich bleiben. Wenn die Zeit da ist, müssen sich Priester finden und herbeiholen lassen.

Kohanim unterliegen allen möglichen Spezialregeln, die für andere Juden nicht gelten. Sie dürfen nicht auf Friedhöfe, weil sie sonst durch die kultische Unreinheit der Leichname verunreinigt würden, und sie dürfen auch keine Konvertiten heiraten. Dass ich mich in meiner Kindheit und Jugend für eine Jüdin gehalten hatte, spielte dabei keine Rolle; ich war eine Bekehrte und Aaron Farmer war tabu. Wir quatschten und neckten uns ohne Ende, aber wir sprachen nur selten über unsere Herkunft. Wir haben uns nie geküsst. Ich habe ihm nie erzählt, dass ich ihn manchmal über den Tisch seiner Mutter hinweg ansah und gerne seine Wange gestreichelt hätte. Joan und ich haben einmal darüber gesprochen, darüber, dass es unmöglich war und ich mir wünschte, dass es doch möglich wäre – nicht nur, weil ich gerne seine Frau geworden wäre, sondern mindestens ebenso gern ihre Tochter.

Als ich aus England zurückkam, war Aarons Schwester Rena bereits verheiratet und wohnte in Jerusalem, Aaron aber ging hier zur Uni, war an der Columbia, studierte Jüdische Religion und hatte zum Teil Veranstaltungen bei meinen alten Professoren. Ich fragte mich, ob ich ihm auf dem Campus begegnen würde. Teils hoffte ich das, teilweise aber auch nicht. Und so war es dann auch monatelang; nie lief ich ihm in der Bibliothek über den Weg, nie kreuzten sich unsere Wege im Buchladen.

Dann aber, nachdem ich ihn Monat um Monat nicht gesehen hatte, begegnete ich ihm plötzlich auf Schritt und Tritt. Er kam mir eines Morgens auf dem Fußweg entgegen, der das Gelände der Columbia zentral durchschneidet. Er ging in östlicher Richtung, ich nach Westen, er war allein, ich in Begleitung einer Freundin, wir blickten uns an, ich winkte, wie man jemandem zuwinkt, den man aus einer Veranstaltung kennt, ohne seinen Namen zu wissen; er lächelte, die Lider wie von Müdigkeit gesenkt, ein verlegenes Lächeln, und keiner von uns beiden ging langsamer. Nachdem er vorbeigegangen war, oder auch ich, sagte ich zu der Freundin: „Das war Aaron Farmer", und ich fing an zu erklären, wer er war, und dann schwiegen wir eine Minute oder zwei und setzten anschließend unsere Unterhaltung fort, sinnloses akademisches Gewäsch, über den New Deal, meine ich, und warum Arbeitsmarktpolitik für Robert Wagner so wichtig gewesen war.

Am nächsten Tag sah ich ihn wieder auf diesem Fußweg, und er mich auch, doch er tat so, als ob er mich nicht sähe. Am Tag darauf begegneten wir uns vor der Kent Hall; am selben Nachmittag kam ich gerade aus der neuen Coffeebar, und Aaron Farmer stolperte die schmalen Stufen zur Bibliothek hinunter, hinter ihm ein Foto der Freiheitsstatue. Noch drei Schritte und wir wären zusammengerasselt. Ich sagte: „Heh, seit wann findest du es richtig, mich auf dem Fußweg zu ignorieren?"

Und er sagte: „Tja, das dürfte nachvollziehbar sein. In Anbetracht dessen, was passiert ist." Er hielt kurz inne. „Ich glaube, dass ich mit dir sprechen kann. Mir ist das unangenehm, und das scheint mir angesichts dessen, was vorgefallen ist, verständlich." Er meinte meine Konversion zum christlichen Glauben.

Woraufhin ich, die ich mir wie eine Erstklässlerin vorkam, mit der auf dem Schulhof niemand spielen will, frostig wurde und sagte: „Entschuldige, dass ich dir ungelegen komme und dir lästig bin. Soll nicht wieder vorkommen." Dann machte ich auf dem Absatz kehrt und marschierte in die Coffeebar zurück, nicht ohne mir zu wünschen, erwachsener gehandelt zu haben, würdevoller, gelassener. Oder giftiger. *Mehr wie Dorothy Parker* (eine für ihre Scharfzüngigkeit und Schlagfertigkeit berühmte amerikanische Schriftstellerin; d. Übers.), dachte ich.

Letzte Woche habe ich eine Mail von Aaron bekommen, in der er mich fragt, ob wir uns treffen könnten. Bevor die Nerven aussetzen konnten, schrieb ich zurück: „Geht klar!"

Er kommt zu mir, und anfangs ist mir der Grund seines Besuches überhaupt nicht klar. Er erkundigt sich nach meinen Veranstaltungen. Er erzählt mir von seinen Plänen für nach dem Abschluss. Ich frage ihn, ob er eine Erklärung haben will, ob ich ihm erklären soll, warum ich konvertiert bin, oder wie es dazu gekommen ist, was es mir bedeutet, so die Richtung, aber er sagt nein, er wolle darüber nichts wissen. Dann sagt er das, weswegen er gekommen ist: „Selbst ein Jude, der sündigt, ist immer noch ein Jude", ein alter rabbinischer Gemeinplatz, der selbst dem hartnäckigsten Sünder klarmacht, dass er sein Judentum nicht ablegen kann. Vielleicht eine Aufforderung zur Umkehr. „Ich wollte dir das einfach nur sagen", meint er, „ich muss es dir sagen." Er will sichergehen, dass ich begreife, dass meine halachische Konvertierung zum Judentum, mein Morgen in der Mikwe, durch meine Abtrünnigkeit nicht ungeschehen gemacht wird. Er möchte, dass ich begreife, dass ich in den Augen der Thora und der jüdischen Gemeinschaft noch immer Jüdin bin, wenngleich eine Jüdin, die dauerhaft in der Sünde gefangen ist.

„Das weiß ich bereits", sage ich. „Ich weiß, was die Rabbinen über Juden wie mich sagen." Dann erkundige ich mich nach seinen Eltern, und er sagt, dass es ihnen gut gehe, aber dass sie nicht mit mir sprechen könnten. „Sie denken manchmal an dich", sagt er, „die ganze Familie spricht manchmal von dir." Doch seine Eltern seien zu sehr verletzt, fühlten sich zu sehr verraten, das sei zu viel gewesen, was ich gemacht hätte, und sie könnten nicht mehr mit mir reden. „Weil", sagt er, „weil du zur Familie gehört hast."

Wir gehen raus und Richtung Campus. Wir unterhalten uns übers Wetter. Als wir bei der Bibliothek ankommen, würde ich am liebsten eine Filmszene spielen, einen melodramatischen Abschied, der entweder alle Probleme löst (vielleicht laufen wir zusammen weg und ziehen in einen säkularen israelischen Kibbuz), oder definitiv nicht löst: Ich heule und halte auf den Stufen einen Vortrag darüber, wie sehr es mich mitgenommen hat, seiner Familie so wehgetan zu haben, und dass dies das große ungelöste Rätsel meines Lebens sei, das Kreuz, welches ich zu tragen hätte; wohingegen Aaron gesteht, dass er am Boden zerstört gewesen sei, als er von meiner Taufe gehört hätte, dass er sich nicht mit mir hätte treffen sollen, aber einfach nicht hätte davon lassen können.

Natürlich trägt sich dergleichen nicht zu. Wir stehen vor der Bibliothek und Aaron sagt: „Ich wünsche dir nur das Beste, alles Glück auf Erden. Und das meine ich ganz ernst." Ich merke, dass das stimmt.

„Ich dir auch", sage ich. Und dann steuert er in die Bibliothek, während ich Richtung Broadway aufbreche und ihm über die Schulter zurufe: „Aaron, ich bin froh, dass du mich besucht hast. Das meine ich auch ernst." Was sogar stimmt.

Meine Mutter hatte früher so einen Spruch. Wenn sie frustriert war, pikiert, erschossen, sich ärgerte – wenn sie sich fragte, warum die halbe Welt nachts wach lag und sich überlegte, wie man ihr das Leben schwer machen könnte, wenn sie den Kaffee wirklich auf hatte, dann sagte sie: „Ich fall vom Glauben ab." Von wegen mit seinem Latein am Ende sein. Wen interessiert schon Latein? Wer vom Glauben abfällt, der ist wirklich fertig mit der Welt.

Und dann veröffentlichten R.E.M., als ich auf der Sekundarstufe I war, eine Single mit dem Titel „Losing My Religion" (Meinen Glauben verlieren), und plötzlich kannten Teenager in aller Welt diese komische Redewendung aus dem Süden.

Eine Sache, die einem passiert, wenn man konvertiert – wenn man als an Gott interessierte Halbjüdin aufwächst, die den Lebensstil ihrer Eltern für Strenge und Anforderungen der Orthodoxie aufgibt – und wenn man eine fromme Jüdin in langen Röcken und Ärmeln ist, die irgendwie kehrtmacht und vorm Kreuz niederkniet: Selbst wenn man von der eigenen Familie nicht ausgestoßen wird, meint man ohne Familie dazustehen, und man verlässt sich stärker auf seine Freunde und Studienkollegen und die Menschen in seinem neuen religiösen Umfeld, als man eigentlich sollte. Mitbewohner, deren Eltern und Freunde – man verschlingt deren Leben, adoptiert sie, wird selbst adoptiert, fügt sich so gerade ein. Man braucht eine Familie und liebt sie wie eine Familie, bringt sie dazu, diese Liebe zu erwidern. Von daher verliert man alles Mögliche, sollte man noch einmal konvertieren: Nicht bloß die Bibliothek, den Wortschatz, die Gebete, sondern auch die Familie, alle Menschen, die sich deiner angenommen haben, derer du dich angenommen hast. Das ist ein guter Grund, im Leben nach Möglichkeit nur einmal zu konvertieren. Denn man verliert mehr als nur seinen Glauben.

Bei einem Kurs in der Sommeruni, den ich zusammen mit Rena Farmer besuchte, habe ich das Wort „Sutur" gelernt. Der Kurs hatte den menschlichen Schädel zum Thema, und wir hatten ihn belegt, um die Voraussetzungen im Bereich Naturwissenschaften zu erfüllen. Jeden Tag setzten wir uns mit dem Lehrbuch zu zweit an einen Tisch im Kursraum und spielten mit einem Schädel. Wir nahmen ihn auseinander und setzten ihn wieder zusammen, um die einzelnen Knochen kennenzulernen und auseinanderhalten zu können. Manchmal wurden wir mündlich getestet. Der Professor hielt dann einen Knochen hoch, und wir sollten den Namen nennen und die benachbarten Knochen finden. Ich schnitt dabei immer schlechter ab als alle anderen.

In jenem Kurs war mir genau genommen überhaupt zum ersten Mal aufgefallen, dass der menschliche Schädel nicht aus einem großen runden Knochen besteht. Sondern aus vierundzwanzig Knochen, die genau ineinanderpassten. Die Stelle, an der zwei Knochen zusammentreffen, heißt „Schädelnaht" oder „Sutur".

Wenn ich heute an Joan und Zev Farmer denke, dann fällt mir dabei das Wort Sutur ein. Ich schreibe Joan im Kopf Briefe. Die Briefe sind zurückhaltend und wohlüberlegt, und ich frage sie darin, ob wir uns nicht mal treffen sollten. Darin erkläre ich ihr, dass durch ihre Abwesenheit eine offene, tiefe Lücke klafft, ich sie gerne sehen würde, auch wenn ich eigentlich genau weiß, dass diese klaffende Wunde nicht mit einem einstündigen Gespräch und einer Tasse Kaffee vernäht werden kann.

Wegzehrung

Jeden Sonntag gegen halb elf stehe ich vor Milind und lege meine Hände zusammen. Er sagt: „Das ist das Brot des Himmels, der Leib Jesu Christi", und ich sage „Amen", führe das Brot des Himmels an meinen Mund, kaue und schlucke. Ich bin fest davon überzeugt, dass ich Christus beim Empfang der Eucharistie (wie Anglikaner das Abendmahl nennen; d. Übers.) am wirklichsten begegne, dass er hier am wirklichsten ist. Ich glaube, dies ist das Wichtigste, was ich allwöchentlich mache.

Glaubensverächter tun den Abendmahlsritus bisweilen als Hokuspokus ab. Man spricht irgendeine Formel über eine Scheibe Brot, und schon verwandelt sie sich in Fleisch, wusch, Hexerei. (Tatsächlich leitet sich das Wort Hokuspokus von einer Parodie auf die lateinischen Worte ab, die der Priester bei der Eucharistie sagt, aus den Einsetzungsworten Jesu: *„Hoc est corpus meum"* – „Dies ist mein Leib.") Was der Priester über Wein und Oblate spricht, ist allerdings keine Zauberformel. Er erzählt die Geschichte von Jesus, der seine Jünger anweist, dies zum Gedächtnis an ihn zu tun. Genau genommen tut er mehr, als sie bloß zu erzählen. Er deckt uns einen Tisch. Er hebt einen Kelch in die Höhe. Und dann, nachdem er das Brot gebrochen hat und wir das Vaterunser gesprochen haben, kommt der Augenblick im Gottesdienst, wo das Brot gebrochen wird. Er hebt die Abendmahlsoblate in die Höhe und bricht sie vorsichtig, damit kein Krümel sich in seltsame Ecken verdrücken kann, über dem Kelch entzwei. In diesem Moment ist immer Karfreitag. Wir denken daran, wie Christi Leib am Kreuz gebrochen wird.

Ich habe beim Abendmahl nie etwas Besonderes empfunden, kein einziges Mal. Nichts. Ich bin nicht bewegt gewesen, habe keine Freude verspürt, keinen inneren Frieden, keine Traurigkeit. Ich habe keine Nähe verspürt. Gott stand nicht an der Altarschranke. Steven hat mal erzählt, dass er sich nach dem

Empfang des Abendmahls benebelt gefühlt habe, so als ob er zwei Flaschen Wunderwein getrunken hätte, nicht nur einen kleinen Schluck; mir war nie komisch.

Ich hoffe solange weiter, dass Gott mich eines Tages beim Abendmahl etwas fühlen lassen wird. Bis dahin, stelle ich mir vor, hilft er mir, anders zu werden. Er ruft mich auf, ihn im Abendmahl kennenzulernen, auch wenn ich ihn dort nicht spüre. Er ruft mich an einen Ort, wo er wahrer ist als alles andere, wahrer selbst als meine Gefühle.

Man braucht für dieses Sakrament nur zwei einfache Dinge: ein bisschen Brot und etwas Wein oder Traubensaft. Traubensaft wurde Ende des 19. Jahrhunderts populär, als den Evangelischen, die sich für Abstinenz einsetzten, klar wurde, dass sie schlecht nach einem Komplettverbot alkoholischer Getränke rufen und gleichzeitig sich selbst jeden Sonntag einen hinter die Binde gießen konnten. Sie ersannen daraufhin eine komplizierte Beweisführung, nach der es im Griechischen unterschiedliche Ausdrücke für Wein gab, und behaupteten, dass Jesus beim Letzten Abendmahl keinen vergorenen Wein getrunken habe, sondern vielmehr unvergorenen, nichtalkoholischen Wein. Die Leute in den Kirchenbänken fanden diese Argumente groteskerweise überzeugend, und nun standen die Gemeinden vor einem neuen Problem: Woher genügend unvergorenen Traubensaft bekommen? Die Damen des „Christlichen Frauenbundes für Abstinenz" verteilten „Rezepte": „Pressen Sie die Trauben wie für Gelee aus; sofort bis zum Siedepunkt erhitzen, in Flaschen umfüllen und genau wie bei Marmelade verschließen. Achten Sie auf eine für die Gemeinde geeignete Flaschengröße, da der Wein zu gären beginnt, wenn man ihn bis zur nächsten Abendmahlsfeier aufbewahrt." Frauen schwitzten über ihren Herden, produzierten das Zeug Woche um Woche, wie am Fließband.

Ein methodistischer Zahnarzt aus jener Gegend des Staates

New York, die dermaßen zu Erweckungen neigte, dass sie den Spitznamen "Burned-over District" verpasst bekam, weil sie kein „Material" (Unbekehrte) mehr hatte, das sie hätte verfeuern (bekehren) können – sah die Chance für ein großes Geschäft. 1869 erfand er eine Methode zur Massenproduktion von Traubensaft, 1875 gründete sein Sohn eine Firma.

Ein besonderes Brot braucht man nicht fürs Abendmahl. Ein mir bekannter Pastor war mal mit seiner Frau in Washington auf Wandertour. Sie haben das Abendmahl mit einem Stück Pizzakruste gefeiert.

Den Juni zwischen meinen beiden Jahren in England habe ich mit Unterrichten in einem Highschool-Sommerlager in Maryland verbracht. Ich ging in den Sonntagsgottesdienst einer kleinen Steinkirche draußen auf dem Land. Es herrschte in jenem Sommer gerade etwas Leere – die Abendmahlshelfer waren fast komplett in die Ferien gefahren, vielleicht für die heißen Sommermonate zu einer kleinen Steinkirche in den Bergen. Ich bot an, Viv, der einzig verbliebenen Abendmahlshelferin, beim Abendmahlsbrotbacken zu helfen.

Viv ist eine Witwe, Mitte 60. Sie liebt die Kirche, liebt ihren Garten, liebt es, mit ihrem PC herumzuspielen. „Ich maile meinem Enkel auf dem College jeden Tag", zwitscherte sie. Als ich an einem Mittwochabend bei ihr auflief, hatte sie schon alles auf den Arbeitsplatten ihrer gelben Küche bereitgestellt: Vollkornmehl, weißes Mehl, Mineralwasser.

„Perrier?", fragte ich.

„Oh ja", sagte Viv, „ich nehme immer Perrier fürs Abendmahlsbrot. Markus 14,7, jawohl."

Ich zermarterte mir das Hirn. Ich hatte nicht die leiseste Ahnung, was in Markus 14,7 stand.

„Das ist die Geschichte von Jesus und der Frau in Betanien", erklärte Viv. Ich blickte sie verständnislos an. Wo war Betanien? „Die Geschichte, in der kurz vorm Passahfest diese Frau zu Jesus kommt und ihm mit ganz teurem Parfüm die Füße salbt. Sämtliche Umstehenden maulen, dass so ein schönes Parfüm an Jesu Füßen verschwendet wäre. Man sagt ihr, dass sie das Parfüm besser verkauft und das Geld den Armen gegeben hätte, doch Jesus sagt, dass sie richtig gehandelt habe, als sie ihr schweres Parfüm an ihm vergeudete. ,Arme, die eure Hilfe nötig haben, wird es immer geben. Ihnen könnt ihr jederzeit helfen', sagt er, ,aber ich bin nicht mehr lange bei euch.'"

Viv riss eine Mehltüte auf, und mit einem Wuff stob eine weiße Wolke heraus. „Ich lerne aus dieser Geschichte, dass wir keine gewöhnlichen Zutaten nehmen sollen, wenn wir etwas für Jesus tun, insbesondere bei so etwas Wichtigem wie dem Abendmahl. Wir sollen die besten Zutaten nehmen! Abendmahlsbrot mit Leitungswasser zu backen wäre doch sicher eine Beleidigung, meinst du nicht auch? Daher nehme ich immer Perrier."

Du meine Güte, dachte ich, *da hat Jo wirklich nicht übertrieben, als sie sagte, dass das Evangelium nach und nach selbst das kleinste Detail meines Lebens prägen würde.*

Das Brotbacken selbst war einfach. Wir vermischten eine halbe Tasse Vollkornmehl und eine halbe Tasse weißes Mehl mit einer halben Tasse Perrier, und dann drückten wir den Teig auf ein Backblech. „200 Grad", sagte Viv und schob das Blech in den Ofen. „Vorgeheizt." Nach 15 Minuten drehten wir den Teig um, ließen ihn weitere 5 Minuten backen und drehten ihn dann noch mal um. „Noch 5 Minuten", sagte Viv, „dann hast du's geschafft."

Nachdem ich wieder aus Maryland weg war, schickte mir Viv nach ein paar Wochen eine Mail. Sie schrieb mir, dass sie gerade einen Roman ausgelesen hatte, von dem sie meinte, er könnte mir auch gefallen, und dass Pastor Rose eine wunderbare Predigt über die Verkündigung des Wortes gehalten habe. Dann schrieb sie: „PS Ich hab dir bei dem Perrier einen Bären aufgebunden. Ich nehm das nicht wegen Markus 14, sondern weil die Kohlensäure den Sauerteig ersetzt. Das wollte ich dir unbedingt noch erzählen, für den Fall, dass du irgendwann mal beschließt, meine Auslegung von Markus für nicht überzeugend zu halten. Nimm für dein Abendmahlsbrot immer Mineralwasser mit Kohlensäure."

Als ich in die Kirche zu gehen begann, wusste ich übers Abendmahl so gut wie nichts. Ich wusste nicht, was es genau war und wie es funktionierte, doch wusste ich tief in meinem Inneren, dass das Abendmahl irgendwie wesentlich war, der Kern dessen, was wir in diesen Häusern mit Türmen tun. Da ich nicht getauft war, konnte ich auch nicht das Abendmahl empfangen, und dennoch besuchte ich nur solche Kirchen, in denen jeden Sonntag Abendmahl war, und nicht jene, die es nur ein-, zweimal im Monat feierten. Auch wenn ich es nicht empfangen konnte, so erschien es mir dennoch sinnlos, in eine Gemeinde zu gehen, in deren Sonntagsgottesdienst ein abendmahlförmiges Loch klaffte.

Nachdem ich mich in England hatte taufen lassen, begann ich, mittags in die Kirche zu schlüpfen, jeden Tag, wegen des kurzen Abendmahlsgottesdienstes: Eine Bibellesung, ein Sündenbekenntnis, Hinführung zum Abendmahl, Verkostung desselben, Dankgebet. Fünfundzwanzig Minuten. Vierzig, wenn man den Weg von meiner Unterkunft zur Kirche und zurück mitrechnete.

„Was passiert da wirklich am Altar?", erkundigte ich mich bei Jo. Jo murmelte was von Geheimnis, Gedenken an Jesu Worte beim Letzten Abendmahl, daran, dass er sich für uns geopfert hatte. „Orthodoxie", sagte ich dann, „richtige Lehre. Ich will wissen, was wirklich passiert. Wird aus dem Becher Wein tatsächlich, wirklich Christi Blut oder nicht?"

Schließlich holte Jo ihr Kirchenlexikon aus dem Regal und schlug den Artikel „Eucharistie" auf. „Dieser Artikel beschreibt ungefähr acht verschiedene Auffassungen von der Eucharistie", sagte sie, „und du findest Anglikaner, die jede einzelne davon glauben."

Zu erfahren, dass man glauben konnte, was man wollte, und dennoch ein guter Anglikaner blieb, war nicht sonderlich hilfreich. Also tat ich, was ich immer tue: Ich las. Ich las Leitfäden zum anglikanischen Verständnis des Abendmahls. Ich las Darstellungen des mittelalterlichen eucharistischen Denkens, in denen erklärt wurde, dass Theologen wie Thomas von Aquin, dabei Aristoteles aufgreifend, gesagt haben, die „Substanz" von Brot und Wein würden zu Christi Blut und Leib, während die Akzidenzien, das Aussehen von Brot und Wein, unverändert blieben. Ich las über Martin Luthers Ausführungen zur Konsubstantiation, der Verbindung der realen Gegenwart Jesu mit Brot und Wein beim Abendmahl.

Schließlich stieß ich auf ein paar Katholiken aus dem 20. Jahrhundert, die eine Sichtweise vertraten, welche die wirkliche Gegenwart des Herrn in der Eucharistie bekräftigte, sich allerdings auf die symbolische statt auf die rein phänomenologische Verwandlung, die am Altar vonstatten geht, konzentrierte. Sie nannten das Transsignifikation. Das war eine Theologie der Eucharistie, die mir einleuchtete. Eines Dienstagnachmittags platzte ich mit einem orangefarbenen Taschenbuch, „Die eucharistische Gegenwart" von Edward Schillebeeckx, einem Dominikanermönch aus Antwerpen, in Jos Zimmer. „Ich hab's, hier steht's", jubelte ich. „Ich weiß jetzt, was wirklich beim Abendmahl passiert."

„Super!", sagte Jo. „Hast du Lust, bei der Eucharistie mitzuhelfen, wo du dich jetzt zum Thema schlaugemacht hast?" Sie reichte mir einen Stapel der kleinen Quadrate aus Leinen, mit dem die Messdiener beim Austeilen der Kommunion den

Kelchrand abwischen. Sie mussten bis Sonntag gewaschen sein.

In All Angels' leite ich die Sonntagsschulklasse für die Fünf- und Sechsjährigen. Einmal sitzen wir im Kreis auf dem staubigen grünen Teppich und sprechen über das Abendmahl. „Dann steht Milind auf und betet lange. Er hält eine lange Rede, oder?", frage ich und meine damit die Worte, mit denen der Pfarrer die Geschichte vom Letzten Abendmahl erzählt. „Was meint ihr, was in dem großen Kelch ist?"

„Apfelsaft", ruft eines der Kinder, wahrscheinlich durch das Angebot an Erfrischungen in der Sonntagsschule beeinflusst. (Und die Oblate hält es wahrscheinlich für einen Biokeks.)

„Ich weiß es", sagt ein Junge in einem pastellfarbenen T-Shirt. „Milind verteilt Wein an alle." Das war natürlich die korrekte Antwort, aber ich rief noch weitere Kinder auf.

„Ich glaube", sagt ein ernstes Mädchen, dessen Gesicht von schwarzen Korkenzieherlocken umrahmt wird, „dass Mister Milind uns Gott zum Trinken in den Becher gießt."

Genau das muss Jesus wohl gemeint haben, als er sagte, dass wir wie die Kinder sein müssten. Er meinte damit genau jenes Mädchen mit Korkenzieherlocken, der Transsignifikation, Konsubstantiation, Substanz und Akzidenzien völlig schnuppe sind. Sie weiß nur, dass der Pfarrer Gott in einen Abendmahlsbecher schüttet.

Der Gottesdienst mit Brot und Wein hat viele Namen. *Eucharistie* kommt aus dem Griechischen und bedeutet Danksagung, eine Bezeichnung, die eigentlich direkt einleuchtet. Jesus macht uns mit der Eucharistie dieses Geschenk, das Geschenk seiner wirklichen Gegenwart, und im Gegenzug bedanken wir uns bei ihm dafür.

Bei den Anglikanern und Katholiken bezeichnen wir diesen Gottesdienst auch als die Messe, von *missa*, „Gehet hin in Frieden" (wörtlich: „Geht hin, es ist die Aussendung!"). Da man getauft sein muss, bevor man die Eucharistie empfangen kann, stand ich in den Monaten vor meiner Taufe in England in der Kirche und sah der Handvoll Christen, die sich sonntagmorgens in der Kirche versammelten, beim Empfangen zu. Normalerweise wurde das Abendmahl von einem zum andern herumgereicht, jeder reichte das Brot seinem Nachbarn. Wenn die kleine Silberschale mit dem Brot bei mir vorbeikam, trat ich beiseite, nahm nicht teil. In der Alten Kirche hätte ich nicht einmal zusehen dürfen. Wer neugierig war, durfte den Anfang eines Gottesdienstes mitmachen, Lesung, Predigt, Gebet. Doch wenn es Zeit fürs Abendmahl wurde, für Brot und Kelch, dann sagte der Pfarrer zu den Zuschauern: *„Ite, missa est."* „Geht hin, ihr seid entlassen." *Missa*, so nennen wir inzwischen jenen Teil des Gottesdienstes, den geheimnisvollen, kostbaren, inneren Teil, die Messe.

Es passt nicht so recht zu unserem heutigen Empfinden, die Vorstellung, dass man aus einer Gruppe ausgeschlossen werden kann, gebeten zu gehen, ausgeschlossen, weil man etwas nicht glaubte oder nicht mit dem richtigen Wasser nass gemacht worden war. Doch irgendwie ist ein Abendmahl als Privatveranstaltung passend. Das Abendmahl *ist* eine intime Sache. Dabei zuzuschauen ist ungefähr so, wie einem Pärchen heimlich bei der Liebe zuzusehen. Es mag der Ort sein, an dem uns Christus am innigsten seine Liebe zeigt, denke ich.

Eine weitere Bezeichnung für das Abendmahl ist *Kommunion*, und nicht ohne guten Grund spricht man davon, die *Kommunion zu empfangen*. Diese Worte erinnern uns daran, dass wir uns nicht bloß Gott nähern, sondern dass wir hier etwas gesellschaftlich ganz Grundsätzliches tun: Wir essen gemeinsam, nähern uns einander, bilden eine Gemeinschaft. Diese Lektion hat bei mir lange gedauert. Ich fange gerade erst an zu begreifen, dass die Menschen, mit denen ich gemeinsam die Kommunion empfange, jene sind, die zählen.

Die meisten Leute in der Clare College Chapel (die Universitätskapelle in Cambridge) mochte ich nicht sonderlich. Ich hatte meine Pfarrerin sehr gern und auch Becky, meine Taufpatin; und auch Anne, die hier ihren Probedienst als Pfarrerin ableistete; und Helen und Olivia, zwei Achtzehnjährige mit kurzen Haaren und unverschämtem Kichern, beide fix im Kopf. Von den paar Leuten abgesehen gehörten die Besucher der Chapel nicht zu denen, mit denen ich freiwillig Kontakt aufgenommen hätte. Sie erfüllten nicht meine Ansprüche. Sie waren nicht klug genug, lustig genug, stark genug. In erster Linie lernte ich an der Clare Chapel kaputte Leute kennen, bedürftige Leute, Leute, die nicht ohne Grund in der Kirche waren.

Tatsächlich stießen mich die Chapel-Leute zum Teil sogar ab. Es waren blasse, käsige, triefnasige Menschen, unfähig, sich klar auszudrücken, schüchtern, verklemmt, todlangweilig. Ich hatte mir mit keinem von ihnen etwas zu sagen, obwohl ich mir weiß Gott Mühe gegeben habe; nicht mal Theologie war ein mögliches Thema, ein Begriff, der diesen Studenten fremd zu sein schien – Studenten, für die alles, was mit Jesus zu tun hatte, klar und eindeutig war. „Das sind nicht die Leute, die ich zur Dinnerparty einladen würde", sagte ich naserümpfend zu Jo.

Jo wies mich in ihrer Weisheit nicht auf die offensichtliche Tatsache hin, dass ich in Wahrheit jeden Sonntagmorgen mit ihnen eine Dinnerparty feierte. Sie tat so, als ob sie mitfühle. Sie tat so, als ob sie genau so ein Snob sei wie ich. Sie sagte, dass sie bisweilen den lieben langen Pastorentag nichts anderes tue, als mit Leuten zu reden, die sie nicht besonders mochte oder schrecklich uninteressant fand. „Es gibt hier nicht allzu viele Leute wie dich", räumte sie verschwörerisch ein, so als ob es nur uns zwei nette und gebildete Christinnen gegen den Rest der jämmerlichen, rückständigen Kirche gäbe. Dann seufzte sie und sagte: „Ich habe allerdings vor Längerem eingesehen, dass eine Gemeinde, die nur aus meinen Freunden bestehen würde, eine ziemlich kleine und gleichförmige Gemeinde sein würde." Ich blickte erstaunt drein. „Öde, um genau zu sein", sagte Jo.

Soviel zum Thema Mitgefühl.

Am Tag vor meiner endgültigen Abreise aus Cambridge traf ich Paul und Gillian, die beiden nervigsten der nervigen Christen, und ich umarmte sie. Ich sagte, dass ich sie vermissen würde. Ich hielt das für eine Lüge, der Höflichkeit halber. Aber es stimmte nicht, ich habe sie wirklich vermisst. Vermisse sie immer noch. Keiner von meinen Bekannten sonst hat gelobt, mich bei meinem Christsein zu unterstützen – genau das nämlich haben Paul und Gillian bei meiner Taufe gelobt. Meine Freunde an der Columbia, die Freunde, mit denen ich in angesagten Bars im Village einen trinken gehe, die Freunde, mit denen ich mich über den Philosophen Derrida und den Poststrukturalismus unterhalte – die waren alle nicht bei meiner Taufe zugegen. Sie haben nicht bei meiner Konfirmation gejubelt, nicht zwei Jahre lang jeden Sonntag mit mir zusammen gebetet, haben mir kein Tempo gegeben, als ich mitten im Vaterunser in unerklärliche Tränen ausgebrochen bin. Sie sind nicht meine Brüder und Schwestern im Herrn. Sie sind lediglich meine Freunde.

„Eucharistie", „Abendmahl" und „Kommunion" haben alle ihre Berechtigung, aber ich würde gerne eine Kampagne zur Wiederbelebung einer älteren Bezeichnung fürs Abendmahl anleiern: das „Viatikum", die Wegzehrung. *Viaticum* war Proviant, Kleidung und Geld, die ein römischer Beamter mitnahm, wenn er in Staatsangelegenheiten unterwegs war. Das war der Bedarf, den er für seine Reise brauchte. In der alten Kirche bezeichneten Christen die Hostie, die man einem Sterbenden gab, als *Viaticum*. Wie das Geld und die Kleider, die den römischen Gesandten für seine Reise ausstatteten, war die Hostie die nötige Wegzehrung für sterbende Christen auf der Reise von dieser Welt ins Paradies.

Manchmal bezeichneten frühe Christen mit *Viaticum* nicht nur das Abendmahl auf dem Sterbebett, sondern jedes andere Abendmahl. Das Abendmahl, das Viatikum, war der Proviant für unsere Lebensreise. Es war, mit den Worten eines Priesters, „das Sakrament der Lebenserhaltung". Ungefähr so wie bei dem Engel, der den entkräftet unter einem Ginsterstrauch schlafenden Propheten Elia aufweckte und zu ihm sagte: „Steh auf und iss! Sonst schaffst du den langen Weg nicht, der vor dir liegt."

Genau das ist das Abendmahl. Ohne etwas zu essen, würde ich den langen Weg nicht schaffen.

Ostergespräche mit Opal

Bevor ich in die Kirche aufbreche, um dort den Nachmittag und Abend mit karfreitäglichem Gebet, Predigt und Gedanken zu verbringen, statte ich am Morgen noch Opal einen Besuch ab. Ich sitze im New Yorker Stadtteil Queens, in ihrem Wohnzimmer, auf dem Sofa mit dem weißen Schonbezug. Hinter ihrem Nebel aus Zigarettenqualm und neben einer Vase mit hellen Tulpen stellt mir Opal eine Frage, nicht zum ersten Mal:

„Lauren, ich begreife wirklich nicht, wie du das Bedürfnis haben kannst, dich einer religiösen Gruppe in die Arme zu werfen, der ich mit zwanzig bis dreißig unter Mühen entkommen bin." (Hinter Opals Frage steckt ihre eigene Biografie. Sie ist als Evangelikale aufgewachsen und hat sich in den Siebzigern vom Christentum verabschiedet, nachdem sie Doris Lessing und den Sex entdeckt hatte.)

Ich würde ihr die Frage am liebsten einfach beantworten, indem ich nach oben zeige, ihr sage, dass Gott der Grund ist. Ich weiß, dass diese Antwort bei ihr nur Seufzen und Augenverdrehen auslösen wird. Ich gebe zu, es handelt sich um eine Tautologie: Gott wegen Gott.

Ich habe mein ganzes Leben seit meinen Teeniejahren, und genau genommen auch schon davor, mit der Suche nach Gott verbracht. Als Kind habe ich mir abends im Bett Gebete ausgedacht, die an irgendeinen Gott irgendwo da oben gerichtet waren. Danach nahm ich den Weg ins und durchs Judentum, und dann konvertierte ich zum christlichen Glauben, insbesondere weil ich irgendwann die christliche Geschichte von Gott als dem wahren Gott verstand. Und als ich von Jesus träumte und Paulus' Brief an die Galater las, sowie Edward Schillebeeckx' orangefarbenes Taschenbuch über die Eucharistie und die Mitford-Romane und die ganze Theologie, verstand ich nach und nach, über einen Zeitraum von mehreren Jahren, dass das, was in den Evangelien über Jesus und über Gott stand, wahr war, und siehst du wohl: So wurde ich Christin.

Also versuche ich es bei Opal. Ich sage: „Also, ich bin Christin geworden, weil Gott es mich gnädig hat werden lassen." Ich erzähle ihr, wie der frühe Kirchenlehrer Kyrill von Jerusalem gesagt hat, dass die Leute aus allen möglichen Gründen in die Kirche zu kommen meinen, doch in Wirklichkeit kommen sie, *auch wenn sie es noch nicht wissen*, einzig und allein, weil Gott sie dorthin gebracht hat. Er schrieb: „Vielleicht ist ein Mann unter euch gekommen, weil er den Beifall seiner Freundin gewinnen möchte ... Vielleicht hat ein Sklave seinem Herrn gefallen wollen, oder jemand seinem Freund. Ich billige das als Köder für meinen Haken und lasse euch hinein ... Vielleicht habt ihr nicht gewusst, wohin ihr da geht, oder das Netz, mit dem ihr gefangen werden sollt, nicht gesehen. Ihr seid ins Netz der Kirche geschwommen. Lasst euch fangen; versucht nicht, zu entkommen."

Diese Antwort lässt Opal in der Tat seufzen und die Augen verdrehen. Sie hat mich gefragt, warum ich speziell dieses religiöse Vokabular angenommen habe, und ich habe ihr in eben jenem Vokabular geantwortet, was heißt, dass ich ihr eine Antwort gegeben habe, die gleichermaßen vollkommen befriedigend und überhaupt nicht befriedigend ist. Dann fragt Opal etwas anderes: „Liegt es nur daran, dass dich die Vorstellung tröstet, nach deinem Tod in den Himmel zu kommen, statt den Würmern als Nahrung zu dienen?"

An Karfreitag begegnen sich der gewichtige theologische Begriff *Inkarnation* und der andere gewichtige theologische Begriff *Sühneopfer* am deutlichsten. Am Kreuz hängend, blutend und Schmerzen leidend, büßt Er (und das große E ist ganz besonders wichtig, da nicht jedermanns Leid zum gleichen Resultat führen würde) für unsere Sünden. Theologen haben endlos über Sühneopfer-Theorien debattiert, aber auf eine Sache können sich alle rechtgläubigen Christen einigen: Durch Christi Sühnetat am Kreuz werden wir gefallenen Sünder mit Gott versöhnt. Durch seine Kreuzigung hat Christus uns, wie Paulus rundheraus sagt, vom Tod erlöst.

Dieser seltsamerweise gute Tag ist lang, traurig, anstrengend. Wir fasten. Wir harren drei Stunden auf unseren Sitzen aus und hören uns düstere Betrachtungen über Jesu letzte Worte am Kreuz an. Wir bewegen uns in kleinen Schritten auf Christus zu, der am Kreuz hängt, blutet, Essig trinkt, Schmerzen leidet. Beim Verlassen der Kirche fühle ich mich übersättigt. Ich bin mir nicht sicher, ob ich es schaffe, morgen Abend in die Kirche zu gehen, zur Feier der Osternacht. Ich bin mir nicht sicher, ob ich überhaupt noch mal in die Kirche gehen kann. Ich fühle mich von der ganzen Liturgie plattgemacht. Ich mag nicht mehr beten. Am Abend darauf bin ich zu nichts in der Lage, außer mich aus dem Haus zu zwingen und zum Gottesdienst zu gehen, der Ostern einleitet, während aus Samstag Sonntag wird und Jesus vom Tod ins auferstandene Leben tritt.

Unser Gottesdienst beginnt in der finstersten, totesten Finsternis, die Kirche wird zu Jesu Grab – wir sind mit ihm zusammen begraben –, und dann zündet Paul J., der All Angels' seit Ewigkeiten angehört, in der finstersten, totesten Finsternis die Osterkerze an, die die ganze Osterzeit über weiterbrennen wird. Und während er und Milind mit der Kerze hereinschreiten, stehen alle auf, und mir wird schwindelig. Ich bekomme eine Ahnung davon, warum es wichtig ist, dass Christus auferstanden ist. Im Kerzenschein weiß ich, dass sein Leiden am Kreuz nicht das Ende der Geschichte ist. Ich weiß, dass er auferstanden ist und dass seine Auferstehung eine wunderbare Sache ist.

Während der Fastenzeit verstummt das „Halleluja" (aus dem Hebräischen für „Gott sei gelobt"). Doch in der Osternachtfeier bricht das Wort wieder in die Liturgie herein, genau als Milind mit der Einleitung zum Abendmahl beginnt. „Halleluja", verkündet er, „Christus ist auferstanden."

„Der Herr ist wahrhaftig auferstanden", antworten wir. „Halleluja!"

Man merkt uns an, dass wir ein Volk sind, welches zwei Monate lang unter Hallelujamangel gelitten hat. Wir sagen es immer und immer wieder. Mit Ausrufungszeichen.

Am Sonntagmorgen gehe ich mit Hannah und Jim in deren kleine Baptistengemeinde. Ich bin die einzige Frau ohne Hut. Die Frau vor mir trägt einen ganz entzückenden blauen Topfhut. Selbst Hannah (der Hüte offen gesagt nicht stehen) hat eine Kreissäge auf. „Warum hast du mich nicht bekleidungstechnisch vorgewarnt?", frage ich Hannah flüsternd.

„Du kommst doch aus dem Süden", sagt sie, „ich dachte, du wüsstest Bescheid."

Was ich ganz sicher weiß, ist, dass mir eine lange Predigt bevorsteht. Ich bin drei- oder viermal mit Hannah und Jim hier im Gottesdienst gewesen, und die kürzeste Predigt, die ich Pastor Bob habe halten hören, hat zweiundsechzig Minuten gedauert. In seiner Predigt macht er jetzt noch einmal klar, dass die Auferstehung, die Jesus erlebt, real war, wirklich und leiblich. „Keine Metapher, kein Gleichnis", sagt er. „Er ist tatsächlich aus seinem Grab gestiegen, einst tot, jetzt wieder lebendig, fleischlich. Man könnte meinen, das gehört zur christlichen Grundausrüstung – es *ist* tatsächlich eine Grundlage –, aber wir können uns längst nicht mehr sicher sein, dass selbst Kirchgänger bei diesem zentralen Ereignis des Osterfestes noch mit dabei sind."

Eine Umfrage aus dem Jahr 1995, erzählt uns Bob, habe gezeigt, dass 35 Prozent der wiedergeborenen Christen sagen, Jesus sei nicht leiblich auferstanden. „Augenscheinlich können wir Modernen, die wir von unserer Kultur des wissenschaftlichen Beweises und des aufgeklärten Zynismus durchtränkt sind, die Vorstellung, dass Jesus von den Toten auferstanden ist, nicht mehr für bare Münze nehmen. Sie ist der Kern der christlichen Geschichte, die ‚Conditio sine qua non', und trotzdem fällt es uns aus irgendeinem Grunde leichter, statt an die Auferstehung an den Osterhasen zu glauben."

Und damit (Minute 47 der Predigt) gibt mir Pastor Bob einen sehr konkreten Grund, froh darüber zu sein, dass ich statt mit der zynischen Aufklärung mit dem guten alten Judentum aufgewachsen bin: Der jüdische Glaube hat mich täglich gelehrt, damit zu rechnen, dass Gott die Toten auferweckt. Es stimmt schon, dass die Rabbinen im Laufe der Jahrhunderte über die Einzelheiten des jüdischen Lebens nach dem Tode gestritten haben, aber letzten Endes läuft es auf das hinaus, was man tagtäglich betet. Und zwar betet man, im Hauptteil des Achtzehnbittengebets, dass Gott „die Kranken heilt", „die Gefesselten befreit" und „treu ist, die Toten wieder zu beleben".

Ostern ist, so will mir scheinen, das christliche Fest, welches dem jüdischen Glauben am nächsten ist. Für einen Juden, der Christ wird, ist die leibliche Auferstehung keine Überraschung. Sie ist das, was wir schon immer erwarten.

Ostern ist laut Kirche der wichtigste Tag im christlichen Kalender – der Tag, an dem Jesu Auferstehung gefeiert wird, der Tag, der vom Sieg Christi über den Tod kündet (ohne den Bildpostkarten, die einem weismachen wollen, Ostern sei der Sieg des Krokus' über den Winter, zu nahe treten zu wollen). An Ostern feiern wir nicht nur das termingebundene Wunder der Auferstehung Christi, sondern auch die zeitlose Wahrheit des ewigen Lebens bei Gott, ewig und immerdar.

Ostern bringt die Fortsetzung einer Geschichte, die an Weihnachten begonnen hat und bis zum Karfreitag geht. Er hat für uns gelebt und dann ist er für uns gestorben und dann ist er für uns auferstanden. Mit seinem Tod hat er unsere Sünden getragen. Seine Auferstehung öffnet die Tür zum ewigen Leben. Auf diese Weise ist die Aufgabe des Osterfestes, die Ewigkeit anzukündigen.

Das ist ein Thema, dem C.S. Lewis, Professor an der Universität von Oxford und christlicher Apologet, immer wieder nachgegangen ist. Unser irdisches Leben ist selbst für Kirchgänger ein bloßes Schattendasein, verglichen mit dem, was kommt. Bald jedoch werden wir auferstanden im hellen Glanz der Wirklichkeit leben. „Der letzte Kampf", der abschließende Band von Lewis' „Chroniken von Narnia", schildert die Endzeit. Aslan – jener Löwe, der für Jesus steht – ist zurückgekehrt, holt die gesamte Gesellschaft und Menschheit in sein Reich. Auf den letzten Seiten des Romans erzählt er Lucy, einem Kind aus London, dass alle, die sie einst daheim gekannt hat, tot sind und zu einem neuen Leben auferstehen.

Und als Aslan sprach, schreibt Lewis, „war, was sich danach ereignete, so groß und schön, dass man es nicht beschreiben kann. Hier endet für uns diese Geschichte. Wir können nur noch sagen, dass sie alle weiterhin glücklich lebten in Narnia. Für sie in Narnia war es nur der Anfang der wahren Geschichte. Ihr ganzes Leben in dieser irdischen Welt und alle ihre Abenteuer in Narnia waren nur der Umschlag und das Titelblatt gewesen. Nun erst begannen sie das erste Kapitel der großen Geschichte, die noch keiner auf Erden gelesen hat, der Geschichte, die ewig weitergeht und in der jedes Kapitel besser ist als das vorangegangene." (aus: Der letzte Kampf, Moers 1995, S. 159-160)

An Ostern können wir einen kurzen Blick auf den Anfang von Kapitel eins werfen.

Opal möchte wissen, warum ich in die Kirche geraten bin, und ich kann ihr die Gründe auflisten, auch wenn ich weiß, dass die Teile nie das Ganze wiedergeben werden: Wegen des festen Netzes, von dem Kyrill gesprochen hat; weil ich weiß, dass Jesu Blut mich vom Tod erlöst hat; weil man ihm permanent in den anderen aus der Gemeinde begegnet, und aus zig anderen

Gründen. Einer der zig anderen Gründe ist die Verheißung des Himmels, jenes Ortes, wo jene Auferstehung von den Toten stattfindet – stattfindet, weil Jesus von den Toten auferstanden ist, und durch ihn werden auch wir auferweckt. Der Himmel, den ich jederzeit den Würmern von Opal vorziehe, hat Tore aus Perlen oder auch nicht; der Himmel ist vielleicht, wie bei Fitzgerald steht, eine lange Party bei Gatsby oder auch nicht; vielleicht sehe ich im Himmel meine tote fromme Großmutter wieder, vielleicht ohne sie zu erkennen, aber ich werde so sehr mit Gottes Nähe beschäftigt sein, dass es mir einigermaßen egal sein wird.

Und damit wären wir wieder bei der gleichen Tautologie, denn zum Zwecke dieses Bei-Gott-im-Himmel-Seins wurde ich erschaffen. Ich war, wie Ignatius von Loyola sagte, „geschaffen, um Gott, unseren Herrn, zu loben, ihm Ehrfurcht zu erweisen und zu dienen"; ich glaube wie Augustinus, dass die Menschen sich danach sehnen, Gott zu loben, dass Gott uns dieses Verlangen selbst eingibt, und dass das Ziel, auf das wir uns rastlos zubewegen, heißt, in ihm zu ruhen. Oder wie noch mal Kyrill gesagt hat, nachdem er seine Katechumenen angewiesen hatte, sich von Gottes Netz fangen zu lassen: „Jesus fischt nach euch, aber nicht um euch zu töten, sondern um euch das Leben zu schenken."

OSTERZEIT

Party der verbotenen Sachen

Am Montag nach Ostern lassen Hannah und Jim eine Party steigen. Wir sollen mitbringen, was uns während der Fastenzeit verboten war, worauf wir verzichtet haben. Bier. Schokolade. Irgendwas Koffeinhaltiges. Ein Freund von Jim kreuzt mit einer Kiste Retsina auf. Sherri, eine Frau aus Hannahs Gemeinde, die ich auch flüchtig kenne, bringt eine Tasche mit Bodys, Push-up-BHs, Seidenslips und Strapsen mit. „Du hast in der Fastenzeit auf Dessous verzichtet?", frage ich.

„Nein", sagt Sherri, „ich habe auf Sex verzichtet." Sie lässt die ganze Wäsche bei Hannah. Ihr Verzicht ist endgültig und dauerhaft. „Naja, zumindest, bis ich heirate", grinst Sherri. „Fasten war dieses Jahr der Anfang meines neuen keuschen Lebens."

Die Party war ein ziemlich bunter Mischmasch. Hannah und Jim hatten wohl damit gerechnet, dass die meisten in der Fastenzeit auf irgendwas Essbares verzichtet hatten. Also brachte ich neben meinem Buch noch eine Tüte mit Weingummi-Würmern mit. „Der Bücherwurm ist wieder da", sagte Hannah.

Beda

Mein Lieblingsheiliger in der ganzen Himmelsgesellschaft ist Beda Venerabilis. Heute ist sein Gedenktag, und ich gehe zur Feier des Tages picknicken. Nur ich, mein Picknickkorb und ein Buch mit Bedas Predigten zur Fastenzeit. (Während des Fastens durfte ich sie ja nicht lesen, also lese ich sie jetzt.)

Beda war ein Benediktinermönch und Naturphilosoph aus dem 8. Jahrhundert. Dante beschrieb ihn in seinem „Paradies" in der Sphäre der Sonne, dem Himmel der Weisheit, wo er mit Thomas von Aquin, Salomo und neun anderen Weisen im Kreis tanzt. Beda war überaus produktiv, ein Gelehrter für Gelehrte, der mehr Bücher geschrieben hat, als sein Leben an Jahren währte. Auf Ikonen wird Beda an einem Pult sitzend dargestellt, über einem aufgeschlagenen Folianten, mit Schreibgerät in der Hand. Sein berühmtestes Buch ist die „Kirchengeschichte des englischen Volkes". Ans Ende hat er einen Lebenslauf angehängt, mit über siebzig Werktiteln, und dann dieses Gebet hinzugesetzt: „Ich bitte Dich, edler Jesus, mich in Deiner Großzügigkeit am Ende zu Dir selbst, dem Quell aller Weisheit, gelangen zu lassen, so wie ich durch Deine Gnade die Worte Deines Wissens freudig habe aufnehmen dürfen, und dass ich ewiglich in Deiner Gegenwart weilen darf."

Dieses Gebet ist der Grund, warum ich Beda so großartig finde. Weil er wusste, dass Wissen und Bücher nur ein prima Zeitvertreib waren, solange, bis er bei Jesus wohnte. Für jemanden im Hauptstudium ist das ein gutes Gebet.

Christi Himmelfahrt

Lukas hält sich mit Jesu Himmelfahrt nicht lange auf. Er beschreibt uns die Szene in gerade mal sechs Versen am Anfang der Apostelgeschichte: Als Jesus auferstanden war und noch sechs Wochen leiblich auf Erden wandelte, verheißt er seinen Jüngern den Heiligen Geist und weist sie an, die Gute Nachricht bis in alle Ecken und Enden der Welt zu tragen. Dann, so Lukas, „nahm Gott ihn zu sich. Eine Wolke verhüllte ihn vor ihren Augen, und sie sahen ihn nicht mehr". Noch während sie überrascht nach oben blicken, stehen auf einmal zwei weißgekleidete Männer bei ihnen und erklären, was passiert ist: „Was steht ihr hier und seht zum Himmel? Gott hat Jesus aus eurer Mitte zu sich in den Himmel genommen; aber eines Tages wird er genauso zurückkehren." Tag für Tag wiederholen wir mit dem Apostolischen Glaubensbekenntnis, was die weißgekleideten Männer gesagt haben: „aufgefahren in den Himmel; er sitzt zur Rechten Gottes, des allmächtigen Vaters; von dort wird er kommen, zu richten die Lebenden und die Toten." Er war Fleisch geworden und wird wiederkommen, jetzt aber ist er im Himmel.

Die Kirche feiert Himmelfahrt vierzig Tage nach Ostern, immer an einem Donnerstag, und immer lesen wir die gleichen Abschnitte der Bibel. In der Kirche lesen wir den Passus aus der Apostelgeschichte, zu Hause unter Anleitung des Lektionars fürs tägliche Gebet das Matthäusevangelium, Jesu Missionsauftrag an seine Jünger, dass er bei ihnen sein wird alle Tage und bis zum Ende der Welt; und wir lesen im Hebräerbrief, dass „es auch kein Widerspruch ist, dass Gott ... den Weg für viele Menschen gebahnt hat, die er als Gottes Kinder in sein herrliches Reich führt"; und wir lesen vier Psalmen. Unter allen vier Schriftlesungen des heutigen Tages erfahre ich aus den letzten vier Versen von Psalm 96 am meisten über Christi Himmelfahrt:

„Sagt den Völkern: Der Herr allein ist König!
Er hat die Fundamente der Erde gelegt, sie wankt und
weicht nicht.
Allen Völkern wird er ein gerechter Richter sein!
Der Himmel soll sich freuen und die Erde in Jubel
ausbrechen!
Das Meer mit allem, was in ihm lebt, soll brausen und
tosen!
Der Acker freue sich mit allem, was auf ihm wächst!
Auch die Bäume im Wald sollen jubeln, wenn der
Herr kommt.
Ja, er kommt, um die Welt zu richten.
Sein Urteil über die Völker ist unbestechlich und
gerecht."

Diese Zeilen bringen es auf den Punkt. Jesus ist jetzt im Himmel,
doch er wird wiederkommen. Sein Werk ist noch nicht vollendet. Er wird zurückkehren, um uns zu richten.

Himmelfahrt ist nicht nur ein Fest, das wir auf der Suche
nach Jesus verbringen, uns fragend, wohin er wohl ist. Es ist
auch ein Tag, der uns zwingt, nach vorn zu blicken, zu jenem
Zeitpunkt, an dem er zurückkehren wird.

Es gibt ein jüdisches Sprichwort: „Wenn du ein Bäumchen
pflanzt, und irgendwer kommt vorbeigelaufen und ruft, der
Messias sei da, so pflanz erst dein Bäumchen zu Ende und dann
geh ihn begrüßen." Der Ausspruch ist vor allem bei liberalen
Juden beliebt, die damit unterstreichen wollen, dass die Thora
von uns verlangt, sozial gerecht zu handeln und nicht welt-
fremd, aufs Jenseits gerichtet dazuhocken, sehnsüchtig den
Messias erwartend. Während er auf sich warten lässt, machen
wir uns daran, die Welt zu flicken.

Bisweilen haben Christen ähnlich argumentiert. Im 19. Jahrhundert waren die meisten amerikanischen Protestanten Postmillennialisten. Das bezieht sich auf die in Offenbarung 20 ver-

heißene tausendjährige Herrschaft und verweist auf Jesus – Postmillennialisten glauben, dass Jesus erst *nach* den tausend Jahren voller Frieden und Vollkommenheit zurückkehren wird. Postmillennialismus ist eine optimistische theologische Sicht, wonach die Menschen die Welt zu einem besseren Aufenthaltsort machen können; tatsächlich ermuntert sie uns nicht nur, die Welt zu verbessern, sie macht es uns förmlich zur Pflicht – weswegen die meisten Reformbestrebungen des 19. Jahrhunderts in den USA (Abstinenzbewegung, Bewegung zur Abschaffung der Sklaverei, Frauenbildung, Duellverbot) Evangelikale an der Spitze hatten.

Die Anweisung, das Bäumchen fertig zu pflanzen, kann natürlich auch zu Übertreibungen führen: Schnell wird man so stolz auf sein Tun, dass man zu glauben beginnt, das Pflanzen selbst sei der Messias. Trotzdem ist sie eine gute Erinnerungshilfe daran, dass wir pflanzen *und* beten müssen. Die heutige Lesung aus dem Evangelium will uns Ähnliches zu verstehen geben. Die letzte Anweisung Jesu an seine Jünger lautet, dass sie nicht vierundzwanzig Stunden pro Tag im Gebet verbringen sollen, sondern „geht hinaus in die ganze Welt und ruft alle Menschen in meine Nachfolge! Tauft sie und führt sie hinein in die Gemeinschaft mit dem Vater, dem Sohn und dem Heiligen Geist! Lehrt sie, so zu leben, wie ich es euch aufgetragen habe." Er befiehlt ihnen, in der Welt die Arbeit für Gerechtigkeit fortzuführen.

Viele meinen, dass sich Judentum und Christentum radikal unterscheiden, wobei der Unterschied ganz einfach sein soll: Der eine Glaube hat einen Messias, der erschienen ist, der andere hat ihn nicht. Doch an Himmelfahrt fällt mir auf, dass sich in diesem Unterschied eine starke Ähnlichkeit verbirgt. Sowohl Christen als auch Juden leben in einer Welt, die noch nicht erlöst ist, und beide warten wir auf die endgültige Erlösung. Die einen warten darauf, dass ein Messias einmal und für immer kommt; die anderen warten auf seine Wiederkehr. Beide sind wir jedoch in einer Welt gefangen, die noch nicht vollständig erlöst ist, in der noch Erlösungsarbeit geleistet werden muss, in der wir Gott nicht immer so klar und deutlich erkennen können, wie wir eigentlich möchten, weil er im Himmel ist. Beide warten wir.

Beichte

Meine Mutter hat mir schon früh beigebracht, wie man ordentliche Dankesbriefe schreibt, wie man den Tisch richtig deckt und wie ich anderen sage, dass ich etwas Unrechtes getan habe. Letztere Lektion war ziemlich heftig. Ich kam aus der Grundschule nach Hause, in meiner schicken neuen grünen Regenjacke, die ich ganz toll fand und am liebsten sogar bei herrlichstem Sonnenschein getragen hätte, und verehrte ihr ein 25-Cent-Stück. „Wo hast du das denn her?", fragte sie. „Hast du vergessen, dir heute Mittag deine Milch zu kaufen?"

„Nein", strahlte ich, „das stammt von Mrs. Smiths Schreibtisch." Da ich aus meiner Sicht nichts Unrechtes getan hatte, heuchelte ich auch keine Verlegenheit. Ich hatte bloß etwas Wertvolles gefunden und es für die Familienschatulle mitgebracht.

Ich war schon damals eine Lieblingsschülerin, und Mrs. Smith hatte mich und Zweitliebling Christina gebeten, während der Pause ihre Schreibtischschublade aufzuräumen. Ich war nie ein großer Freund von Schulpausen, mochte schon damals nicht nach draußen, blieb lieber drinnen, um zu lesen. Aufräumen war zwar nicht Lesen, aber noch immer besser als Brennball. Ich war entzückt.

Wir räumten auf, machten Ordnung, zingelten ihre verirrten Büroklammern ein und trieben sie in ein rechteckiges Fach auf der rechten Seite ihrer Schreibtischschublade. Wir fingen die Gummibänderbande ein und stopften sie nach hinten. Wir sortierten ihre Stifte, legten alle Klebezettel zusammen. Da war ein einziges 25-Cent-Stück dabei, nur das eine. Ich steckte es in die Tasche.

Meine Mutter reichte mir meine grüne Regenjacke, bugsierte mich zum Auto und fuhr mit mir die vier Meilen zur Schule. Wir gingen zu meinem Klassenzimmer. „Lauren", rief Mrs. Smith, „hast du was vergessen?"

Ich wand mich. „Nein", sagte meine Mutter, „aber sie möchte Ihnen etwas sagen."

Ich holte die Münze aus meiner Jacke und reichte sie ihr. „Ich hab die aus Ihrem Schreibtisch mitgenommen. Es tut mir leid", schaffte ich mit Müh und Not zu sagen.

Mrs. Smith lächelte freundlich, drückte mich an sich und dankte mir dafür, dass ich noch mal zurückgekommen war, um ihr das Geldstück zu geben. „Das war sicher nicht leicht für dich, mitten am Nachmittag noch mal in die Schule zu kommen und mir die 25 Cent zu geben. Ich bin dir sehr dankbar dafür. Ich verzeihe dir, dass du das Geld mitgenommen hast." In der nächsten Woche fragte mich Mrs. Smith in der Pause wieder, ob ich Lust hätte, ihre Schreibtischschublade aufzuräumen.

Gott ist für mich ein bisschen wie Mrs. Smith. Ich glaube, er vergibt uns so, wie Mrs. Smith das getan hat: Nur ein Narr, Gott oder eine heiligmäßige Lehrerin würde einem bekannten, schuldig gesprochenen Schreibtischschubladendieb gestatten, nicht mal sieben Tage nach dem ersten Verbrechen wieder die Schublade aufzuräumen. Mrs. Smith tat es, weil sie meinte, dass Reue gezeigt worden war. Mir tat es aufrichtig leid, sie hatte mir aufrichtig verziehen, und damit war die Sache erledigt.

Ungefähr einmal im Monat fahre ich zwei Stunden mit dem Zug nordwärts, springe in ein Taxi und fahre damit noch mal ein paar Minuten zu einer kleinen Episkopalkirche aus Backstein, und dort treffe ich mich mit Father Peter, meinem Beichtvater. Selbstverständlich gibt es in Manhattan viele Pfarrer, die mir die Beichte abnehmen könnten, angefangen bei Milind. Bei ihm möchte ich allerdings nicht beichten, weil ich befürchte, dann nicht alles zu erzählen. Ich bin zu sehr darauf erpicht, dass Milind mich mag. Wahrscheinlich würde ich die schweren Sünden auslassen, wenn er mein Beichtvater wäre. Stattdessen nehme ich den weiten Weg nach Norden zu Father Peter auf mich.

Auf Father Peter bin ich gekommen, weil ich in seiner Stadt Freunde hatte, und deswegen hatte ich mir überlegt, dass ich so zwei Fliegen mit einer Klappe schlagen könnte: erst Beichte und danach Lunch mit Leuten, die ich ansonsten selten zu Gesicht bekomme. Als ich das erste Mal bei ihm in der Gemeinde anrief und fragte, ob er die Beichte abnähme, meinte er „ja, klar", aber er hörte sich eher überrascht an. „Ich muss gestehen, in dieser Gemeinde nehmen das nicht allzu viele Leute in Anspruch, aber ich würde mich freuen, Ihnen die Beichte abnehmen zu dürfen." Er hielt kurz inne. „Ist das irgendwie ein Notfall?" Ich war mir nicht ganz sicher, was er damit meinte: ob ich etwa auf dem Sterbebett läge?

„Nein, nein", beruhigte ich ihn. „Mir passt es jeden Tag in diesem Monat."

Er schlug einen Termin am Dienstag um vier vor und bat mich, vorbereitet zu kommen – mit einer Liste von allem, was ich beichten wollte. „So vergessen Sie nichts", sagte er.

Die nächsten drei Tage betete ich mit offenen Augen und griffbereitem Notizblock. Ich bat Gott, mir alle Sünden, für die ich Buße tun musste, ins Gedächtnis zu rufen; ob der Einfall, mit einem Notizblock zu beten, von Father Peter kam, weiß ich nicht mehr. Irgendwer musste mir das vorgeschlagen haben. Ich glaube nicht, dass mir das von selbst eingefallen wäre. Am Dienstag machte ich mich auf den Weg zu seiner Kirche, mit sechs voll geschriebenen Seiten, gelbem Papier, das auf beiden Seiten von Tinte blau geworden war.

„Tja, also“, sagte er, „freut mich, Sie kennenzulernen. Da das unser erstes Treffen ist, finde ich, wir sollten uns vorher noch ein paar Minuten miteinander bekannt machen.“ Also gingen wir in sein Büro und begannen, uns miteinander zu unterhalten – darüber, an welcher Uni ich war, was ich studierte, an welchem Seminar er gewesen war, was unsere Lieblingsbücher waren. Es entwickelte sich eines von diesen berühmten Büchergesprächen, bei denen nach zwanzig Minuten beide Gesprächspartner Bücher aus den Regalen ziehen, Stellen laut vorlesen, Lieblingsautoren und -titel empfehlen, Bücher, die man unbedingt lesen muss. Ich mochte ihn, den Pfarrer, und ich wollte, dass er mich mochte.

Ich kann unmöglich alles beichten, was ich hier auf der Liste stehen habe, dachte ich, während wir uns unterhielten. Ich merkte, dass ich ihn beeindruckt hatte, er mich gar als Gleichgesinnte ansah. Und exakt das wollte ich: Dass er gut von mir dachte, beeindruckt war, mich akzeptierte. *Wenn ich ihm die Liste hier vorgelesen habe, wird sich das erledigt haben*, dachte ich und hakte schon mal ab, was ich überspringen würde. *Meine Versäumnisse in Sachen Gebet werde ich wohl abschwächen müssen*, dachte ich, *und den letzten Absatz auf Seite 3, den lass ich lieber ganz weg.* Im letzten Absatz auf Seite 3 ging es natürlich um Sex. Der letzte Absatz auf Seite 3 behandelte ausführlich, wie ich nach meiner Taufe vom Pfad der Tugend abgekommen war. Sex mit meinem Freund. Sex mit einem Ex-Freund, und wie ich anschließend meinem Freund darüber was vorgelogen hatte. Ein Verhalten, das jetzt nicht unbedingt im Einklang mit dem stand, was Paulus den Thessalonichern gebot:

„Gott will, dass ihr ganz und gar ihm gehört. Deshalb soll sich niemand mit Dirnen abgeben oder auf andere Weise unzüchtig leben."

Während ich also im Geiste Punkte von meiner Liste strich, begannen Father Peter und ich, uns über die Theologie der Beichte zu unterhalten. „Wissen Sie", meinte ich, „eigentlich verstehe ich nicht so richtig, was das mit der Beichte auf sich hat. Schließlich habe ich wegen der meisten Sachen schon direkt zu Gott gebetet, im stillen Kämmerlein. Wenn ich dabei bereut habe, hat er mir mutmaßlich doch schon vergeben. Was mache ich also hier? Man darf für eine Tat doch nicht doppelt bestraft werden." Father Peter nickte.

„Andererseits", sagte ich, „vielleicht bewirkt die Beichte ja etwas Konkretes, vielleicht wird einem erst so richtig wirklich vergeben, wenn man den Beichtritus befolgt hat. Aber das ist eigentlich auch nicht plausibel, denn das hieße, es genügt nicht, direkt zu Gott zu beten, allein in meinem Schlafzimmer."

In der Zwischenzeit brachte ich im Stillen ein verwirrtes Gebet dar: Wenn ich wirklich die ganzen scheußlich klingenden Sachen beichten sollte, Dinge, durch die ich auf Father Peter als gewöhnlich und normal wirken würde, und nicht mehr imposant und geistesverwandt, dann würde ich sie halt beichten; allerdings legte ich keinen Wert darauf, dass mein Gebet erhört würde; ich war fest entschlossen, den letzten Absatz auf Seite 3 zu überspringen.

Father Peter räumte ein, dass auch er nicht komplett verstand, wie die Beichte funktionierte. „Manche Leute sagen, sie sei nicht aus theologischen Gründen wichtig, sondern aus psychologischen. Erst wenn man irgendeinen halb öffentlichen Ritus mitgemacht hat, hat man das Gefühl, dass man wirklich gebeichtet hat, dass einem wirklich vergeben worden ist."

„Kann schon sein", sagte ich, „dass es einen Nutzen für die Seele hat. Aber nur weil die Leute sich dadurch besser fühlen, wird die Kirche wohl kaum etwas als Sakrament bezeichnet haben."

Father Peter nickte. Er war anscheinend derselben Meinung. Eine bessere Antwort konnte er allerdings auch nicht aus dem Hut zaubern.

Father Peter legte seinen Purpur an – Purpur ist die Osterfarbe, aber auch die Farbe der Verschwiegenheit – und erinnerte mich noch einmal daran, dass alles, was ich ihm bei der Beichte erzählen würde, unter vier Augen bleiben und nie wieder angesprochen werden würde. Wir gingen nach vorne und knieten vor dem Altar nieder. „Für gewöhnlich", sagte Father Peter zu mir, „kennt ein Pfarrer seine Beichtkinder ein bisschen besser, als ich Sie kenne. Wir haben gerade mal eine halbe Stunde geplaudert und ich kenne Sie so gut wie überhaupt nicht. Aber das ist jetzt ein feierlicher Moment und wir müssen beide glauben, dass Gott uns hierherbestellt hat."

Das Sakrament der Versöhnung oder die Beichte läuft in der Episkopalkirche in einer schlichten Form ab. Zuerst sagt das Beichtkind (das bin ich): „Segne mich, denn ich habe gesündigt." Und dann sagte Father Peter: „Der Herr möge dein Herz erfüllen und auf deinen Lippen wohnen, auf dass du wahrhaft und demütig deine Sünden bekennen mögest." Und genau das tat ich dann, ich versuchte jedenfalls wahrhaftig und demütig zu sein, las meine lange Liste vor, sprach von den Sünden, die ich in der kurzen Zeit seit meiner Taufe begangen hatte, seit ich versprochen hatte, dem Bösen abzusagen, von Laster und sündigem Verlangen. Bei Seite 3 und den Sünden angekommen, die ich eigentlich zu überspringen gehofft hatte, war ich so vom Geist der ganzen Sache gefangen, dass ich sie doch nicht ausließ. Ich war mir meiner Peinlichkeit ebenso bewusst wie der Gegenwart von Father Peter und wurde entsprechend rot im Gesicht.

Und dann „verkündet" der Pfarrer, mit den Worten des

„Book of Common Prayer", „die Absolution": „Der Herr hat all deine Sünden vergeben."

„Dank sei dem Herrn", sagte ich.

„Geh hin in Frieden", sagte Father Peter, „und bitte für mich, einen Sünder."

Ich dachte, dass wir damit fertig wären, doch Father Peter sagte: „Eine Sache noch. Ich hätte gerne Ihre Liste." Er streckte mir die Hand hin. Ich umkrampfte meine gelben Blätter. Ich hatte mir überlegt, dass es vielleicht nicht schlecht wäre, die Liste meiner Sünden gelegentlich noch mal durchzugehen. Und warum wollte er sie überhaupt haben? Wollte er sie lesen, nachgucken, ob ich auch wirklich alles gesagt hatte?

Father Peter lächelte, und widerstrebend überließ ich ihm meine Sünden. Dann durfte ich zusehen, wie er meine sechs Seiten zerriss. Anscheinend ist das allgemein so üblich. Ein Pfarrer in Minnesota, mit dem ich befreundet bin, erzählt, dass er die Listen der Leute nach der Beichte verbrenne.

„Eigentlich komisch", sagte Father Peter, als wir die Kirche verließen, „immer dasselbe, wenn ich eine Beichte abnehme – sobald ich mich vorm Altar wieder erhebe, kann ich mich beim besten Willen an nichts mehr erinnern von dem, was der Beichtende gesagt hat."

Heute sitze ich im Zug und fahre Father Peter besuchen. Ich komme mir auf diesen Zugreisen ein bisschen so vor wie das eine Mal seinerzeit, als ich jemanden meine Wohnung hatte saubermachen lassen. Ich hatte seit acht Monaten nicht mehr staubgesaugt, und die Wollmäuse hatten sich inzwischen in Wollmammuts verwandelt. Der Küchenboden klebte vor Marmelade und hatte braune Kaffeeflecken. Ich hatte zu einer Dinnerparty eingeladen und flehte eine Freundin an, mir ihre Putzhilfe auszuleihen. In dem Moment, als Lucy zugesagt hatte, überkam mich Panik. So ein versifftes Apartment war ihr bestimmt noch nicht untergekommen. Was würde sie von mir denken? Ich würde das tun müssen, was ich in jungen Jahren auf Geheiß meiner Mutter jeden Donnerstagabend tun musste, auch wenn es mir komplett sinnlos vorkam: Ich musste *aufräumen, weil die Putzfrau kommt*. Ich rief Randi an. „Mir ist das furchtbar peinlich", sagte ich.

„Immer mit der Ruhe", sagte Randi. „Die Frau ist ein Profi. Sie macht das nicht zum ersten Mal. Das ist ihr Job. Sie kennt das." So ungefähr sehe ich das auch bei Father Peter. Jedes Mal, wenn ich zu ihm fahre, geht es mir elend, bin ich verdrießlich. Aber das ist sein Job, und er kennt das alles.

Elend und Verdruss müssen zumindest teilweise Sinn und Zweck der Beichte sein. Privates, von dem nur Gott weiß, wird jetzt jemand anderem bekannt. „Das Los der Beichtenden", schrieb jemand einmal, „war kein glückliches und hatte es auch nie sein sollen."

In wenigen Minuten wird der Zug ankommen, und danach werde ich mich auf den Weg zur Kirche machen. Es ist kühl, doch der Regen hat aufgehört, also werde ich vom Bahnhof aus zu Fuß gehen, vorbei an kleinen Geschäften mit Gourmethäppchen in den Schaufenstern, an zig Dutzend schönen Häusern, sogar an einem kleinen steinernen Bauernhaus, das wie ein Lebkuchenhaus aussieht, bis hin zu den Zuckergussblumen im Garten. Die Gemeindesekretärin kennt mich inzwischen unter dem Namen „diese Beichtdame".

Father Peter und ich werden nicht klönen. Wir werden direkt zum Altar gehen, dort beten und dann lese ich litaneimäßig meine lange Liste vor. Wenn ich mit meiner Liste durch bin, werde ich schweigend verharren und warten, ob Gott mir noch andere Sünden einfallen lässt.

Father Peter wird mir die Absolution erteilen, doch es geht

beim Beichten nicht bloß um die Absolution. Das ist keine rechtsfreie Zone, wo man einfach weitersündigen kann, weil Christus uns ja schon vergeben hat. Die Bekehrung bewirkt wohl allmählich folgende Veränderung: Weil man ihm nah sein möchte, wird man irgendwann das tun, was Gott von einem verlangt. Es geht also nicht bloß um Vergebung, sondern auch um Veränderung. Die alten Sprachen haben dafür bessere Begriffe: *Teschuwa* im Hebräischen und *Metanoia* im Griechischen. Vollkommene Umkehr, 180°-Wende.

Ich bezweifle, dass ich diese vollkommene Umkehr hier auf Erden erlangen werde. Ich werde das Beichtritual immer brauchen, weil ich immer Mist machen werde. Und Gott wird mir irgendwie weiterhin vergeben und mich näher zu sich hinziehen. Er wird mich mit der Zeit immer trauriger werden lassen, wenn ich ihm wieder mal ins Gesicht spucke. Er wird mich ihn noch heftiger lieben lassen. Und vielleicht wird das bedeuten, dass ich ein klein bisschen weniger sündigen werde.

Nachdem ich auch für ihn, einen Sünder, gebetet habe, ziehen Father Peter und ich uns zum Gespräch in sein Büro zurück. Wir reden über die Vielzahl an Wiederholungen, darüber, wie sehr ich offenbar in alten Sünden verhaftet bin. In meiner Beichte geht es anscheinend für gewöhnlich um zwei bekannte Themen: Gebet und Sex. Vom einen zu wenig, vom anderen zu viel. Wir sprechen darüber, was ich dagegen tun kann.

Heute reden wir in erster Linie übers Beten. Ich gelobe immer wieder, regelmäßiger zu beten, mit mehr Hingabe und Aufmerksamkeit – trotzdem bete ich weiter unregelmäßig, unkonzentriert, mit herzlich wenig Hingabe.

Father Peter sagt dann immer: „Aber Sie haben einigen Fortschritt in Sachen Enthaltsamkeit gemacht", womit er meint, dass ich nicht mehr hier auflaufe und ständig über meinen gesammelten Sex rede. Er sagt das nicht, damit ich mich besser fühle, sondern weil er wissen möchte, was etwas gebracht hat.

Er will wissen, wie ich es geschafft habe, so viele Monate „zufrieden ohne Verkehr" (wie er es ausdrückt) zu leben. Aber ich schaffe es nicht, mich an schlichtes, regelmäßiges Morgengebet zu halten.

Doch nicht immer sagt Father Peter angenehme, hilfreiche, seelsorgerliche Sachen. Nicht immer stellt er behutsame Fragen. Bei unserem ersten Treffen habe ich herumgedruckst, bis ich mich endlich zu dem Teil durchringen konnte, wo es darum ging, dass ich irgendwann mit einem Ex, der übers Wochenende in der Stadt war, wilden Sex hatte. „Nun, Lauren", sagte er. „Das ist Sünde. Sünde."

An Jom Kippur beichten Juden ihre Sünden, sowohl für sich allein wie auch gemeinschaftlich. Vor Beginn des Festes bitten sie jeden um Vergebung, dem sie Unrecht getan haben. Der Talmud lehrt, dass Gott Sünden, die wir gegen ihn begangen haben, großzügig vergibt, aber die Sünden, die wir an unseren Nächsten begangen haben, nicht eher, als jene uns vergeben haben.

Und an Jom Kippur bittet man gemeinschaftlich um Gottes Vergebung. Zur Liturgie von Jom Kippur gehört ein langes Sündenbekenntnis, eine lange Liste begangener Sünden: Bestechung, Verleumdung, Wollust, Getratsche, Überheblichkeit, Neid, Diebstahl. Es soll mal ein jüdischer Mann zu seinem Rabbi gegangen sein und ihn gefragt haben: „Warum bekenne ich eigentlich all diese Sünden? Ich hab doch nur einen Bruchteil davon begangen. Ich habe nichts gestohlen, habe niemanden bestochen oder belogen." Der Rabbi sah den Mann an und sagte: „Wenn du die Herrlichkeit und Größe Gottes begreifen würdest, würdest du erkennen, dass du jede einzelne dieser Sünden begangen hast, an jedem Tag deines Lebens."

Die Beichte ist notwendig, weil auf der Welt etwas schiefgelaufen ist. Getaufte Christen sündigen weiter. Wie ein anglikanischer Theologe schrieb: „Aus theologischer Sicht sind Sünden nach erfolgter Taufe genau genommen eine Anomalie. Durch die Taufe werden die Sünden vergeben und der Getaufte empfängt die Gabe des Heiligen Geistes. Das sollte für diesen Menschen das Ende der Sünde gewesen sein." Doch dem ist nicht so. Wir sündigen, wie das „Book of Common Prayer" es ausdrückt, durch das, was wir tun und was wir unterlassen. Und Jesus gibt uns die Beichte, um diese Sünden zu bewältigen.

Ich bin mir nicht sicher, dass ich das Sakrament der Beichte sehr viel besser verstehe als bei meinem ersten Termin bei Father Peter. Ich gehe beichten, weil die Kirche uns das lehrt und weil ich ohne Beichte das Gefühl habe, randvoll zu sein – nicht so bechermäßig, sondern eher wie überfressen, verstopft.

Die Beichte ist für mich plausibel, weil sie ein sichtbares Zeichen für Gottes Barmherzigkeit ist. In den Sakramenten werden wir vom Heiligen Geist mit unterschiedlichen Zeichen geheiligt. Beim Abendmahl in Brot und Wein, bei der Krankensalbung mit Öl und bei der Taufe mit Wasser. Bei der Beichte gebraucht er einen anderen Menschen. Auf diese Weise werden wir immer wieder daran erinnert, dass Gott leiblich in die Welt kam.

Wie Dietrich Bonhoeffer in „Gemeinsames Leben" schrieb: „Christus wurde unser Bruder im Fleisch, damit wir ihm glaubten ... Damit hat Christus uns die Gemeinde und in ihr den Bruder zur Gnade gemacht. Er steht nun an Christi Statt. Vor ihm brauche ich nicht mehr zu heucheln. Vor ihm allein in der ganzen Welt darf ich der Sünder sein, der ich bin ... Christus wurde unser Bruder, um uns zu helfen; nun ist durch ihn unser Bruder für uns zum Christus geworden in der Vollmacht seines Auftrages ... Gehe ich zur brüderlichen Beichte, so gehe ich zu Gott."

Hier in der Beichte stellt Gott die Verbindung zwischen uns und ihm selbst nicht durch Brot, Öl, Wasser oder Wein her, sondern durch einen anderen gebrochenen Leib, von dem man die Absolution zugesprochen erhält und der dann sagt: „Geh hin in Frieden und bitte für mich, einen Sünder."

Familientreffen

Diese Woche gibt es in meiner Familie zwei kleinere Treffen. In Virginia besuchen zwei Cousinen, Sylvie und Betty May, meine Mutter. Sie sind Cousinen ersten Grades von ihr, und meine Mutter hat sie seit vielen, vielen Jahren nicht gesehen. Sie haben den Besuch seit Monaten geplant. Sie werden nach Monticello fahren, auf einen Handwerkermarkt und auf den Bauernmarkt gehen. Vielleicht fahren sie auch noch ins Filmkunstkino. Vor ein paar Wochen hat Betty May meine Mutter angerufen: „Sylvie und ich, wir sollten dir wohl besser sagen …" Und dann wurde sie ganz leise. „Wir wollten dir lieber sagen, dass wir Wein trinken."

„Ja und?", fragte meine Mutter. Auch sie trinkt Wein.

„Naja, du weißt doch, wie wir alle erzogen worden sind", sagte Betty May und wollte damit sagen: *Du weißt doch, dass wir alle zu abstinenten Baptisten erzogen worden sind.* „Wir wussten halt nicht, wie du dich entwickelt hast."

Zum anderen wird an diesem Wochenende mein Vater nach New York kommen, einer seiner regelmäßigen Ausflüge, auf denen er mich und die Oper besucht. Ich überlege, ob ich die Wände leer machen soll, die ganzen Jesusbilder und Kreuze abnehmen. Ich weiß, dass sie ihn aus der Fassung bringen werden. Er wird sie sehen, und ihm wird die Zornesader anschwellen.

Wahrscheinlich wäre es einfach das Höflichste, sie abzunehmen, das Ehre-deinen-Vater-Mäßigste. Also hänge ich Donnerstagabend alle Kreuze ab, falte sämtliche Batiken zusammen und packe sie in eine große Kiste am Ende meines Bettes.

Am Freitagmorgen, noch vor seiner Ankunft, entscheide ich, dass es den eigenen Vater nicht ehrt, wenn er einen nicht so kennen darf, wie man wirklich ist, und so hänge ich alles wieder auf.

Zwei Beerdigungen und eine Hochzeit

Wir haben Ende Mai, und Randis Großmutter stirbt. Sie wird auf einem Friedhof in New Jersey begraben. Ich leihe mir Hannahs Wagen und versuche zur Beisetzung nach New Jersey zu fahren, aber noch vor der George-Washington-Brücke verabschiedet sich die Lichtmaschine und so verbringe ich den Morgen stattdessen in der Werkstatt.

Zwei Tage darauf stirbt die Frau, bei der ich im Sommer nach meinem ersten Collegejahr gewohnt habe. Sie hatte Gebärmutterhalskrebs, der so schnell wuchs, wie mir ihre Mutter immer wieder sagt, dass die Ärzte ihn nicht rechtzeitig erkannten. Zu dieser Beerdigung – die auch in New Jersey stattfindet – fahre ich mit dem Zug.

Im Mai hebt aber auch die Hochzeitssaison an. Ich bereite mich innerlich auf eine Feier pro Woche bis zum Herbst vor. Diese Hochzeiten sind schön und gut, wenn man gerade mit jemandem zusammen ist; jemandem, den man möglicherweise heiraten wird. Denn man fantasiert den lieben langen Tag von seiner eigenen Hochzeit mit ihm, wenn man sich leicht fühlt, optimistisch, enthusiastisch. Wenn allerdings der letzte Mann, von dem man geküsst wurde, der eigene Vater war, dann gehen einem die Hochzeiten ziemlich bald auf den Senkel. Man versucht, sich für seine Freunde zu freuen. Man schafft es nicht.

Heiraten habe ich immer für das Sahnehäubchen meines Lebens angesehen. Und ich bin nicht die Einzige in meiner Familie, die vom Heiraten besessen ist. Meine Stiefmutter hat mir mal erzählt (nachdem ich sie ungefähr zwanzig Minuten lang mit der Frage genervt hatte, wo die Bestürzung meines Vaters über meine Konversion auf einer Skala zwischen eins und zehn anzusiedeln wäre), dass mein Vater sie ganz beiläufig gefragt habe, ob sie meine, dass ich kirchlich heiraten wollen würde. Eine kirchliche Hochzeit würde es meinem Vater zufolge endgültig besiegeln. Das Christentum wäre damit in meinem Leben so fixiert, wie man mit Natriumsalz ein Foto fixiert. Vergiss die Taufe und das Taufgelübde. Wenn ich erst mal einem christlichen Mann das Eheversprechen gegeben haben würde, dann gäbe es für mich kein Zurück mehr.

Diese Denkweise hat etwas Verführerisches, Wahres, weil gesellschaftliche Bande wirklich und stark sind. Es ist einfacher, so zu tun, als ob ein unsichtbarer Gott nur erfunden sei, als so zu tun, als ob der eigene Gatte nur eingebildet sei; wenn man Christin ist und einen Christen heiratet, wenn man sich also in die Kirche stellt und vor einem Pfarrer sein Eheversprechen gibt und nicht bloß vor einem Standesbeamten, dann entsteht eine enge Wechselwirkung zwischen den Versprechen an den Mann und an Gott. Wenn der Glaube einem Paar dabei hilft, verheiratet zu bleiben (laut Religionssoziologen eine durchaus strittige Prämisse, die meiner Meinung nach dennoch zutreffend sein sollte), dann hilft das Verheiratetsein vielleicht auch dabei, Christ zu bleiben.

Ich frage mich zuweilen, wie sich mein Glaubensleben entwickelt hätte, wenn ich Dov geheiratet hätte. Vielleicht wäre Jesus dennoch zu mir gekommen, schließlich ist er ja allmächtig, aber so richtig kann ich mir das Szenario nicht ausmalen. Sicher scheint mir einzig und allein, dass seine Mutter – verständlicherweise – ausgerastet wäre, wenn ich Dov geheiratet hätte und trotzdem irgendwie Christin geworden wäre.

Das erste Paar im diesjährigen Hochzeitsterminkalender sind die künftigen Mr. und Mrs. Jonathan Thyme, alias Jack und Donna. Jack war mit mir zusammen in Cambridge und Donna kennt Hannah vom College her, die beiden sind aber nicht von uns verkuppelt worden. Jack und Donna heiraten in einer großen Kirche auf der East Side. Ich sitze mit Hannah und Jim in einer der vorderen Reihen.

Ich denke an jene Hochzeit im letzten Winter zurück – die, nach der Hannah mit Mr. Lateinamerikanische Literatur geschlafen hat. Ich hoffe jetzt, bei dieser Frühlingshochzeit, irgendeinen Funken zwischen Hannah und Jim zu sehen, ein Wiederaufkeimen. Ich hoffe, sie sein Bein berühren zu sehen, einen schnellen Kuss, ein Kichern, irgendwas, aber nichts dergleichen. Sie sehen nicht direkt finster aus, sondern verbissen.

Ich frage mich, was Hannah und Jim denken, als sie dasitzen und zuhören, wie unsere Freunde einander diese verrückten, verschwenderischen Versprechen geben. Ich frage mich, ob sie denken, dass diese Versprechen unhaltbar seien oder man das Heiraten ihrer Meinung nach besser ganz sein lassen sollte, oder ob sie vielleicht dankbar und froh sind, verheiratet zu sein, weil sie vom Kitt Gottes, der ihnen bei der Trauung verheißen wurde, zusammengehalten werden, nicht voneinander wegdriften, Hannah zum aufregenden Leben mit dem Lateinamerikanische-Literatur-Menschen und Jim irgendwoanders hin.

Was Sie schon immer über Engel wissen wollten

Engel sind heutzutage ja groß in Mode. Ihnen sind eigene Fernsehshows gewidmet, die Leute tragen Engel-Ansteckpins und kaufen Engelkarten. Wenn man in einer Gemeinde ist, die nach Engeln heißt (wie „All Angels'"), ertappt man sich schon mal dabei, dass man über sie nachdenkt.

Für die Fernsehvariante von Engeln habe ich nicht viel übrig, diese widerlichen Schutzengeltypen, denen es eher darum geht, uns glücklich zu machen, als Gott zu dienen. Hingegen glaube ich an einen anderen, geflügelten, realen Typ Engel, den Typ, der in der Bibel vorkommt, der zu den seltsamsten Zeiten auftaucht und verblüfften Jungfrauen seltsame Ankündigungen macht.

Im College habe ich mich oft mit Beth darüber gestritten, ob es besser ist, ein Engel zu sein oder ein Mensch. Ich habe gesagt, dass ich am liebsten als Engel geboren worden wäre, weil Engel einer jüdischen Lehre zufolge einzig und allein herumstehen und dabei Gott loben, und dass ich das auch gerne machen würde, Gott preisen. Wenn ich ein Engel wäre, würde ich ihn den ganzen Tag loben. Als Mensch bringe ich es im Allgemeinen auf gerade mal drei oder vier Minuten, dann werde ich von meinen anderen Vorhaben abgelenkt, zum Beispiel Einkaufen, Romane lesen oder Toast toasten.

„Aber wenn du ein Engel wärst", entgegnete Beth dann immer, „dann bliebe dir keine andere Wahl. Du müsstest den lieben langen Tag Gott preisen, weil Engel das eben so machen. Als Mensch ist dein Loben viel bedeutsamer, selbst wenn es spärlicher wäre, weil du einen freien Willen hast und dich bewusst dafür entscheidest, Gott zu loben. Engel", sagte sie dann traurig, „haben keinen freien Willen."

„Was kümmert mich der freie Wille?", antwortete ich dann.

„Meiner Meinung nach kann man seine Zeit nicht besser als mit Gotteslob verbringen, und wenn das der Preis ist – mehr Loben, weniger Wahlmöglichkeiten –, so soll mir das nur recht sein.“

Wenn ich ins Metropolitan Museum of Art gehe, konzentriere ich mich im Allgemeinen auf zwei Abteilungen, die sich glücklicherweise direkt nebeneinander befinden: Kunst des Mittelalters und der Amerikanische Flügel. Selbst wenn ich mir ganz fest vornehme, ein spezielles Ausstellungsstück zu betrachten oder mir einen Monet anzusehen, lande ich immer bei Porträts von George Washington oder starren Ikonen aus dem 13. Jahrhundert.

Man läuft als Erstes durchs Mittelalter. Man geht an Glasmalereien mit Passionsszenen vorbei und an reich ausgemalten lateinischen Psaltern. Man geht an einer Vitrine voller Emaille aus Limoges vorüber, Salbölfläschchen, Pyxiden, diesen kleinen kreisrunden Behältnissen für konsekrierte Hostien. Man passiert silberne Reliquienkreuze und quadratische Elfenbeinbildnisse mit Darstellungen der Jungfrau Maria, und dann geht man durch eine Glastür und ist in einem anderen Jahrhundert und auf einem anderen Kontinent. Im Amerikanischen Flügel befinden sich die handgenähten Quilts, üppige Art-déco-Möbel und viktorianische Salons. Zur Historikerin bin ich durch Räume wie diese geworden; als Teenager habe ich unzählige Nachmittage in den historischen Wohnstätten von Biltmore Estate und Monticello verbracht (Biltmore Estate, North Carolina: Wohnstätte aus dem 18. Jahrhundert; Monticello, Virginia: hier wohnte Präsident Thomas Jefferson, Einrichtung original erhalten, gehört heute zum UNESCO-Weltkulturerbe; beide heute Museum; d. Übers.) und fand es ganz wunderbar, so in die Vergangenheit versetzt zu werden, mochte die glänzenden Holztische mit ihren spillerigen Beinen, den Brokat und den Samt, die schummrigen historischen Küchen, die Leisten, Geländer, Vergoldungen.

Im Zentrum des Amerikanischen Flügels gibt es einen Innenhof, einen Indoor-Skulpturengarten, Sitzbänke, Springbrunnen zur Entspannung, und auf der rechten Seite befinden sich Chorschranke und Kanzel, aus Kalkstein und Eiche, von denen früher die Predigten in All Angels' Church erschallten.

Die Kirche wurde 1859 errichtet und stand mehr als ein Jahrhundert lang an der West End Avenue / Ecke 81. Straße. In den 70er-Jahren des 20. Jahrhunderts wurde die Gemeinde immer kleiner, die Kassen immer leerer, und so verkaufte man 1979 die Immobilie samt Grundstück und zog einen Häuserblock weiter, in das kleinere Gebäude, in dem wir auch heute noch Gottesdienst feiern. Die Chorschranke, die sich durch das Innere der alten Kirche zog, wurde vor dem Abriss geborgen und im neuen Gebäude wieder aufgestellt.

Die Chorschranke besteht aus Dutzenden aneinandergereihter Engel, die in ihren kalksteingrauen Gewändern sehr ästhetisch aussehen, sich die Brüstung entlang zur Kanzel hinaufschwingen, mit Harfen, Triangeln und anderen Instrumenten, die Engel so spielen. Ganz oben, über der Brüstung und über der leeren Stelle, wo eigentlich ein Prediger stehen sollte, sitzt ein riesiger Engel mit Trompete.

Heute hält sich eine Schülergruppe im Innenhof auf, und während ich auf meiner Bank sitze und mir die Skulpturen angucke, mache ich lange Ohren. Ihre Lehrerin erklärt die Fassade vor einem der Epochensäle, erzählt etwas über die ionische Säule, das Giebeldreieck, die Fenster. Als Nächstes zeigt die Lehrerin auf eine Diana-Statue und fragt die Schüler zur griechischen Mythologie ab. Sie will gerade mit ihnen in den nächsten Raum gehen, als einer der Jungen sich nach dem Engel erkundigt.

„Wer ist der Mann mit der Trompete?", fragt der Junge. Zuerst scheint die Lehrerin zu glauben, dass er nach einer Skulptur von August Belmont fragt, die im Anzug und Sessel weitaus männlicher aussieht als der Engel. Doch bloß der Engel hat eine Trompete.

„Der stammt aus einer Kirche", sagt die Lehrerin. „Erinnerst du dich noch an die bunten Fenster? Die gehörten zu einer ganz alten Kirche, während der Engel zur Ausstattung einer neueren Kirche gehört hat."

„Warum hat er diese Trompete?", fragt das Kind. „Und warum ist er so weit oben?" Wenn er sich ein wenig strecken würde, käme der Engel an die Decke.

„Engel spielen alle ein Instrument", sagt die Lehrerin. „Und er ist so weit oben, weil er in Wirklichkeit nicht im Museum zu Hause ist, sondern im Himmel, hoch über den Wolken."

Wir besitzen bei uns in der Kirche eine Kopie dieses Engels, in der Südwestecke des Altarraums. Ich bin froh, dass sich das Original hier im Museum befindet und den Innenhof überblickt, sich triumphierend über dem Bankier Belmont erhebt – wulstig und grün durch die Oxidation aus vielen Jahren –, sogar über der großen goldenen Diana mit ihrem gespannten Bogen schwebt. Über all dem befindet sich der Engel, im singenden Flug dargestellt, seine gute Nachricht in den Innenhof und die ganze Welt hinaustrompetend.

Pfingsten

Schawuot

Pfingsten, was vom griechischen *pentekoste* herkommt und so
viel wie „der fünfzigste Tag" bedeutet, war einst bloß eine andere Bezeichnung für Schawuot, das jüdische Fest, das fünfzig
Tage nach Pessach gefeiert wird. Schawuot ist ein agrarisches
Fest, das in 2. Mose 23,16 zum Dank für die Weizenernte befohlen wird. Zu Zeiten des Tempels opferten die Juden Gott
aus Dank Brote.

Doch kurze Zeit nach dem Tod Jesu nahm Schawuot für die
Christen eine besondere Bedeutung an. In der Apostelgeschichte wird uns berichtet, dass etwas Bemerkenswertes geschah, als sich Jesu Jünger an Schawuot versammelten: Der
Heilige Geist kam auf sie herab, genau wie Jesus es ihnen Minuten vor seiner Himmelfahrt versprochen hatte. In der Kirche
feiern wir zu Pfingsten nicht mehr das ursprüngliche Erntefest,
sondern begehen den Tag, an dem Gott seiner Kirche den Heiligen Geist geschenkt hat.

Pfingsten ist eines der drei großen christlichen Feste, zusammen mit Ostern und Weihnachten, obwohl wir Pfingsten inzwischen nicht mehr dieselbe Aufmerksamkeit wie letzteren zuteilwerden lassen. Außerdem bezeichnet der Begriff „Pfingsten"
heute nicht mehr nur das Fest selbst, sondern auch die liturgische
Zeit, die mit ihm eröffnet wird, die Zeit nach der Osterzeit.

Auch Juden feiern Schawuot nicht mehr als vornehmlich agrarisches Fest. Auch wenn es als Erntefest begonnen hat, so feierte man es spätestens seit dem rabbinischen Zeitalter zur Erinnerung an die Gesetzesverkündigung am Sinai. Die Geschichte von der Verkündigung wird in der Mitte von 2. Mose erzählt. Die Israeliten, aus der Knechtschaft in Ägypten befreit, waren durch die Wüste gezogen, angeführt von Gott, der in einer Wolke vor ihnen herzog, wobei sie sich von Manna ernährten, das Gott vom Himmel herabschickte. Als sie zum Berg Sinai kommen, befiehlt Gott Mose, das Volk vorzubereiten: „Geh nun wieder zurück! Die Israeliten sollen sich heute und morgen darauf vorbereiten, mir zu begegnen. Sie sollen ihre Kleider waschen und sich am dritten Tag bereithalten. Denn dann werde ich vor aller Augen auf den Berg Sinai herabkommen."

Am dritten Tag kam der Herr auf den Berg Sinai herab. Von dort rief er Mose zu sich. Mose blieb vierzig Tage bei ihm, und der Herr offenbarte ihm die gesamte Thora; nicht bloß die schriftliche Thora, sondern auch die mündliche, den Talmud und die ganzen anderen rabbinischen Kommentare. Mose empfing jeden Schnipsel, der später in der Mischna und Gemara niedergelegt wurde; er empfing sämtliche Glossen, die ganzen Interpretationsschichten, durch die hindurch Juden 1. Mose, Richter und Hiob lesen.

Zur Feier der Verkündigung bleiben Juden traditionell die ganze Nacht auf und lernen die Thora. Das nennt sich Tikun Leil Schawuot, eine feststehende Lernreihenfolge für die Schawuotnacht. Man bleibt die ganze Nacht als Buße für die Verschlafenheit der Juden auf – am Morgen, als Gott sich auf dem Sinai offenbaren sollte, verschliefen die Juden, und Mose musste durch das Lager wandern und sie wecken.

Jahrhunderte später hatte es das Volk Gottes noch immer nicht gelernt. In der Nacht vor seiner Gefangennahme ging Jesus zum Beten in den Garten Gethsemane. Er nahm Petrus und die Söhne des Zebedäus mit sich, sagte zu ihnen: „Meine Seele ist betrübt bis an den Tod", und bat sie, mit ihm zu wachen. Dann ging er fort, um zu beten, und als er zurückkam, fand er seine Jünger schlafend vor. Er weckte sie und wies sie an, wach zu bleiben. Ein zweites Mal fand er sie schlafend. Noch mal Wecken, Anweisungen, Schlaf. Beim dritten Mal weckte er sie mit den scharfen Worten: „Hört auf zu schlafen! Ruht euch ein andermal aus! Jetzt wird der Menschensohn in die Hände der Menschen ausgeliefert. Steht auf, lasst uns gehen! Der Verräter ist da." *Könnt ihr denn nicht eine einzige Stunde mit mir wachen?*

Mein Leben gleicht einem Jüngernickerchen in Gethsemane: Wieder und wieder habe ich versprochen, bei Gottes Angelegenheit wachsam zu sein, ihm gegenüber wach zu sein – doch ich verbringe zu viel Zeit schlafend.

Ein paar Monate vor dem Ende meiner Collegezeit in New York haben wir in der Congregation Beth Israel ein Tikun Leil Schawuot gefeiert. Wir wussten, dass wir etwas Aufregendes machten, wenn auch nur zehn oder zwölf von uns versammelt waren. Wir waren zwar eine Reformsynagoge, aber wir eigneten uns diesen geheimnisvollen orthodoxen Brauch irgendwie an. Jeder hatte einen Text vorbereitet, den er die anderen lehren würde. Ich lehrte über die Schöpfungsgeschichte in 1. Mose, ein Professor für Geschichte lehrte über einen Abschnitt aus einem mittelalterlichen Werk der jüdischen Mystik, und ein neu zugezogener Anwalt lehrte über Maimonides' Sicht der Zedaka, des jüdischen Wohltätigkeitsgebots.

Der Tikun löste sich vor Sonnenaufgang auf, Randi und ich hingegen waren fest entschlossen, die ganze Nacht wach zu bleiben. Wir fanden ein Lokal in Nähe der Universität und teilten uns einen riesigen Eisbecher, unsere Version des traditionellen Schawuotessens, bei dem es immer ziemlich viele Milchprodukte gibt. Randi hob einen Löffel voll Buttertoffee-Eis wie zu einer kleinen Ansprache: „Möge die Thora dir wie Muttermilch sein", sagte sie.

Wollte man jüdische und christliche Festtage vergleichen, müsste man Schawuot und Weihnachten nebeneinanderstellen. Zu Schawuot offenbart sich Gott seinem Volk in der Thora und zu Weihnachten offenbart er sich seinem Volk durch Jesus Christus.

Allerdings bin ich nie das Gefühl losgeworden, dass Gott in Wirklichkeit eine Verbindung zwischen Pfingsten und Schawuot herstellen wollte. Denn sonst hätte er den Jüngern den Heiligen Geist und dem Volk Israel die Thora auf dem Berg Sinai nicht am selben Tag gegeben.

Ich rufe Jeff an. Mit ihm und Amy hatte ich ein christliches Sedermahl gefeiert. „Sollen wir noch mal?", frage ich ihn, als ob er wissen müsste, wovon ich rede.

Weiß er natürlich nicht. „Was denn bitteschön?", fragt er.

„Noch mal jüdisch-christlich feiern. Wie bei unserem Seder."

Jeff zögert, und ich bin mir sicher, dass er im Kopf ausrechnet, wann der nächste Festtag ansteht. „Für eine Weihnachts-Chanukka-Party ist es noch ein bisschen früh", meint er. „Du willst eine Pfingstfete steigen lassen?"

„Ich möchte lernen", sage ich.

Jeff lacht. „Du möchtest ein Tikun Leil Pfingsten."

„Genau das möchte ich."

Also verbringen Jeff und ich einen Samstag in der Bibliothek der Columbia, mit Tesa, Klebestiften, Scheren und 25-Cent-Stücken für den Kopierer bewaffnet. Wir leimen ein fünf Zentimeter dickes Paket aus Texten zusammen, die wir an Pfingsten zu lesen gedenken. Die zusammengesammelten Stellen stammen aus den unterschiedlichsten Quellen – aus der Bibel, dem Talmud, Schnipsel aus den Kirchenvätern. Jeff hat sogar ein paar Absätze aus einem Roman von Philip Roth dazwischengeschmuggelt. Einzig geleitet hat uns dabei die Frage nach dem Zusammenhang von Pfingsten und Schawuot. „Ich weiß", sage ich zu Jeff, „dass ich mich jetzt so anhöre, als ob ich in der elften Klasse versuche, ein Referat in Englisch zu schreiben – meiner Meinung nach denkt man sich doch bei der Lektüre eines Romans, dass der Autor zwei Dinge nicht bloß aus Zufall zur selben Zeit geschehen lässt. Man darf doch annehmen, dass er einem mit deren zeitlicher Nähe irgendwas zeigen wollte. Wenn die Christen Rabbinen gewesen wären, wäre es für sie selbstverständlich gewesen, dass diese beiden Ereignisse nicht ohne Grund am gleichen Tag stattgefunden haben."

Irgendwann gegen vier habe ich einen Abschnitt aus Abraham Joshua Heschel kopiert, schneide ihn auf die passende Größe zurecht und klebe ihn auf ein Blatt, neben eine Stelle aus der Apostelgeschichte. Ich habe Klebstoff in den Haaren, an meinem Pulli kleben Papierreste. Unter meinem rechten Daumennagel habe ich sogar Glitter, keine Ahnung woher – weder Jeff noch ich haben Glitter gekauft. „Du siehst so glücklich aus wie ein Kindergartenkind in der Bastelstunde", sagt Jeff. Binnen weniger Stunden aus der Elften in den Kindergarten.

Am Abend vor Pfingsten koche ich mir einen starken Pott Tee, Jeff und Amy bringen Käseblini mit, Käse und Cracker, einen Käsekuchen. Wir breiten uns damit in meiner Bude aus.

Wir hatten im Vorlauf beschlossen, dass jeder einen der Abschnitte aus dem Packen lehrt. Amy fängt vernünftigerweise mit dem ersten Pfingsten aus der Apostelgeschichte an. Die Jünger waren zum Schawuot zusammengekommen, und „plötzlich kam vom Himmel her ein Brausen wie von einem gewaltigen Sturm und erfüllte das ganze Haus". Die Jünger fingen an, in fremden Sprachen zu reden, das Getöse verursachte einen Menschenauflauf. „Fassungslos hörte jeder" in der Menge „die Apostel in seiner eigenen Sprache reden", heißt es in der Bibel. Römer, Mesopotamier, Phrygier und Pamphylier, Ägypter und Libyer – jeder hörte „diese Männer in seiner eigenen Sprache von Gottes großen Taten reden"! Die Menge war schwer beeindruckt; ein paar Zwischenrufer meinten allerdings, dass die Jünger bloß zu viel getrunken hätten. *Diese Männer sind nicht betrunken*, erklärte Petrus entrüstet. *Es ist ja erst neun Uhr morgens. Nicht Wein hört ihr, sondern den Heiligen Geist.*

Der Heilige Geist hat mich lange Zeit ratlos gemacht. Den Vater verstand ich halbwegs – der Vater schien im Prinzip der Gott der Thora zu sein –, und den Sohn auch. Aber wer war diese dritte Person der Dreifaltigkeit? Der Heilige Geist war anscheinend am schwierigsten zu beschreiben und zu erklären, er ist die Person, die nie in Worten aus den Seiten der Bibel zu uns spricht, die Person, die wir nie zu sehen bekommen.

Ich hab mich mal mit Hannah über etwas ganz Weltliches unterhalten, es ging um ein Geburtstagsgeschenk für meinen Vater. „Und dann hat mich der Heilige Geist dieses Buch mitnehmen lassen", sagte ich. Hannah hatte nichts gemerkt, aber ich habe nicht schlecht gestaunt. Ich hatte gerade dem Heiligen Geist die Verantwortung dafür gegeben, welches Geschenk ich ausgesucht hatte. Mir war sofort klar, dass das absolut stimmte. Ich wusste, dass der Heilige Geist mich zu dem Buch geführt hatte und dass er mir sogar diesen Satz eingegeben hatte; oder wie Jesus im Lukasevangelium zu seinen Jüngern sagte: „Der Heilige Geist wird euch zur rechten Zeit das rechte Wort geben."

In diesem Augenblick fing ich an zu begreifen, was der Heilige Geist eigentlich ist. Der Heilige Geist ist die Art, wie Gott in uns wohnt und wirkt, auch wenn wir hier unten auf der Erde sind und Vater und Sohn droben im Himmel weilen. Der Heilige Geist ist das, was der Prophet Elia als leises Säuseln bezeichnet. Doch nicht immer ist Gottes Stimme leise. An Pfingsten erscheint den Jüngern der Heilige Geist in Zungen wie von Feuer; und der Heilige Geist ist, mit den berühmten Worten Joels, Grund dafür, dass „eure Söhne und Töchter … aus göttlicher Eingebung reden (werden), eure jungen Männer werden Visionen haben und die alten Männer bedeutungsvolle Träume". Im Johannesevangelium erfahren wir, dass der Heilige Geist immer bei uns sein wird, uns in die ganze Wahrheit leiten wird, er wird uns lehren, wird nehmen, was Christus gehört, und es uns geben.

In der Kirchengeschichte hilft uns der Heilige Geist dabei, Glaubensbekenntnisse zu formulieren, die Bibel auszulegen, Entscheidungen zu treffen. In unseren eigenen bescheidenen Hütten hilft er uns beim Gebet. Durch ihn wissen wir, was wir sagen sollen, wenn wir den Mund aufmachen. Der Heilige Geist ist der Grund dafür, dass wir Christen überhaupt handlungsfähig sind, der Grund, dass wir nicht ständig vor Angst, Mist zu bauen, wie gelähmt sind. Mit dem Heiligen Geist enthüllen wir Gottes Willen diesseits der Ewigkeit. Wegen dem Heiligen Geist können wir eine Gemeinde bauen und darauf vertrauen, dass wir es wenigstens ein bisschen schaffen.

Amy, Jeff und ich gelangen nicht zu einem sehr viel exakteren Verständnis davon, wer der Heilige Geist ist und was er tut. Irgendwann sieht Amy auf ihre Uhr, guckt ihren Gatten an und sagt: „Du bist dran." Dann nimmt sie sich einen von den Blini.

Jeff lehrt einen Abschnitt aus den Kommentaren des Rabbi Elijahu Kitov. Kitov kommentiert die Parschat Terumah, die Kapitel 25, 26 und 27 von 2. Mose. In den Parschat Terumah erklärt

Gott Mose, wie man eine Stiftshütte baut. Gott beschreibt jedes Detail: Wie viel Holz von welcher Art, wie man aus reinem Gold einen Kerzenleuchter herstellt, wie die zehn Zeltbahnen aus violettem, purpur- und karmesinrotem Garn gewebt werden müssen, und wie diese mit fünfzig goldenen Haken zusammenzuhalten sind. Kitov fragt in seinem Kommentar nach der Natur der Offenbarung. 2. Mose mache deutlich, so schreibt er, dass Gott die Thora einmal gegeben hat – einmal und für alle Zeit. Doch die Rabbinen lehren, dass „die Stimme Gottes jeden Tag vom Sinai erschallt". Wie, so Kitov, kann die Offenbarung, die in 2. Mose beschrieben wird, ein einmaliges Ereignis sein, wenn Gottes Stimme immer wieder vom Sinai ertönt? Weil, so Kitov, Gott am Sinai nicht etwas Neues gesagt, sondern all die Hintergrundgeräusche zum Verstummen gebracht hat, die für gewöhnlich seine göttliche Stimme übertönen. Gott spricht ständig am Sinai. Er sprach lange vor der Offenbarung der Thora und er spricht noch immer – sofern wir rauskriegen, wie man den restlichen Lärm abstellt und zuhört.

„Vielleicht", sage ich, „ist das ja der Grund, warum der erste Buchstabe des ersten Wortes des ersten Gebotes *aleph*, also ein stimmloser Buchstabe ist. Gott hat allen Lärm zum Schweigen gebracht, indem er *aleph* gesagt hat." Ich rühre in meinem Tee. „Vielleicht macht der Heilige Geist genau das. Vielleicht lässt er die ganzen Stimmen in unserem Kopf verstummen, durch die wir sonst Gott nicht hören können."

Und während wir so über die Passagen aus dem Kitov sprechen, weiß ich wieder, warum wir Schawuot mit Lernen verbringen, spüre es in meinen Fingern und Fußgewölben. Ich begreife, dass wir die Thora studieren, weil wir so die Offenbarung neu erfahren.

Als wir zu dem Passus kommen, den ich lehren soll, ist es schon fast ein Uhr. Bevor wir ihn in unserem Packen aufschlagen, mache ich mir noch einen Pott Tee.

Die Stelle, die ich ausgesucht habe, stammt von Seite 29 des *masechet Menachot*, dem Traktat aus dem Talmud, der sich mit den Speiseopfern im Tempel befasst. In der Geschichte steigt Mose auf den Berg Sinai, wo Gott sitzt und dreizackige Kronen über die Buchstaben der Thora zeichnet. Mose fragt ihn: „Herr der Welt, warum setzt du Kronen auf die Buchstaben deiner bereits vollkommenen Thora?" – „In fernen Zeiten", antwortete der Herr, „wird ein Mann namens Rabbi Akiba sein, der zu jeder einzelnen kleinen Krone Berge von Geboten entwickeln wird." Mose wollte diesen großen Rabbi sehen. „Dreh dich um", sagte Gott, und Mose drehte sich um und fand sich in Akibas Unterrichtsraum wieder.

Mose setzte sich hinten hin und sah den Schülern dabei zu, wie sie über die Thora stritten. Die Diskussion war für Mose vollkommen unverständlich; er fühlte sich zunehmend unwohl und kam sich immer dümmer vor. Dann trug Rabbi Akiba ein besonders scharfsinniges, wiewohl entlegenes Argument vor, woraufhin einer seiner Schüler sagte: „Rabbi, woher weißt du das?" – „Es steht im Gesetz, das Mose auf dem Sinai von Gott empfangen hat", sagte Akiba. Als er dies hörte, ging es Mose ein wenig besser. Er wandte sich wieder zu Gott um und rief: „Herr der Welt, da hast du einen großen Mann wie Akiba und dennoch offenbarst du die Thora durch mich." Gott erwiderte: „Schweig. Das ist mein Wille."

„Ich habe mich schon immer gefragt, was es mit diesen Kronen auf sich hat", sagt Jeff und erklärt dann Amy: „Bis heute werden die Thorarollen kunstvoll per Hand geschrieben, wobei die Buchstaben oben mit Kronen verziert sind."

„Offenbar sind die Kronen nicht nur zur Zierde da", meint seine Frau. „Werden die wirklich von Thoragelehrten gedeutet?"

„Tja, die deuten so ziemlich an allem und jedem herum", sagt Jeff. „Es gibt sogar eine komplizierte Zahlenmystik, bei der jedem Buchstaben ein Zahlenwert zugewiesen ist, und dann versuchen die Rabbinen rauszukriegen, was diese Werte bedeuten."

„Wie zum Beispiel bei chalaw", sage ich mit Blick auf die Käsekuchenreste, „dem hebräischen Wort für Milch. Zusammengezählt ergeben die Werte für die einzelnen Buchstaben vierzig. Und weil Mose vierzig Tage auf dem Berg Sinai verbracht hat, ist das einer der Gründe, warum man an Schawuot Milchprodukte essen soll."

Jeff will wissen, warum ich diese Geschichte aus dem Talmud in unseren Packen getan habe. „Mir gefällt die Sache mit den Kronen", sage ich, „weil es von Anbeginn an zum antijüdischen Repertoire der Kirche gehört hat, dass die Juden nur eine wörtliche Lesart hätten, dass ihnen die Wahrheit Jesu entginge, weil sie keine Allegorien zu verstehen wüssten. Die Auslegung der Kronen macht deutlich, dass das jüdische Verständnis kein wörtliches ist. Allerdings habe ich diese Geschichte für heute Abend ausgewählt", sage ich, „weil ich meine: Wenn es eine Parallele zwischen Pfingsten und Schawuot geben sollte, so wird man sie in dieser Geschichte finden."

Amy wirft einen zweifelnden Blick auf den Text, der vor ihr liegt. „Ich erkenne da nichts", sagt sie. „Mach weiter."

„Also, für gewöhnlich sagen wir, dass die Fleischwerdung die Entsprechung zur Offenbarung am Sinai ist – Gott schenkt sich uns in der Thora und dann durch Christus, ja? Aber was wird hier geschenkt, in dieser Geschichte? Die Thora?"

„Die Offenbarung der Thora ist zwar der Kontext dieser Geschichte, aber sie ist nicht das eigentliche Geschehen", sagt Jeff. „Vielmehr wird hier ein Blick in die Zukunft eröffnet. Ein Blick darauf, wie die göttliche Offenbarung lebendig bleibt, nachdem die Offenbarung am Sinai zu Ende ist."

Und genau das passiert an Pfingsten. Gott hat uns das gegeben, wodurch seine Offenbarung für uns lebendig bleibt, bei uns bleibt, auch wenn der Augenblick der Offenbarung vorüber ist. Er hat uns den Heiligen Geist geschenkt, damit wir mit dessen Hilfe die Gemeinde errichten können, auch wenn Jesus in den Himmel hinaufgefahren ist.

„Gott gibt am Sinai nicht direkt einen heiligen Geist", sage ich, „sondern einen exegetischen Prozess. Einen Weg, seine einmalige Offenbarung so zu verstehen, dass die Offenbarung sich für ewig und alle Zeit offenbart."

Indem er seiner Gemeinde in Jerusalem den Heiligen Geist gab, gab Gott den Fortbestand seines Wortes in der Gemeinschaft seiner Gläubigen. Er gab das fortdauernde Wirken der Kirche. Indem er die Thora gab, gab Gott auch eine lebendige Überlieferung. Er gab nicht bloß ein Buch, sondern auch Mittel und Wege, mit denen seine Kinder dieses Buch lesen und deuten können. Er gab dreizackige, bedeutungsgeladene Kronen, und er gab Unterrichtsräume, Schüler und Lehrer, die diese Kronen auslegen, die Thora, die Mose zu kennen meint, in ein wildes Meerestier verwandeln werden, das Mose in Verwirrung stürzt, das er nicht einmal erkennt. Das gewohnte Reich Gottes auf Erden sieht anders aus als der vollkommene Moment der Offenbarung.

Um drei Uhr morgens machen Jeff, Amy und ich schließlich Feierabend. Von unserem Packen haben wir ungefähr ein Achtel geschafft. Sie schmeißen sich auf mein aufgeklapptes Sofa, ich krabble ins Bett.

Am nächsten Morgen singen wir in der Kirche Lieder über den Heiligen Geist, und im Pfingstgebet bitten wir Gott, „der du an diesem Tag die Herzen deiner Gläubigen gelehrt hast, indem du ihnen das Licht deines Heiligen Geistes gesandt hast", dass wir „vermöge eben jenes Geistes in allen Dingen rechten

Verstand haben mögen". Wir haben ein gutes Urteilsvermögen dringend nötig, und ich bin froh, dass wir Gott in diesem Pfingstgebet darum bitten. Er gibt uns da mit der Freiheit und Inspiration, sein Wirken hier auf Erden fortzusetzen (nachdem der Moment der Offenbarung vorüber ist), etwas Gefährliches an die Hand. Ohne dieses gutes Urteilsvermögen wird die Freiheit der Gemeinschaft Gottes, sein Werk auszuführen, zur Freiheit, uns selbst zugrunde zu richten.

In der Kirche denke ich noch mal an die Geschichte aus dem *masechet Menachot*, die Geschichte, wie Gott die Buchstaben der Thora mit Krönchen schmückt. Sie ist eine Geschichte, die häufig in jüdischen wissenschaftlichen Texten zitiert wird, aber auch in fürs normale Publikum gedachten Büchern zur jüdischen Spiritualität. Zumeist enden die Erzähler mit Mose, der Gott fragt, warum er seine Thora Akiba nicht einfach direkt offenbart, und Gott, der darauf antwortet, dass es sein Wille ist. Im Talmud geht die Geschichte allerdings noch ein paar Zeilen weiter. Mose sagt: „Herr der Welt, Du hast mir Akibas Thora gezeigt. Nun zeig mir seinen Lohn." Abermals befiehlt Gott Mose, sich umzuwenden, woraufhin er sieht, wie Händler an Marktständen Akibas Fleisch auswiegen, denn Akiba, der am Bar-Kochba-Aufstand teilgenommen hatte, war von den Römern zu Tode gemartert worden. Die Vision von Akibas Schicksal entsetzt Mose. „Herr der Welt", fragt er, „wie kann ein so hervorragender, gottesfürchtiger Mensch mit so einem schrecklichen Tod belohnt werden?" Abermals bringt Gott ihn zum Schweigen: „Still! Das ist mein Ratschluss."

Nimmt man dieses Ende hinzu, haben wir es mit einer ganz anderen Geschichte zu tun. Ohne das Bild von Akibas Tod haben wir einen geblendeten und leicht belämmerten Mose, sowie einen Gott, der ihn tröstet, aufmuntert, einen Gott, dessen Wille die innovative Brillanz Akibas ebenso umfasst wie den demütigen Dienst des Mose. Im zweiten Schluss der Geschichte sagt Gott exakt die gleichen Worte – ihre Bedeutung ist allerdings eine andere. Sie bedeuten, dass Gottes Wille nicht nur die rätselhafte Entscheidung umfasst, seine Thora Mose zu offenbaren, sondern auch die Ungeheuerlichkeit, das Abwiegen von Akibas Fleisch. An Pfingsten und Schawuot wird der Mensch für die Offenbarung verantwortlich – allerdings setzt Gottes Ratschluss, dass Akiba einen Märtyrertod sterben soll, diese Verantwortung in ein etwas anderes Licht. Gott bekräftigt im Ende der Geschichte seine Herrschaft. Dass die Rabbinen auslegen, die Menschen die Offenbarung hier auf Erden entwickeln können und dürfen, wird immer der Kontrolle durch seinen Willen unterliegen.

Meine Bibel

Die Bibel, die ich meistens benutze, ist ein dickes Buch mit weißem Einband, die Seiten rechts Hebräisch, links Englisch. Ich habe sie mit 15 von Benjamin, meinem orthodoxen Freund aus Washington, geschenkt bekommen. Er hatte an seiner Highschool irgendeinen Preis gewonnen, einen Geschenkgutschein des dortigen Ladens für jüdische Traditionsgüter, und damit kaufte er eine Bibel für mich.

Er hat keine Widmung hineingeschrieben. Stattdessen schrieb er eine Karte, die heute noch mitten in 4. Mose steckt. Die Karte ist grau, schwer, die Oberfläche fühlt sich wie Rohseide an, mit roter Tinte geschrieben, seine Handschrift verschnörkelt und pompös. Auf der Frontispiz-Seite ist ein dicker roter Strich, wo er von der Karte ab- und auf meine Seite gerutscht ist.

Natürlich hat dieses weiße Buch kein Neues Testament. Dafür habe ich ein gesondertes Buch – die „Neue Jerusalemer", eine englische Übersetzung einer französischen katholischen Übersetzung des Griechischen (mit der „Jerusalemer Bibel" hat sie nur die Kommentare gemeinsam; d. Übers.). Ich habe sie mir während der Highschool gekauft. Zur Feier des Tages, an dem ich mich entschieden hatte, die Columbia zu besuchen, fuhr ich zum Buchladen in der Innenstadt von Charlottesville und kaufte dort dieses Neue Testament, Ben-Sassons „Geschichte des jüdischen Volkes", ein Buch über Frauen und Ernährung im Mittelalter von einem Historiker der Columbia, und das Tagebuch der Frau eines konföderierten Kongressabgeordneten, die den Bürgerkrieg von ihrem Haus in South Carolina aus festhielt. An jenem Nachmittag las ich, während ich mit meiner Mutter in der Stadt herumkutschierte, laut vor, zuerst aus diesem Südstaatentagebuch, danach aus dem Römerbrief. Meine Mutter lachte. „Das ist nie und nimmer die Bibel", sagte sie. Das hörte sich so ganz anders an als die King James Bibel ihrer Kindheit. „Die Sprache ist so einfach", flachste sie, „dass man meinen könnte: Sie möchten, dass wir sie verstehen." Die Reformation war in Charlottesville angelangt.

Rut lesen

An Schawuot lesen die Juden traditionell das Buch Rut. Ruth ist immer mein Lieblingsname gewesen. Ich habe ihn immer gemocht, auch die Koseform Ruthie. Rut ist zudem meine Lieblingsgestalt in der Bibel, in erster Linie, weil sie eine Konvertitin ist, eine Moabiterin, die einen Israeliten heiratet und sich schließlich dem Gott der Hebräer verpflichtet. Sie ist die Urgroßmutter von König David, aus dessen Linie dann der Messias kommt. In den Monaten vor meinem Gang zur Mikwe habe ich Rut ständig gelesen und wieder gelesen. Und am College habe ich jedes Jahr beim Tikun Leil Schawuot nur Rut gelesen und studiert, das Buch Rut an sich, dann, was die Rabbinen dazu zu sagen hatten, und manchmal moderne Neudeutungen, Rabbinerinnen, die die Geschichte aus der Perspektive von Frauen neu erzählten, oder den Roman von Jane Hamilton über eine Ruth des zwanzigsten Jahrhunderts, die versucht, ihr elendes Dasein in Honey Creek in Illinois auf die Reihe zu bekommen.

Nachdem ich Christin geworden war, habe ich Rut ungefähr zwei Jahre lang überhaupt nicht gelesen. Anfangs nicht mit Absicht, ich bin einfach nicht dazu gekommen. Doch allmählich wurde mir klar, dass ich dem Buch Rut genauso aus dem Weg ging wie meinen jüdischen Freunden, dass ich meinte, Rut, jene tote Frau aus der Bibel, genauso verraten zu haben wie Beth oder Rabbi M.

Während meiner letzten Monate in England kaufte ich Kommentare zum Buch Rut, detailversessene Bücher von Alttestamentlern, in denen stand, wie viel Zentimeter Ähren Rut nachlas und was genau der Name Boas bedeutet. Die Kommentare standen ungeöffnet bei mir im Regal, ein wachsender Stapel ungelesener Bücher über ein ungelesenes Buch. Ich habe sogar einen auf Französisch geschriebenen Kommentar zu Rut gekauft, obwohl mein Französisch über *Pommes frites* nicht hinausgeht. Ich wollte es einfach zur Hand haben.

Gerade lese ich Rut wieder und stelle fest, dass ich sie anders lese. Rut ist noch immer meine Lieblingsgestalt, aber nicht mehr, weil sie Konvertitin ist, sondern eine – genealogische und literarische – Brücke zu Jesus.

Es ist wahrscheinlich keine Überraschung, dass ich Rut anders lese als früher. Durch die christliche Brille sehen die Geschichten alle anders aus.

Die Bibel ist ein Buch für Minimalisten. Das Buch Rut ist eine karge Short Story, vier Kapitel, alles in allem 95 Verse. Sie fängt mit der biblischen Entsprechung zu „Die Nacht war stürmisch und finster" an. In den ersten sechs Versen, Hintergrund und Einleitung in einem, wird uns immer wieder erzählt, dass alles nicht gut ist.

Der Talmud weist darauf hin, dass schon das allererste Wort von Unheil kündet: „Und es geschah". Dieses Wort, so der Talmud, taucht gerne dann auf, wenn die Juden in Schwierigkeiten geraten, wie zum Beispiel im Buch Ester, wo von der Beinahvernichtung der persischen Juden durch Haman berichtet wird. Ester beginnt mit: „Und es geschah in den Tagen des Ahasveros …" (Was der Talmud zu erwähnen vergisst: Wie Rut erzählt auch das Buch Ester von einem Unheil, das schlussendlich bewältigt wird, und zwar bewältigt durch die Schläue einer jungen Frau.)

Wir wissen also schon mal, dass es nicht gut losgeht. Dann erfahren wir, wann das Buch Ruth spielt: „in den Tagen, als die Richter richteten". Die Geschichte ereignet sich irgendwann in der Richterzeit, einer Zeit, als die Juden ihrer Führerschaft nicht gehorchten; die Gemeinschaft ist von Götzenanbetung und internen Streitigkeiten heimgesucht; die Stämme Israels erheben sich gegen die Benjaminiter, lassen nur sechs der Nachfahren Benjamins am Leben. Die Richterzeit war der Tiefpunkt der jüdischen Geschichte vor der Vertreibung mit dem Jahr 70 n. Chr.

Als Nächstes erfahren wir, dass es eine Hungersnot gab. Wir lernen Elimelech, seine Frau und zwei Söhne kennen. Sie fliehen aus dem von einer Hungersnot geplagten Bethlehem (im „Brothaus" gibt es absolut nichts mehr zu essen), machen sich auf den Weg in fremdes Territorium, das Land Moab. Für den Fall, dass sie noch nicht mitbekommen haben, wie schlimm es bestellt ist, erhalten die Leser Hinweise darauf mit den Namen der Figuren:

Noomi, so heißt die Frau, bedeutet „angenehm, liebenswürdig", die Namen der Söhne erregen hingegen Besorgnis: Machlon und Kiljon bedeuten „Krankheit" und „Ende".

Binnen dreier Verse sind die Männer allesamt tot: Elimelech stirbt, die beiden Söhne heiraten Moabiterinnen und sterben dann. Die drei Frauen bleiben als Witwen zurück. Wie eine Wissenschaftlerin anmerkte, leitet sich das hebräische Wort für *Witwe* von einem Wortstamm ab, der „nicht sprechen können" bedeutet: „Der Mann, der für sie gesprochen, der für sie gesorgt hat, ihr eine gesellschaftliche Stellung gegeben hat, ist tot. Durch ihre neue Bezeichnung wird sie als Spiegel dieses Todes beschrieben, stumm, hilflos, ohne Halt. Kein Wunder, dass die Propheten immer wieder ermahnen, an die Witwen zu denken. Wie der Fremde und die Waise ist sie ein Mensch, der allein dasteht, keine Ansprüche geltend machen kann, auf den selbst niemand Ansprüche geltend macht."

Und das alles in den ersten sechs Versen.

Noomi beschließt, nach Bethlehem zurückzukehren, und sie und ihre beiden Schwiegertöchter, Orpa und Rut, machen sich auf den Weg. Noomi will die Verantwortung für die beiden Schwiegertöchter nicht übernehmen. Sie kann nicht mal für sich selbst aufkommen, geschweige denn für Orpa und Rut. Also sagt sie ihnen, dass es für sie am besten wäre, nach Moab zurückzugehen, zu ihrem eigenen Volk. Noomi hat keine weiteren Söhne, welche die beiden heiraten könnten, und um noch Kinder zu bekommen, ist sie zu alt. „Orpa küsste ihre Schwiegermutter", lässt uns die Bibel wissen – soll heißen, sie verabschiedete sich von ihr, folgte ihren Anweisungen und kehrte nach Moab zurück. „Rut aber hängte sich an sie." *Hängte*, das gleiche Wort, mit dem die Juden die Treue zu Gott bezeichnen und mit dem in 1. Mose beschrieben wird, was ein Mann mit seiner Frau tut, nachdem er Mutter und Vater verlassen hat: „er wird seiner Frau anhangen".

Rut hängt sich an ihre Schwiegermutter und hält dann ihre berühmteste Rede, die man häufig bei Hochzeiten zu hören bekommt: „Wo du hingehst, da will auch ich hingehen. Wo du bleibst, da bleibe ich auch. Dein Volk ist mein Volk, und dein Gott ist mein Gott. Wo du stirbst, will ich auch sterben und begraben werden." Rut gibt ihre Freiheit – und einen potenziellen moabitischen Ehemann – auf, um bei ihrer Schwiegermutter zu bleiben, ihr zu dienen, der ansonsten völlig alleingelassenen Noomi nach Bethlehem zu folgen. Und indem sie dies gelobt, macht sie sich selbst zur Jüdin.

Als Rut und Noomi nach Jerusalem zurückkommen, sind die einheimischen Frauen geschockt. Sie sind fassungslos. Mit den Worten eines Kommentarschreibers: „Noomi sah aus wie die Hülle, die übrig bleibt, nachdem der Lebenskern herausgerissen wurde."

Als sie dort ankamen, ging es wie ein Lauffeuer durch die Stadt. „Ist das nicht Noomi?", riefen die Frauen. „Nennt mich nicht länger Noomi", erwiderte sie, „nennt mich Mara, denn Gott, der Allmächtige, hat mir ein schweres Schicksal auferlegt: Als ich von hier fortzog, hatte ich alles, was man sich nur wünschen kann. Jetzt lässt mich der Herr mit leeren Händen zurückkehren. Warum nennt ihr mich also noch Noomi? Der Herr hat sein Urteil gegen mich gesprochen; er, der Allmächtige, hat mir bitteres Leid zugefügt."

Wie bei den Söhnen sind Noomis Namen wichtig: Noomi bedeutet „die Fröhliche", Mara „die Betrübte". Die Bethlehemer Frauen, die in diesem Buch gewissermaßen wie in der griechischen Tragödie als Chor fungieren, fragen sie: „Ist das nicht die Fröhliche?", und sie entgegnet: „Nennt mich nicht die Fröhliche; nennt mich die Betrübte, denn der Herr hat mich betrübt gemacht." Raschi nennt noch ein weiteres Detail: Mit „alles" und „leer" meint Noomi auch Kinder. Mit Kindern hatte sie alles, ohne steht sie mit leeren Händen da. Noomis neuer

Name setzt sich jedoch nicht durch. Niemand nennt sie Mara. Man könnte fast meinen, alle anderen in der Geschichte begreifen, dass sich ihr Schicksal bald wenden wird, sie wieder zur Fröhlichen wird, dass das bittere Leid durch den Herrn nicht dauerhafter ist als eine Jugendliebe.

Kapitel zwei beginnt mit einer kleinen Feststellung: „Und Noomi hatte einen Verwandten von ihrem Mann her." Das war Boas, ein Angehöriger aus derselben Sippe, jemand, der verpflichtet sein könnte, für seine mittellose Angehörige zu sorgen. Rut bittet Noomi, sie zur Nachlese auf Boas Felder gehen zu lassen – also um dort die nach der Ernte liegen gelassenen Ähren aufzusammeln, damit sie etwas zu essen hatten.

Als Boas Rut auf seinem Feld sieht, ist er freundlich zu ihr. Er befiehlt den herumlungernden Männern, sie in Ruhe zu lassen. Wenn sie Durst hat, darf sie aus seinen Krügen trinken. Er versorgt sie mit Essen. Er ist durchweg großzügig ihr gegenüber, und Rut wie Noomi preisen ihn dafür.

Noomi weiß allerdings, dass diese Nachleserei keine Basis für eine gesicherte Existenz darstellt. Sie weist Rut an, sich zu waschen und zu salben, sich hübsch anzuziehen und zur Tenne zu gehen, wo Boas Gerste worfelt. „Merk dir genau die Stelle, wo er sich hinlegt", sagt Noomi. „Wenn er dann eingeschlafen ist, schlüpf am Fußende unter seine Decke! Alles Weitere wird er dir schon sagen." Mit anderen Worten: Verführe den Mann.

Rut tut, wie ihr geheißen. „Um Mitternacht fuhr Boas aus dem Schlaf hoch", berichtet uns die Thora. „Er beugte sich vor und entdeckte eine Frau, die zu seinen Füßen lag." Er bittet sie, sich zu erkennen zu geben, und nachdem sie das getan hat, hält er ihr einen Vortrag über das Gesetz, erklärt ihr, wie sie das Gesetz untergraben werden, um heiraten zu können. Es stimme, dass er ein Verwandter von ihr sei, sagt Boas, aber es gebe noch einen Mann, „der noch näher mit dir verwandt ist", soll heißen, der von Gesetzes wegen vorrangig für Rut verantwortlich wäre und obendrein als Erster Anspruch auf sie hätte. „Bleib heute Nacht hier! Morgen soll sich der Mann entscheiden, ob er sich deiner annehmen will. Wenn nicht, werde ich es tun. Das schwöre ich dir, so wahr der Herr lebt! Du kannst bis zum Morgen hierbleiben."

Am Morgen erzählt Boas besagtem Verwandten, dass Noomi beabsichtige, das Land ihres Mannes zu verkaufen. Wenn der Verwandte es möchte, soll das Land ihm gehören. Als er jedoch erfährt, dass ihm mit den Ländereien auch Rut aufgehalst würde, verzichtet der Mann dankend. „Wenn das so ist, trete ich meine Rechte auf das Grundstück an dich ab. Nimm du es", meint der andere zu Boas. Genau das macht Boas, womit die Geschichte, die so hoffnungslos begonnen hatte, zu einem Happy End kommen könnte.

Doch statt mit einem schlichten „lebten sie glücklich und zufrieden bis an ihr Lebensende" schließt das Buch Rut mit einer komplizierten, verwirrenden Darstellung der Abstammung.

Rut und Boas heiraten und der Herr gab ihr, „dass sie schwanger ward, und sie gebar einen Sohn". Obed wurde der Vater Isais, und dessen Sohn war König David. Wer aber sind Obeds Eltern? Rut gebar, aber Noomi wird Obeds Kindermädchen und „ihre Nachbarinnen gaben ihm den Namen Obed und erzählten überall: ‚Noomi hat einen Sohn bekommen!'"

Noomi, die Fröhliche. Sie hatte gemeint, für einen weiteren Sohn zu alt zu sein, doch weil Gott Rut hat schwanger werden lassen und mithilfe der verbalen Tricks der Frauen von Bethlehem hat Noomi im Alter doch noch einen Sohn. Ihre frühere Klage ist aufgehoben worden. Noomi hat einen Sohn, und Obed hat zwei Mütter, Noomi und Rut.

Obed hat auch zwei Väter. Zum einen erklärt Boas, dass er Rut nicht in seinem eigenen Namen heiratet, sondern im Namen ihres toten Mannes. Er sagt: „Damit habe ich auch die Verpflichtung übernommen, Machlons Witwe, die Moabiterin Rut, zu heiraten und einen Sohn zu zeugen, der als Nachkomme Machlons gilt. So wird der alte Erbbesitz in der Familie des Verstorbenen bleiben. Sein Name soll in unserer Sippe und bei den Einwohnern von Bethlehem niemals vergessen werden." Doch obwohl Boas erklärt hat, dass Rut den Namen des Toten fortbestehen lassen wird, ist der Schluss von Rut ein Stammbaum, in dem Boas und nicht Machlon als Vater Obeds genannt wird: „Dies ist der Stammbaum des Perez: Perez war der Vater Hezrons, und auf ihn folgten in direkter Linie Ram, Amminadab, Nachschon, Salmon, Boas, Obed, Isai und David."

Zwei Mütter, zwei Väter. Das Ende von Rut legt nahe, dass biologische Elternschaft nicht die einzige Elternschaft ist, die zählt.

Das Matthäusevangelium beginnt mit einem Stammbaum, der die Leser an das Buch Rut erinnern soll: „Dieses Buch berichtet die Geschichte von Jesus Christus. Er ist Davids und Abrahams Nachkomme, und das sind seine Vorfahren: Abraham – Isaak – Jakob (der Vater Judas und dessen Brüder) – Juda – Perez und Serach (Thamar war ihre Mutter) – Hezron – Ram – Amminadab – Nachschon – Salma – Boas (Sohn der Rahab) – Obed (Sohn der Rut) – Jesse – König David."

Und so weiter, vierundzwanzig Generationen lang, bis wir schließlich anlangen bei: „Matthan – Jakob. Jakob war der Vater Josefs. Josef war der Mann Marias. Sie war die Mutter Jesu Christi, des Sohnes Gottes. Von Abraham bis zu König David sind es also vierzehn Generationen. Auch von David bis zur Verbannung in Babylon sind es vierzehn Generationen, und von dieser Zeit bis zu Christus noch einmal vierzehn."

Matthäus schrieb sein Evangelium für eine vornehmlich jüdische Leserschaft und er war durchweg bemüht, zu beweisen, dass Jesus sämtliche Prophezeiungen der hebräischen Bibel erfüllte, einschließlich der Prophezeiung, dass der Messias aus dem Geschlecht Davids kommen würde. Aus genau diesem Grunde fängt er sein Evangelium mit einer langen und langwierigen Liste an, eine Liste, bei der Generationen von Sonntagsschülern eingeschlafen sind oder in der Bibel geblättert haben, auf der Suche nach spannenderen Stellen über Ehebruch und Krieg, oder selbst Speisegeboten. Alles ist aufregender als ein Stammbaum.

Doch der Stammbaum bei Matthäus ist von entscheidender Bedeutung. Denn Jesaja stellt in einer der deutlichsten und konkretesten Prophezeiungen über den kommenden Erlöser heraus, dass der Messias von Jesse abstammen wird, von Jesse, dem Sohn Obeds und Vater von König David. Deshalb musste das von Matthäus als Allererstes festgehalten werden, bevor er seiner jüdischen Zielgruppe das Evangelium verkünden konnte. Er musste zeigen, dass dieser Jesus von Jesse abstammte. Und genau das legt dieser Stammbaum dar – von Rut zu Obed, zu Jesse, David, durch die Generationen hin zu Josef, und dann zu Jesus.

Die Christin in mir strauchelt immer ein wenig bei diesem Stammbaum: Er steht und fällt letzten Endes mit Josef. Und wie wir Christen wissen, war Josef nicht der Vater von Jesus. Gott war der Vater von Jesus. Ein genealogisches Rätsel, dessen Lösung sich im Buch Rut findet.

Das Buch Rut ebnet Jesus den Weg auf zweierlei Weise. Es ermöglicht Jesu Geburt biologisch: Obed ist Vorfahr Jesu, sein Großvater rund dreißig Generationen zuvor. Hätte sich Rut nicht auf die Tenne geschlichen, gäbe es keinen Obed, keinen Jesse, keinen David, keinen Josef und keinen Messias.

Doch der Stammbaum aus Rut mit all seinen Irrungen und Wirrungen, dem Abweichen von eindeutiger biologischer Elternschaft, ebnet Jesus auch literarisch den Weg, da Jesus nicht auf Blut-Zellen-und-Aminosäuren-Art von David abstammt;

er stammt von David durch Josef ab, der letzten Endes nicht wirklich sein Vater war. Er gehört durch Rechtsfiktion zum Geschlecht David, durch Unterwanderung der genetischen Väterlinie. In biologischer Hinsicht ist Jesus nicht Josefs Sohn; vielmehr ist er Josefs Sohn, so wie Obed Machlons oder Noomis Sohn war. Weil Obed vier Elternteile haben kann – Machlon und Boas, Rut und Noomi –, kann Jesus zwei Väter haben, Gott und Josef. Indem er Rut auf die Tenne gehen und sie schwanger werden lässt, macht Gott Jesu Geburt biologisch möglich. Indem es Machlon als Obeds Vater und Noomi als Obeds Mutter benennt, schafft das Buch Rut einen Präzedenzfall für Elternschaft, der auch Jesu Geburt und seine komplizierte Zweiväterschaft literarisch möglich macht.

Bei genauerer Betrachtung leuchtet es durchaus ein, dass Jesu Verbindung zum Stammbaum der Israeliten über bloße Biologie hinausreichen soll – ist doch eine von Jesu Aufgaben, Gottes Gnade über die Grenzen von Abrahams biologischer Nachkommenschaft hinaus auszudehnen. Als Gott seinen Bund mit Abraham schloss, versprach er, dessen „Nachkommen so zahlreich wie die Sterne am Himmel" zu machen. Jesus ist die Nadel, welche die Kinder Gottes, die nicht direkte Nachfahren Abrahams sind, an jenen Nachthimmel näht.

Jüdische Papierschnitte sehen den Scherenschnitten der Amish sehr ähnlich. Man stellt sie her, indem man ein Stück Papier an einem Holzbrett befestigt und dann mit einem scharfen Messer die Form ausschneidet – in der Regel symbolische Darstellungen biblischer Themen. Papierschnitte wurden im siebzehnten und achtzehnten Jahrhundert bei den europäischen Juden beliebt, als Künstler anfingen, Esterrollen und jüdische Eheverträge mit Papierschnitten zu verzieren. Die Frauen hingen häufig aus Papierschnitten gefertigte Amulette in Kinderzimmern und Küchen auf, um ihre Häuser und Kinder zu schützen. In Amerika kamen Papierschnitte allerdings erst in der 1970ern in Mode, als sich von der Flower-Power-Bewegung infizierte Juden in Neuengland der alten Kunstform annahmen.

Ich habe diese Papierschnitte immer ganz wunderbar gefunden. Sie wirken fragil und fest zugleich. Und wenn ich mir Papierschnitte anschaue, muss ich an *hiddur mizwa* denken, an die Vorstellung, dass man nicht einfach nur die Gebote befolgt, sondern sie verschönt. Dass Juden wunderschöne Challadecken aus Seide, kunstvolle Kidduschbecher aus Keramik und Silberschmuck für die Thorarollen haben, liegt in *hiddur mizwa* begründet, in der Anleitung, wie Gott verherrlicht werden kann. Am vollkommensten werden für mich allerdings die Papierschnitte *hiddur mizwa* gerecht. Sie illustrieren normalerweise Bibelverse, und somit ist das von ihnen verschönte Gebot das wichtigste von allen: Das Gebot, die Thora zu lesen und zu erforschen.

Ich kaufe bei einem Antiquariat bei mir an der Ecke ein weiteres Buch über Rut, und dieses ist mit Papierschnitten bebildert, sechs Stück insgesamt, Bilder zu verschiedenen Versen aus Rut. Verschlungene Rosen illustrieren, wie Rut sich an Noomi hängt, es gibt einen Löwen und ein Lamm und die Worte: „Und die Moabiterin Rut zeugte David." Und hier, auf Seite 107, ist ein Bild von Noomis Klage, Rut 1,21: „Als ich von hier fortzog, hatte ich alles, was man sich nur wünschen kann. Jetzt lässt mich der Herr mit leeren Händen zurückkehren." In diesem Papierschnitt bilden Noomis Worte einen Bogen am Himmel, hebräische Zeichen ein Band um den Mond. Unterm Mond und den Worten stehen drei kahle Bäume, und unter ihren Wurzeln befinden sich andere hebräische Zeichen: Elimelech, Machlon und Kiljon, die Namen von Noomis verstorbenem Mann und ihren Söhnen.

Ich spüre die Künstlerin auf. Sie heißt Diane und lebt in New Mexico. Ich schreibe ihr eine E-Mail und frage sie, ob der Papierschnitt zu Rut 1,21 käuflich zu erwerben ist. Sie schreibt mir zurück: Für 900 Dollar gehört er mir. Als wir diese Mails wechseln, ist Freitagnachmittag. Sie wünscht mir „Schabbat schalom", und ich denke: Natürlich denkt sie, dass ich Jüdin bin. Ich habe so ein bisschen das Gefühl, sie zu hintergehen, weil ich ihr nicht meine ganze religiöse Lebensgeschichte per Mail erzähle. *(Sind Sie sich sicher, dass Sie Ihre Kunst einer Verräterin verkaufen möchten?)*

Als der Papierschnitt ankommt, packe ich ihn feierlich aus, halte ihn lange in Händen und hänge ihn dann an eine Wand mit Kreuzen – zu einem orangefarbenen Kreuz aus Ton, das ich in der Episkopalkirche in Oxford/Mississippi gekauft habe, und einem Trio aus Eisenkreuzen, von Jesus und von den beiden Dieben, das ich in einem kleinen Laden für Kunsthandwerk in North Carolina gefunden habe. Der Papierschnitt hängt am Ende darunter, er wirkt grazil und empfindlich, ein ganz klein wenig fehl am Platze, die Spitze, die aus einem schweren Wintermantel hervorlugt.

„Ein schwieriger Vers", schreibt mir Diane in ihrer E-Mail. „Die Herausforderung für mich bestand darin, die Einsamkeit des Verses zu treffen, und ihm dennoch Schönheit zu geben. Ich vermute, Sie finden einen schwierigen Verlust darin wieder."

Matthäus ist nicht das einzige Evangelium, in dem das Buch Rut nachklingt. Bei Lukas gibt es eine – von der Kirche als Magnificat bezeichnete – Textstelle, in der Maria Noomis Klage anklingen lässt. Das Magnificat ist Marias Reaktion auf die Nachricht des Engels Gabriel, dass sie ein Kind bekommen wird. Dieser Lobgesang gehört heute zu den Grundtexten der Kirche und hat sogar Eingang in die Liturgie gefunden: „Von ganzem Herzen preise ich den Herrn. Ich bin glücklich über Gott, meinen Retter", sagt Maria. In der Mitte des Gesangs kehrt sie jene Worte um, die Noomi an die Frauen Bethlehems gerichtet hatte: „Die Hungrigen beschenkt er mit Gütern, und die Reichen schickt er mit leeren Händen weg", sagt Maria und ruft damit Maras verzweifeltes „als ich von hier fortzog, hatte ich alles, was man sich nur wünschen kann, jetzt lässt mich der Herr mit leeren Händen zurückkehren" in Erinnerung.

Dass sich Anklänge zwischen Noomi und Maria finden, biblische Aussagen sich über dreißig Generationen zurückverfolgen lassen – darüber freue ich mich. Ich habe dadurch das Gefühl, dass ich meine Zeit kaum besser als mit Bibellektüre verbringen könnte.

Lesen ist allerdings nicht unkompliziert, und angesichts des Widerhalls zwischen den Äußerungen von Noomi und Maria drängt sich christlichen Lesern eine Frage auf: Wie liest man als Christ die hebräische Bibel? Wie liest man die gesamte Bibel, Altes und Neues Testament, als zusammenhängendes Stück Literatur aus Gottes Hand, im Glauben, dass die Zelte und Reden und Verheißungen und Kamele der älteren Bücher auf Ereignisse und Verkündigungen in den Evangelien hindeuten? Wie liest man die hebräische Bibel christlich, ohne sie zu einem bloßen Vorspiel zu Jesus zu machen?

Noomis und Marias Worte sind nicht die einzigen Bibelpassagen, bei denen sich diese Frage stellt. In meinen Augen ist es Christen beinah unmöglich, von der Fesselung Isaaks zu lesen und diese Geschichte nicht als Vorankündigung des Kreuzesopfers Christi aufzufassen. Es wäre für Christen unmöglich, die Passahgeschichte aus 2. Mose zu lesen und nicht bis Golgatha vorauszudenken. Am deutlichsten, eindrücklichsten aber stellt sich die Frage bei Noomis und Marias Worten, weil es dort nicht nur darum geht, wie Christen die hebräische Bibel lesen; in der Frage, die sich in ihren Worten stellt, geht es um den Bund Gottes mit den Juden selbst.

Es wäre für Christen einfach, sich erst Noomis Rede anzusehen, danach Marias Rede, und dann das Bild von Leere und Fülle, und dann zu sagen: *Nun, Noomi und die Juden insgesamt sind leer; erst wenn er zu Christus kommt, ist jemand erfüllt.* Es wäre für Christen ein Leichtes, sich die Begriffe *leer* und *voll* zu greifen und sich eine Geschichte auszudenken, bei der nicht nur der jüdische Text leer ist, sondern auch der Bund, den Gott mit den Juden geschlossen hat. Wenn man allerdings Christ ist und glaubt, wie Paulus im Römerbrief schrieb, dass „Gott weder seine Gaben zurückfordert, noch seine Zusagen widerruft", ist diese Lesart von Noomi und Maria nicht möglich, dann kann man nicht glauben, dass sie einen hübsch verpackt belehren wollen über den Triumph des Neuen Bundes durch Christus und die Bedeutungslosigkeit des Alten Bundes auf dem Sinai.

Marias Umkehrung der Worte Noomis als Aussage zu lesen, nach der alles Leere und Unvollendete in der hebräischen Bibel nur durch das Kommen Christi vollendet wird, heißt, das Buch Rut falsch zu verstehen. Maria kehrt Noomis Wehklage um, ist dabei allerdings nicht die Erste. Als Erste wird sie von den Frauen Bethlehems umgekehrt. Genau genommen geht es im Buch Rut einzig und allein um die Umkehrung von Noomis Klage. Marias Worte erneuern also die Erfüllung, die das Buch Rut bereits bietet. Als sie ihre berühmten Zeilen spricht, als sie Noomis Worte umkehrt, wiederholt Maria eine Umkehrung, die bereits im Text vorhanden ist. Die hebräische Bibel eröffnet die Möglichkeit einer christlichen Lesart, sie kann aber auch ganz allein für sich gelesen werden.

Als Christin bin ich altersmäßig gerade mal auf der Grundschule, und in der Grundschule lernt man in erster Linie lesen. Und mit dem Buch Rut lernt es sich nicht schlecht.

Sprachengebet

In der Pfingsterzählung der Apostelgeschichte wird uns über das Sprachengebet oder Zungenreden (griech.: *Glossolalie*) berichtet. Der Heilige Geist manifestiert sich unmittelbar als plötzliche Fähigkeit der Apostel, in Sprachen, die sie gar nicht beherrschen, zu sprechen und sich dabei gegenseitig zu verstehen. Das ist Umkehrung und Wiederherstellung des Turms von Babel aus 1. Mose, als die Menschen Götzen anbeteten und gegeneinander kämpften und Gott sie alle mit unterschiedlichen Sprachen strafte, wodurch sie ihr nächster Nachbar nicht mehr verstehen konnte. Jene Gruppe der Evangelischen, die sich am stärksten der „Zungenrede" widmet, leitet ihren Namen von dem Festtag ab. Sie heißen Pfingstler.

Ich habe Leute in solchen Sprachen reden hören; es hört sich ganz entzückend an, wie das Murmeln eines Baches, leicht und schnell, wie wenn die Finger über die hohen Tasten des Klaviers fliegen. Meine ordentlichen episkopalischen Freunde tun Zungenrede als Schwindel ab. In ihrem Bild vom Christentum ist dafür kein Platz.

Vor den 1960er-Jahren hätte man Schwierigkeiten gehabt, Episkopale zu finden, die wussten, was Glossolalie war, geschweige denn selbst in Zungen geredet hätten. 1959 begann jedoch Dennis Bennett, Pfarrer der Episkopalkirche in Van Nuys/Kalifornien, in Zungen zu reden. Sein Bischof und seine Gemeinde reagierten darauf, indem sie ihn entließen. In Seattle fand er schnell eine neue Gemeinde, und von der dortigen Kanzel löste er in der Kirche eine charismatische Erweckung aus. „Charismatisch" leitet sich vom griechischen *charisma*, „Gabe", ab – die Zungenrede wird auch als eine Gabe des Heiligen Geistes bezeichnet.

Hannah, jetzt Baptistin, ist als Pfingstlerin groß geworden. Kurz nachdem wir uns kennengelernt haben, frage ich sie, ob sie noch immer in Zungen redet. „Sicher doch", sagte sie. „Ich habe zwar nicht die Gabe der prophetischen Rede – weswegen ich auch nicht versuche, mich anderen in Zungen mitzuteilen —, mit Gott unterhalte ich mich dagegen ständig in Zungen. Ansonsten wüsste ich nämlich überhaupt nicht, was ich mit ihm reden soll. Ich möchte Gott für die ganzen wunderbaren Sachen in meinem Leben danken, aber mir fallen dafür nicht die richtigen Worte ein. Beim Sprachengebet gibt mir der Heilige Geist die Worte ein."

Genau das erzählen alle meine Freunde, die in Zungen reden. Sie sagen, dass sie durch die Zungenrede beim Beten lockerer sein können. Sie sagen, dass ihnen wohl nicht ganz klar ist, mit welchen Worten sie Gott danken sollen, dass unser Wortschatz anscheinend ziemlich blass ist, wenn es darum geht, Gott für die wunderbaren Gaben zu danken, die er uns schenkt. Das erledige der Heilige Geist für sie beim Beten. Er gibt ihren Dankgebeten den richtigen Ausdruck. Sie werden nicht mehr durch die albernen Grenzen der englischen Sprache eingeengt. So können sie Gott so loben, wie er es verdient.

Dankbarkeit gezeigt oder *Danke gesagt* habe ich natürlich schon unzählige Male. Ich habe ein Geschenk bekommen, ein Geschenk, das mir gefiel, und dann habe ich einen Brief geschrieben, in dem ich mich bedankt habe, einen, in dem ich auf Anweisung meiner Mutter nicht bloß davon schwärmte, wie toll ich den Pulli, die Aufsatzsammlung oder den Ledergürtel gefunden hätte, sondern auch noch in einem extra Satz beschrieb, wann ich das fragliche Buch gelesen hatte, dass es für die lange Autofahrt nach Virginia genau das Richtige gewesen sei, oder wie das Glitzerhandtäschchen genau richtig gewesen sei für die große Party in der Schule letzte Woche und sich mindestens ein halbes Dutzend Leute anerkennend darüber geäußert hätten. Ich weiß, was Dankbarkeit ist und wie man überzeugend davon redet, aber wirklich *gespürt* habe ich Dankbarkeit nur zweimal.

Den ersten Gefühlsanfall hatte ich im März nach meiner Taufe. Ich verbrachte den Cambridger Frühlingsferienmonat bei meiner Mutter in Charlottesville, in ihrem schmalen dreistöckigen Haus mit dem Kupferdach, dessentwegen das Haus unter Denkmalschutz steht. Den Großteil des Monats verbrachte ich auf dem Bett sitzend im obersten Zimmer jenes schmalen Hauses, las Bücher, starrte aus dem Fenster in die Baumkronen und versuchte, den Jetlag loszuwerden, schrieb lange Briefe und lernte das „Book of Common Prayer" auswendig. Und dann, eines Abends, hockte ich auf dem kratzigen neuen terrakottafarbenen Teppich und sortierte jene Bücher aus, die nach England zu schicken ich mir nicht leisten konnte. In dem Moment erwischte es mich. Ich konnte nicht glauben, was Gott für mich getan hatte, war dankbar bis zu den Zehenspitzen. Im Jargon der Evangelikalen würde man vielleicht sagen, dass ich dort auf dem Teppich erkannte, dass ich eine Sünderin war. Ich sah jäh die Schlucht, die zwischen vollkommenem Gott und gefallenem Ich klaffte, und ich war überwältigt von Dankbarkeit, dass Gott in seiner Gnade mich arme kleine Sünderin dennoch für wert erachtete, mich zu ihm hinzuziehen. Dieses Gefühl hielt noch monatelang an, mal schwächer, mal stärker. Ich lag ständig auf den Knien, lobte Gott, vermeinte einen Vorgeschmack darauf zu haben, was es hieß, Engel zu sein und den ganzen Tag Hosianna zu singen.

Der zweite Anfall ist noch nicht lange her. Ich lag eines Abends auf meiner Couch und las ein Buch über Freundschaft. Die Autorin schreibt darüber, wie schwer es ist, Freunde zu gewinnen, und wie schmerzhaft, Freunde zu verlieren, und dass uns für diese Verluste nur der Wortschatz von Trennungen im Liebesleben zur Verfügung steht. Dabei sind die Trennungen von Freunden schwerer, seltener, dauerhafter, trauriger und insgesamt niederschmetternder als der 08/15-Knatsch bei Liebespärchen.

Ich lag also auf dem Sofa, mein Kopf von vier weichen Kissen gestützt, die Beine angewinkelt wie beim Rumpfbeugen, der Rücken flach auf den blau-weißen Streifen des Sofas. So lag ich da und listete mir alle Freundschaften auf, die in die Brüche gegangen waren, die Menschen, die ich betrogen oder getäuscht hatte oder um die ich mich einfach nicht mehr gekümmert hatte, und dann verspürte ich wieder Dankbarkeit, so körperlich wie Hunger, schwer wie ein Nebel, der sich über meinen Magen legte, spürte, wie ich mich füllte, schwer wie Obst in einem Korb. Ich lag auf der Couch und konnte nicht glauben, dass Gott mir all diese Menschen geschenkt hatte. Selbst wenn ich nie wieder Freunde haben, die nächsten fünfundsiebzig Jahre als einsames Gespenst herumgeistern würde, könnte ich sie nie vergelten, all die Liebe. Danach schlief ich auf dem Sofa ein, unter der Decke meiner Dankbarkeit, das Buch über Freundschaft unter meinem Kissen.

Als ich gegen vier in der Früh aufwachte, wirkte die Dankbarkeit noch immer nach. Ich langte nach meinem Gebetbuch. Ich sprach das Morgengebet. Ich blieb bei Psalm 100 hängen: „Geht durch die Tempeltore ein mit Dank, betretet den festlichen Vorhof mit lautem Lob! Preist ihn! Rühmt ihn! Denn der Herr ist gut zu uns, seine Gnade hört niemals auf." Normalerweise kann das Gebetbuch meine Gefühle besser ausdrücken als ich selbst, heute morgen aber fehlte etwas. Ich musste irgendwas tun, Gott etwas geben, ich brauchte den Tempel, wo ich meine ersten Früchte darbringen konnte, oder Brot, das ich eigenhändig gebacken hatte.

Versuchshalber sprach ich einfach nur mit Gott über meine Dankbarkeit, aber damit kam ich der Sache auch nicht sehr viel näher. „Ich bin wirklich dankbar", sagte ich. „Ich möchte dir für all das Wundervolle danken, das du mir geschenkt hast, für all die Freunde, meine Familie. Und ich möchte dir für die Gabe danken, dankbar sein zu können." Das war jetzt nicht sooo der Bringer. Genauso gut hätte ich meinen Einkaufszettel vorlesen können.

Genau das hat Hannah gemeint, dachte ich. Genau das hat sie gemeint, als sie gesagt hat, sie fände nicht immer die richtigen Worte. Dass sie manches nicht selbst zum Ausdruck bringen könne, sondern dabei den Heiligen Geist brauche.

Ich ging ans Regal und fand „Bitten um den Heiligen Geist" von Dennis Bennett, ein Buch, das ich vor zwei Jahren gelesen hatte. Ich fing an, es noch mal zu lesen. Am Ende habe ich es an jenem Morgen viermal durchgelesen (ist nur ein schmales Buch). Bennett unterscheidet zwischen zwei Arten des Sprachengebets. Die Erste bezeichnet er als „Gabe der Zungen", was eine besondere Form der Zungenrede sei, bei der jemand Worte von Gott zu einer Gruppe Menschen bringe. Diese Gabe sei nicht allen Christen gegeben, schreibt Bennett, so wie nicht allen Menschen die Gabe des Heilens, Lehrens oder der Leitung gegeben sei. Die zweite Art der Zungenrede nennt Bennett eine „Gebetssprache", mit der man einfach zu Gott spreche; doch statt die aus der eigenen Sprache bekannten Wörter zu benutzen, vertraue man darauf, dass der Heilige Geist Worte seiner Wahl in der Sprache seiner Wahl nehme, vielleicht sogar in einer brandneuen Sprache, die nie zuvor gesprochen worden sei. Wir müssten bloß Gott um diese Gabe bitten, dann werde er sie uns geben. Jeder habe Anrecht darauf.

Ich saß auf meinem Sofa und fing an, um eine Gebetssprache zu bitten. Ich wollte gerne bachgleich murmeln. Ich wollte Gott mit Worten danken, größer als alle Worte, die ich mein nenne. Ich wollte ihn ohne Anstrengung preisen, nicht die ganze Zeit über Sätze nachdenken müssen, ohne Einschränkung durch meinen eigenen kleinen Wortschatz.

Okay, Gott, dachte ich. *Hau rein. Von mir aus kann's losgehen.*

Wenn Dennis Bennett bei mir im Zimmer gewesen wäre,

würde er mich daran erinnert haben, dass ich nun meinen Mund hätte öffnen und losreden sollen. Und wenn der Heilige Geist mir diese Sprache geben wollte, dann würde sie dort herauskommen. Sie würde jedenfalls nicht aus meinem geschlossenen Mund kommen.

Doch ich tat meinen Mund nicht auf. Er pappte zusammen, als ob ich gerade das klebrigste Erdnussbutter-Marmeladenbrot von der ganzen Welt gegessen hätte.

Dennoch flehte ich weiter auf Gott ein. *Lass knacken*, dachte ich. *Zungen Zungen Zungen.* Und hielt dabei weiter meinen Mund geschlossen.

Und dann kamen mir Zweifel. Das hier war ein Test – allerdings wurde nicht ich geprüft, sondern Gott. Wenn er der war, der er zu sein behauptete, wenn er allmächtig und dreifaltig war, würde ich meine Sprache bekommen. Wenn nicht, dann nicht.

Ich saß auf dem Sofa, und jede Sekunde, die verstrich, erhielt große Bedeutung. Auch wenn ich in zig Büchern gelesen hatte, dass Leute manchmal monatelang beteten, ehe sie ihre Gebetssprache bekamen. Es lief alles auf diese züngige Nagelprobe hinaus. Wenn Gott wirklich wäre und das Neue Testament wahr, würde ich anfangen zu brabbeln. *Zungen, Zungen, Zungen*, dachte ich. *Zungen, Zungen, Zungen.*

Ich sah auf die Uhr, wippte ungeduldig mit dem Fuß und dachte, dass die ganze Geschichte von Jesus, ganz zu schweigen von Pfingsten und dem Heiligen Geist, Unfug sein musste.

Doch dann kam die Gnade herabgerauscht. Nein, ich habe nicht angefangen, in Zungen zu reden – vielmehr bin ich aufgestanden, im Kreis gelaufen, habe die Vorhänge geöffnet und aus dem Fenster geblickt. Plötzlich klickte es bei mir. Ich begriff, dass die ganze Übung danebengegangen war. Ich begriff, wie verkehrt und verrückt und falsch es von mir war, daraus ein Kriterium für die Existenz Gottes ableiten zu wollen – ich hatte eigentlich aus Dankbarkeit beten wollen, und am Ende war ich nur noch undankbar. Und ich begriff, dass ich erst wieder um eine Sprache fürs Gebet bitten sollte, wenn ich bitten konnte, ohne daraus einen Prüfstein für meinen Glauben zu machen.

Schälmesser

Es fällt mir schwer, Gott in anderen als abstrakten Begriffen zu beschreiben, selbst einen Gott, der Hände, Füße, Zehen annahm. Es ist immer noch schwer, ihn mit Wörtern zu beschreiben, die ich in Händen halten oder in der Tasche haben kann. Die meisten Gott-Wörter, zu denen ich greife, flattern davon, bevor ich sie schnappen kann – zum Beispiel *unbeschreiblich*, *mächtig*, *gut*. Die besten Wörter, welche ich bis dato gefunden habe, hat Gott selbst gesagt, wobei er vorgeblich nicht von Gott redete, sondern von denen, die er liebt; wenn Gott von seinem Volk spricht, erzählt er uns in der Regel weniger über uns und mehr über sich. Am ersten Freitag der Pfingstzeit lesen wir im Morgengebet einen Vers aus Lukas 12: „Jedem aber, dem viel gegeben ist – viel wird von ihm verlangt werden" (rev. Elberfelder Bibel). Das ist einer der besten Bibelverse überhaupt und so ziemlich das Heftigste, was über Gott gesagt wird. Das Passiv ist trügerisch. Es scheint zu verdecken, wer hier der Handelnde ist, wer der Gebende und wer der Verlangende. Man muss sich nicht lange in seiner Gesellschaft aufhalten, um zu erkennen, dass es beide Male Gott ist.

Manchmal fällt es schwer zu erklären, wonach überhaupt verlangt wird. Einmal bin ich zu spät in die Kirche gekommen, über eine Stunde zu spät, nach der Lesung aus dem Evangelium, bin mitten in die Fürbitten hineingeplatzt. Ich setzte mich

ganz nach hinten, fing an zu weinen. Heimlich, still und leise –
wie ich dachte. Doch anscheinend übertrug mein Elend sich auf
den Saal, denn eine kleine schwarze Frau mit breitem Lächeln
und blauem Kleid kam zu mir, nahm mich in den Arm und sagte zu mir, dass Tränen vom Heiligen Geist kämen. Man hätte
meinen können, es sei etwas Schreckliches passiert – dass ich
gerade von der Alzheimererkrankung meiner Mutter erfahren
hätte, ein schreckliches Wochenende hinter mir läge, mein
Haus abgebrannt wäre oder ich meine beste Freundin bei einem Autounfall verloren hätte; nichts davon war passiert, aber
wer sah, wie heftig ich in den Armen der Heiligen-Geist-Frau
heulte, hätte das alles vermuten können.

Ich weinte wohl, weil ich allmählich auf neue Weise begriff,
wie viel da eigentlich von mir verlangt wurde, wie sehr Gott alles von mir wegnehmen würde, so wie Silberpolitur angelaufe-
ne Gabeln freilegt. Ich weinte, weil mir immer klarer wurde,
wie recht Tschechow mit seiner Feststellung hat, dass wir alle
uns unbedingt an andere binden wollten, meistens einander jedoch bloß fremd seien. Weil ich immer stärker weiß, dass dieses Glas sehr, sehr dunkel ist, dass das tatsächlich eine lange
Einsamkeit ist, einsam und lang.

Manchmal fühle ich mich, als ob Gott ein Schälmesser bei
mir angesetzt hat. Jetzt weiß ich, wie der Apfel sich fühlt.

Wallfahrt nach Albemarle

Einer Umfrage zufolge weist Charlottesville/Virginia die meisten Haushalte unseres Landes auf, in denen pro Kopf „mit Begeisterung gelesen" wird. Wenn man die buchlastige Geschichte der Stadt kennt, überrascht das nicht. Thomas Jefferson war

der eifrigste Büchersammler der frühen USA; des Weiteren waren hier im Laufe der Jahre illustre Autoren wie Edgar Allan Poe oder Faulkner heimisch (der seine letzten Jahre mit Trinken und Ausritten in der Albemarle County verbrachte). Heute bietet Charlottesville nicht nur mehr Lesern Heimat als jeder andere Ort im Land, sondern, soweit ich das sehe, auch mehr Autoren. Der Romanautor John Casey lebt in der Stadt und lehrt an der Uni, ebenso wie eine preisgekrönte Dichterin. Rita Mae Brown und ihr Katzendetektiv Sneaky Pie Brown wohnen im Albemarle County, Ann Beattie lebt mal in Virginia, mal in Maine. Vor ein paar Jahren ist John Grisham aus Mississippi nach Charlottesville gezogen. Der letzte Coup war meiner unmaßgeblichen Meinung nach ein noch größeres Ding: neulich ist Jan Karon, Verfasser der Mitford-Romane, nach Charlottesville gezogen.

Mir ist die Rolle, die Karons Romane bei meiner Konversion gespielt haben, immer leicht peinlich gewesen. Ich bin mir ziemlich sicher, dass Gott da einen göttlichen Scherz mit mir getrieben hat – schließlich hätte er auch ein bisschen Dostojewski oder Barth daruntermischen können –, in der Hoffnung, mich in einem Rutsch zugleich ans Taufbecken zu kriegen und mir ein wenig von meinem heiß geliebten Bildungsdünkel abzugewöhnen. Trotzdem muss ich oft über die Bücher nachdenken, die Gott bei anderer Leute Konversion benutzt hat – einer zum Beispiel wurde Katholik, nachdem er Graham Greene und Georges Bernanos gelesen hatte, und Augustinus wurde bekanntermaßen nach Lektüre des Römerbriefs Christ. Es ärgert mich, dass es Gott in seiner Weisheit beliebte, mich mit christlicher Unterhaltungsliteratur zu angeln. Es hätte allerdings schlimmer kommen können. Ich hätte auch bei der Lektüre der plakativen Endzeitromanreihe von Tim LaHaye und Jerry Jenkins zum Glauben kommen können (wie „Finale – die letzten Tage der Erde").

Und wenn's noch so peinlich ist – ich bin leicht verknallt in Jan Karon, wie ein Schulmädchen, und als mir meine Mutter – als ich wieder mal in Virginia bei ihr auf Besuch war – eines Morgens beim Frühstück erzählt, dass Karon in die Nähe von Charlottesville gezogen ist, fang ich an, mir vorzustellen, wie es wäre, ihr im Supermarkt über den Weg zu laufen und bei Weizenflocken und Little-Debbie-Keksen zu besten Freundinnen zu werden. „Ich würde mir da nicht allzu viel Hoffnungen machen", meint meine Mutter. „Sie hält sich anscheinend sehr bedeckt, wo sie genau wohnt." Wie aus gut unterrichteten Kreisen verlautet, ist Jan Karon aus Blowing Rock in North Carolina weggezogen, weil sie ständig von Touristen belagert wurde; sie standen bei ihr in der Einfahrt, liefen im Garten herum, klopften sogar bei ihr an die Tür, in der Erwartung, auf einen Plausch hereingebeten zu werden. Die Charlottesviller meinen durch die Bank, dass sie weggezogen sei, um ihren rücksichtslosen Fans zu entgehen, und dass die drei oder vier Einheimischen, die ihren Aufenthaltsort kennen, loyal sind und ihr Geheimnis für sich behalten. Die Zeitung „Southern Living" war neulich ganz besonders vage: Ein kurzer Artikel über Karons neue Behausung ließ durchblicken, dass sie sich wohl im Commonwealth befände, und traute sich nicht mal den Namen eines Landes zu nennen.

Meine Mutter ist gerade dabei, mir das alles zu erklären, da hüpfe ich aufgeregt auf und ab. „Ich weiß was! Ich weiß was!", rufe ich, immer noch hüpfend (wenn ich bei meiner Mutter bin, neige ich ein wenig zu kindlicher Regression). „Wir können uns ins Auto setzen und ihre Farm suchen! Das wird wie eine Pilgerfahrt!"

Nachdem meine Mutter begriffen hat, dass es mir ernst ist damit, hält sie das Ganze für etwas befremdlich. „Lauren", sagt sie, stellt die Kaffeetasse hin und sieht mich dann ganz fest an (so nennt man das wohl), „du wohnst in *New York*. Verbringst du da etwa so deine Wochenenden? Erst einen Bagel (ein jüdisches Hefegebäck; d. Übers) und die ‚Times‘, danach eine kleine Exkursion und gucken, ob du die Wohnung von Schriftstellerin XY findest?“

Doch da von mir eher selten der Vorschlag zu gemeinsamen Mutter-Tochter-Aktivitäten kommt (zumindest Mutter-Tochter-Aktivitäten, bei denen meine Mutter nicht ihre Kreditkarte vollständig ausreizen muss), sagt sie schließlich ja.

Mama und ich versuchen uns vorzustellen, wo wir eine Farm kaufen würden, wenn wir millionenschwere Romanautorinnen wären. Da wir gehört haben, dass Jan Karon die Episkopalgemeinden von Charlottesville meidet und einer kleinen Kirche auf dem Land den Vorzug gibt, sage ich, dass sie sich vielleicht im benachbarten und nicht weit entfernten Virginia angesehen und eine Kirche gefunden hätte, die ihr gefiel, und dass sie sich daraufhin eine Farm in der Nähe der Gemeinde ihrer Wahl ausgesucht hätte. „So würden das jedenfalls die Leute in ihren Romanen machen“, sagte ich, „von daher nehme ich an, dass sie ähnlich vorgehen könnte.“

Eine Möglichkeit wäre die „Grace Episcopal Church“, vor allem bekannt dafür, dass sie die alte englische Tradition des Jagdsegens übernommen hat. Die Gemeinde hat mit diesem Brauch in den 1920ern begonnen, und er wird noch heute von den Mitgliedern der Jagdgesellschaft „Keswick Hunt“ an Thanksgiving begangen. „Jan Karon ist eigentlich zu bodenständig, als dass sie was für diesen Pferdekram übrig haben könnte“, sage ich zu meiner Mutter. „Sie geht wahrscheinlich eher nicht zur Grace Episcopal.“ Falls Jan Karon eine richtig alte Kirche ins Auge gefasst hatte, hat sie sich vielleicht die „Christ Church Glendower“ in Richtung Scottsville ausgesucht; dort war Thomas Jefferson im Kirchenvorstand, und Robert Rose, der dort Mitte des achtzehnten Jahrhunderts Pfarrer war, hat das umfangreichste Tagebuch aller anglikanischen Geistlichen in Virginia hinterlassen. Doch meine Mutter meint schließlich, dass wir es in der Gegend um Barboursville versuchen sollten, da Jan Karon eventuell in der Nähe der „All Saints' Episcopal" wohnen könnte, einer winzigen weißen Kapelle auf dem Land. „Sollen wir also dort in der Gegend herumfahren und gucken, ob wir sie beim Postreinholen oder Joggen sehen?", überlegte ich.

„Was Besseres fällt mir jedenfalls auch nicht ein", sagt meine Mutter. Für die Annahme, dass Jan Karon tatsächlich in der Nähe von Barboursville lebt oder die „All Saints' Episcopal" besucht, gibt es natürlich keinerlei Begründung, und der wirkliche Grund, warum meine Mutter in diese Richtung fahren möchte, ist, dass man nach Gordonsville kommt, wenn man noch zehn, fünfzehn Meilen weiterfährt, und dort befindet sich das Toliver House, eines ihrer Lieblingsrestaurants in ganz Virginia. „Wenn wir schon so eine verrückte Suche unternehmen", murmelt sie, als sie mich außer Hörweite wähnt, „dann kann dabei wenigstens ein leckeres Essen rumkommen."

Der Tag beginnt wenig vielversprechend. Erstmal fahren wir mit Verspätung los, weil ich verschlafe, wobei ich sogar den Stecker aus der Wand gerissen habe, um den Wecker zum Schweigen zu bringen, als er um neun losgeht. (In New York werde ich für gewöhnlich bei der *Morning Edition* des Nationalen öffentlichen Radios NPR wach. Der Wecker in Charlottesville kommt allerdings ohne Radio oder gar ein normales Piepsen aus; er hat nur zwei verschiedene Glockenklänge zur Auswahl: Kirche oder Schlitten.)

Nach einem Zwischenstopp bei einem Laden, der hier für seine Donuts aus Kartoffelmehl bekannt ist, und etwa 15 Minuten auf dem Highway gelangen wir zur „All Saints' Episcopal". Die Kirche ist abgeschlossen, und wir können nur einen Blick durch die Fenster werfen. Ein Schild kündet von Gottesdiensten jeden zweiten und vierten Sonntag im Monat, und ich frage mich, wer da wohl hingeht. „Niedliche Kapelle", sagt meine Mutter. Laut Überlieferung wurde kurz vor dem Bau der Kirche ein dreijähriges Mädchen von einem Gesteinsbrocken erschlagen, der von einem Berg in der Nähe heruntergerollt war. Die Gemeinde ließ Matthäus 18,3 in den Stein meißeln: „Wenn ihr nicht umkehrt und werdet wie die Kinder, so werdet ihr nicht ins Himmelreich kommen" – und nahm ihn als Grundstein für die Kirche. „Ich wette, der Tod dieses Mädchens war in mehr als nur einer Hinsicht Grundstein für diese Kirche", meint meine Mutter.

Mama – die sich bei unserem Umzug nach Charlottesville ungefähr siebenundneunzig Bücher mit Titeln wie „Sieben Spaziergänge durchs schöne Virginia" zugelegt hatte – hat drei Reiseführer mitgebracht, weil sie der Ansicht ist, dass man die Suche nach Jan Karon mit ein bisschen kulturhistorischem Sightseeing verbinden könnte. Einem der Führer zufolge quert dieser Teil des Highways einen der historischeren Flecken eines höchst historischen Staates: Wir bekommen eine ehemalige Sklavenhütte zu sehen, das Anwesen, auf dem der Enkel von Benjamin Franklin für kurze Zeit in Virginia seinem ärztlichen Treiben nachging, etliche Weingüter, die Überreste einer Pflanzung, die schon in den 1880ern abgebrannt ist, und die Farm, auf der „Giganten" mit Elizabeth Taylor und James Dean teilweise gedreht wurde.

„He", rufe ich, während ich in dem Führer blättere, „hast du gewusst, dass Lottie Moon aus der Albemarle County stammt?" In unserem Buch steht, dass Lottie Moon auf Viewmont, einer Pflanzung aus dem 18. Jahrhundert im Süden von Charlottesville, geboren sei. „Nicht dein Ernst", meint meine Mutter. Lottie Moon war im 19. Jahrhundert als Missionarin der Baptisten in China tätig, und sie ist einer der Gründe, warum meine Mutter bei den Baptisten ausgetreten ist. Denn die Evangelisation, welche die Gemeinde meiner Mutter in Lottie Moons Namen betrieb, brachte nicht jenen, die noch nie von Jesus gehört hatten, die Gute Nachricht nahe, sondern anderen Protestanten den baptistischen Glauben, die baptistische Botschaft.

„Ich weiß noch, wie ich meine Pennys für das Lottie-Moon-Weihnachtsopfer gespart habe", sagt sie. „Aber selbst mit acht fand ich es schon etwas beknackt, dass unsere Gemeinde einen Missionar nach North Dakota entsandte, um dort Lutheraner zu bekehren."

„Vielleicht ist sie das", sagt meine Mom und zeigt auf eine blondliche Gestalt, die über einen grasbewachsenen Hügel bei einer Farm geht.

„Lottie?", frage ich.

„Nein – Jan", sagt meine Mutter. „In der Zeitung war ein Artikel über sie, und ich meine, auf dem Foto hätte sie an so einem Zaun wie dem da gelehnt."

„Mama", sage ich, „jede Farm hierzulande hat so einen Zaun." Ich versuche, die Gestalt zu erkennen, die sich auf den Hof zubewegt. „Das ist jedenfalls nicht Jan Karon", sage ich. „Das ist ein Mann."

Als wir im Toliver Haus vor unseren Barbecue Sandwiches sitzen, fragt meine Mutter: „Hast du eigentlich dein Exemplar von *Daheim in Mitford* nicht dabei?"

„Hmmm?", frage ich, ein Weizenbrötchen mümmelnd.

„Was machst du, wenn wir sie tatsächlich entdecken? Sie könnte zum Beispiel in Gordonsville wohnen und jeden Samstag hier im Toliver House essen. Hast du nicht wenigstens ein Buch dabei, das sie signieren könnte, wenn sie reinkommt?"

„Mutti", sage ich mit jener Singsangstimme, die ich einst mit zwölf benutzte, wenn meine Mutter mal wieder was komplett Lächerliches gesagt hatte, „ich kann doch nicht einfach zu ihr *hingehen*, selbst wenn wir sie sehen würden. Da würde sie wahrscheinlich denken, ich mache Stalking. Das wäre doch eine Verletzung der Privatsphäre."

Ich bin für heute Abend auf eine Party eingeladen, und da das schickste Teil, das ich nach Charlottesville mitgenommen habe, ein Kapuzenpulli ist, frage ich meine Mutter, ob sie einen Klamottenladen weiß, bei dem ich gerade was billig kaufen kann. Meine Mutter räuspert sich und packt die Gelegenheit beim Schopf. „Rasierer", meint sie, „kann man immer billig kaufen." Sie glaubt in einer Hinsicht. als Mutter versagt zu haben: Dass ich mir nicht die Beine rasiere. Sie hofft, dass ich bei ausreichend langem Aufenthalt in Virginia Make-up für mich entdecke, meine Brille gegen Kontaktlinsen eintausche und – wie sie das nennt – „Outfits" zu tragen beginne, statt bloß Kleidung. Immer, wenn ich sie besuche, platziert sie ein paar Fläschchen Rasierschaum um die Wanne herum, nur für den Fall, Sie wissen schon, falls man plötzlich in die Stimmung kommt. Ich überlege, ob ich ihr erklären soll, dass ich in den letzten zehn Jahren nicht in der Stimmung war und das deshalb ziemlich sicher auch nichts mehr werden wird, aber das gäbe nur Tränen, und daher lasse ich's.

„Was findest du überhaupt so gut an den Büchern von Jan Karon?", fragt meine Mutter, als wir von Gordonsville zurückfahren.

„Ach", sage ich, „Jan Karon schreibt einfach sehr gut über North Carolina. Da gibt's zum Beispiel diese Figur namens Dooley." Nach dem alten Folksong über Tom Dooley, der für den Mord an seiner ehemaligen Geliebten Laurie Foster hängen muss. „Und außerdem haben mir die Mitford-Romane einiges über Jesus beigebracht."

Wir kommen an einer Gruppe Schwarzbunter auf einer Wiese vorbei. Man könnte meinen, sie starrten uns an.

„Und außerdem mag ich Father Tim", sage ich. „Der ist lustig."

Ich drücke auf die Wiederholungstaste des CD-Players. Wir hören Schuberts Streichquartett Nr. 13, dessen Andante ich schön finde. Jan Karon haben wir zwar nicht gefunden, aber hier mit meiner Mutter zusammenzusitzen und den ganzen Moll-Akkorden zu lauschen, ist Wallfahrt genug.

Credo

Ich gehöre vom Naturell her zu den Notizenmachern. Ich schreibe in meine Bücher rein. Ich kritzel hinten Sachen rein. Ich unterstreiche.

Mein Gebetbuch bildet da keine Ausnahme. Die Ränder sind bunt bemalt, wie bei den Stundenbüchern aus dem Mittelalter, die ich mir immer in The Cloisters ansehe, nur eben mit Wörtern statt mit Bildern. Auf Seite 66, beim Apostolischen Glaubensbekenntnis, habe ich Folgendes aus „Encountering God" (Gott begegnen) von Diana L. Eck hineingeschrieben:

„Das lateinische Wort credo bedeutet wörtlich ‚Ich gebe mein Herz'. Das Wort glauben ist heutzutage problematisch, zum Teil weil sich die Bedeutung verschoben hat: war es einst Ausdruck einer Gewissheit, die so tief war, dass man ihr sein Herz geben konnte, ist es heute Ausdruck einer Ungewissheit, die so seicht ist, dass sich nur die ‚Leichtgläubigen' darauf verlassen würden. Beim Glauben geht es nicht um Behauptungen, sondern um Hingabe. Er hat nicht zur Folge, dass ich die folgenden Aussagen intellektuell unterschreibe, sondern dass ich an diese Wirklichkeit mein Herz gebe. ‚Ich glaube an Jesus Christus' zu sagen, heißt nicht, einer ungewissen Behauptung zuzustimmen. Es ist vielmehr Zeugnis der Hingabe, der Liebe."

Und dann auf der ersten Seite meines Gebetsbuchs ein Zitat aus dem Markusevangelium: „Ich glaube; hilf meinem Unglauben."

Als ich noch mit Steven zusammen war, hat er mir mal aus einem entlegenen englischen Roman vorgelesen; er las eine Szene, in der ein Glaubender und ein Zyniker über Gott debattieren. *Natürlich weiß ich, dass du daran glaubst,* sagt der Zyniker, *ich möchte vielmehr wissen, ob du so daran glaubst wie an Australien?* An manchen Tagen glaube ich die christliche Geschichte mehr, als ich an Australien glaube. Schließlich bin ich noch nie in Australien gewesen, es ist bloß ein Bild auf einer Karte. Keine Ahnung, ob ich jemals dort hinkommen werde, ganz sicher weiß ich aber, dass ich eines Tages in den Himmel kommen werde.

Beim Leben als Christ geht es aber eigentlich weniger um diese Art von An-Australien-Glauben. Es geht um das Versprechen, zu glauben, selbst wenn man gerade nicht glaubt. Es kann schließlich sein, dass ich mir, wenn ich mich in der Kirche zum Glaubensbekenntnis erhebe, überhaupt nicht sicher bin, ob eine fünfzehnjährige Jungfrau mit einem Kind schwanger wurde, das eigentlich Gott ist. Das Glaubensbekenntnis ist wie das Gelübde, seine Braut auf immer und ewig zu lieben. Dieses Gelübde ist kein Versprechen, jeden Morgen für den Rest des Lebens verknallt zu sein. Es ist ein Versprechen, die Liebe zu leben, selbst, ja besonders, wenn man genervt und angewidert ist.

In letzter Zeit verspüre ich manchmal eine Art flaue Schalheit, ein vertrautes Gefühl, das mir Angst macht. Neulich noch, als ich im Seminar saß – ganz plötzlich hatte ich das Gefühl: *Das war's, ich glaube nicht mehr an diesen Christenkram, ich bin nur auf einem blöden Trip gewesen, und jetzt habe ich meine Toleranzgrenze erreicht, und es haut nicht mehr hin.*

Ich musste daran denken, wie man bei der Geburtsvorbereitung beigebracht bekommt, durch den Schmerz hindurchzuatmen. Ich atmete. Das Gefühl ging weg. Aber es wird wiederkommen. Es ist mir schon vertraut. Ich hatte es auch, als ich anfing, mit dem Judentum aufzuhören.

Ich komme also aus der Bibliothek nach Hause, aus dem Seminar oder von der Arbeit, wo immer ich mich aufhalte, wenn mich die Schalheit überkommt, und ich denke über das Gelernte nach, wie ich es anders machen muss, wie ich die Schalheit diesmal überstehe, statt einfach die Religion zu wechseln, wenn die Luft raus ist.

Zunächst einmal weiß ich, dass mir die Erinnerung an den Daniel-Day-Lewis-Meerjungfrauen-Traum dabei nicht helfen wird. Träume kommen und gehen. Morgen habe ich vielleicht einen anderen Traum, oder vielleicht vergesse ich auch, dass ich den Meerjungfrauen-Traum geträumt habe.

Die Bindung an den christlichen Glauben wird eine andere Ursache haben müssen als meine Erlösungsträume. Sie wird aus Gottes Ort der Treue herrühren müssen, nicht aus einem Topf von Treue, der ganz allein mir gehört. Treue gegenüber Gebetbüchern, geschweige denn den Menschen, die mir beigebracht haben, mit ihnen zu beten, ist nicht gerade meine stärkste Seite.

Bisweilen werde ich von Freunden oder Verwandten gefragt, welche Religion ich mir als Nächstes aussuchen würde; sie wollen wissen, wann ich mich zum Buddhismus bekehre. „Du hast geglaubt, dass das orthodoxe Judentum wahr sei", sagen sie. „Jetzt glaubst du, dass das Christentum wahr ist. Und nächste Woche glaubst du vielleicht, irgendetwas anderes sei wahr." Ich bin mir allerdings ziemlich sicher, dass es keine Bekehrung zum Buddhismus geben wird, nächste Woche nicht und auch nicht nächsten Monat oder nächstes Jahr – aus mehreren Gründen. Zum einen besteht zwischen jüdischem und christlichem Glauben eine gewisse Verwandtschaft. Sie bauen beide einen Weg, einen Weg durch die Bibel und durch die Geschichte. Christentum und Buddhismus bauen nicht dieselbe Art von Weg.

Zum Zweiten bin ich nicht mehr siebzehn. Ich beobachte die mir bekannten christlichen Teenager und sehe mit ehrfürchtigem Staunen, auf welche Weise Gott unseren Glauben befeuert, wenn wir Teens sind. Ich denke an die leidenschaftlichen Briefe, welche ich meiner orthodoxen Cousine Jane geschrieben habe, an den Ernst und die Inbrunst bei meiner Aneignung der Orthodoxie, und ich stehe fassungslos vor dieser Inbrunst und bin, ein wenig, erleichtert, dass ich nicht mehr siebzehn bin. Ich bin mir nicht sicher, ob ich die Leidenschaft in mir habe, mich noch einmal in eine Religion zu verlieben. Wie man sich verliebt, muss ich – jetzt – nicht lernen. Lernen muss ich hingegen den Alltag nach dem großen Ereignis (vielleicht ist das ja auch Gottes Wille).

Der wichtigste Grund ist allerdings: Ich möchte in Christus bleiben. Ich will die christliche Grammatik genauso sicher leben, wie ich in meiner Wohnung lebe. Ich möchte, dass Gott mir die Gnade zuteil werden lässt, dabei zu bleiben, hier zu bleiben. Und ich glaube, er wird das tun.

Meine Freundin Meredith wird nächste Woche konfirmiert. Sie ist jetzt schon panisch. Sie hat Angst, dass sie wegläuft. Sie meint, wenn sie heiraten oder von der Königin von England gekrönt würde, hätte sie weniger Muffensausen.

Sie meint, sie hätte keinen neuen Zweifel, bloß die gleichen wie jeden Sonntag, nur größer: „Jedes Mal, wenn ich beim Glaubensbekenntnis aufstehe, frage ich mich, ob ich wirklich sagen kann, dass ich das alles glaube."

Ich sage ihr noch mal das Gleiche wie vor zwei Jahren, als sie mir erzählte, sie sei nicht Christin genug, um in die Kirche zu gehen. Ich sagte zu ihr: „Geh eine Zeit lang in die Kirche, und eines Tages wirst du erstaunt feststellen, dass du Christin geworden bist."

Ich erzähle ihr eine chassidische Geschichte. Ein Schüler geht zu seinem Lehrer und sagt: „Rabbi, wie kann ich beim Beten ‚Ich glaube' sagen, wenn ich mir gar nicht sicher bin, dass ich glaube?"

Sein Rabbi weiß darauf eine Antwort: „,Ich glaube' ist ein Gebet, das ,Ach, möge ich doch glauben' bedeutet."

Ein Gemeindevorsteher von All Angels' schreibt Gedichte. Er ist noch Anfänger. Er meint, er sei sechsundvierzig und schreibe Gedichte, die eines Primaners würdig wären. „Ich halte mich für durchaus talentiert", erzählt er mir, „bin mir meiner Unwissenheit allerdings schmerzlich bewusst."

Ich sage ihm, dass es mir genau so mit dem christlichen Glauben ergeht.

Ach, möge ich doch glauben!

Mary Johnsons Sticktuch

Die Frühstücksecke in der Küche von Hannah und Jim ist eins meiner Lieblingsplätzchen auf dieser Welt, sowohl wegen der Blaubeer-Pfannkuchen, die Jim hier auftischt, als auch wegen einer alten gerahmten Stickerei, die bei ihnen an der Wand hängt. Ich habe ja eine gewisse Vorliebe für alte amerikanische Sticktücher – sie wurden von siebzehn- und achtzehnjährigen Mädchen produziert, die daran das Sticken lernten, auch, um ihre handwerklichen Fähigkeiten potenziellen Freiern präsentieren zu können.

Die Stickerei von Hannah und Jim – Hochzeitsgeschenk von Jim Schwester – ist größer als die meisten, die ich kenne, ungefähr so groß wie ein Kopfkissen. Die Stiche sind sorgfältig und präzise ausgeführt. Wie bei vielen Stickereien ist das Herzstück ein Alphabet, doch hatte es der jungen Näherin des Paares nicht gereicht, einfach ihre ABCs zu nähen, wahrscheinlich war sie entschlossen gewesen, ihr nicht unbeträchtliches Können zu zeigen. Und so hatte sie stattdessen ein kunstvolles

Akrostichon gestickt, das Mädchen in Neuengland seit dem 17. Jahrhundert vertraut war:

> „In Adams fall, we sinned all.
> Heaven to find, the Bible mind.
> Christ crucified for sinners dies."
> („Durch Adams Sündenfall wurden wir alle zu Sündern.
> Achte auf die Bibel, wenn du den Himmel finden willst.
> Der gekreuzigte Christus stirbt für Sünder.")

Auf diese Weise lehrten die Puritaner und ihre kongregationalistischen Nachfahren sowohl Alphabet wie Weltbild.

Unter dem Alphabet sind ein Haus und ein Baum dargestellt, und rechts unten in der Ecke gibt es noch ein holpriges Gedichtchen:

> „Mary Johnson heiße ich.
> Amerika ist mein Land.
> In Greenwich bin ich zu Hause.
> In Christus Rettung ich fand."

Man findet diese Strophe häufiger auf alten amerikanischen Stickbildern, wobei es bei Name und Ort Spielraum gibt. Andere Stickereien beschließen manchmal mit weniger Reim und mehr Information: „Anne Cable, neun Jahre, 1812, Dedham", „Phoebe Marshall, elf Jahre, 1782, Litchfield". Das sind für uns die einzigen Hinweise auf die Mädchen, die diese Handarbeiten angefertigt haben.

Ich bin hingerissen von der Eleganz der Stickerei Mary Johnsons – der Eleganz des feinen seidenen Fadens und der Eleganz der Theologie. Denn in der ersten und letzten Zeile ihres Stickbildes findet sich in vertrauten Rhythmen, welche die Bildung zahlloser Mädchen in Neuengland prägten, die Essenz der christlichen Erzählung: „Durch Adams Sündenfall wurden wir alle zu Sündern" und: „In Christus Rettung ich fand".

Auch im Judentum gibt es das Thema Sünde und Sühne, wiewohl mit anderem Schwerpunkt. Die unterschiedlichen Auffassungen der Sühne in Christen- und Judentum rühren von unterschiedlichen Auffassungen der Sünde her. Stark vereinfacht gesagt sind Sünden für Juden Taten. Ein Gebot zu missachten heißt eine Sünde zu begehen. Auch Christen verstehen falsches Handeln – Lügen, Stehlen, Ehebruch – als Sünde, doch für Christen ist sündhaftes Handeln immer vom Zustand der Sünde, der durch den Sündenfall begründet wurde, untermauert (und überschattet).

Weil für Juden Sünde in erster Linie Verhalten und Handeln der Menschen ist, gewährt Gott Versöhnung, wenn jemand *Teschuwa* leistet, Reue und Umkehr zeigt, seine zurückliegenden Irrtümer korrigiert und in täglichem Schuldbekenntnis oder an Jom Kippur gelobt, fürderhin nicht mehr zu sündigen. Der Gott der Christenheit hat ganz sicher auch ein Interesse daran, dass sich der Einzelne von seinem sündigen Treiben abwendet, weil aber die Sünde ein Zustand ist und nicht bloß eine Ansammlung von Missetaten, kann es ohne Christi Sühnetat am Kreuz keine Versöhnung mit Gott geben. Juden können ihr Verhalten vervollkommnen; Christen können niemals gut genug sein, um ohne sein Opfer auf Gogatha mit Gott versöhnt zu werden.

Auf diese Unterschiede weisen die Rabbiner hin. 1945 schrieb Joseph Soloveitchik, Führer der modernen Orthodoxie in Amerika, dass man – für Christen – „nur durch die übernatürliche Fürsprache Gottes zugunsten des Sünders" von seinen Sünden gereinigt werden könne. Der Christ „ist ein passives, bemitleidenswertes Geschöpf, das um göttliche Gnade bettelt, sie so erlangt". Drei Jahre darauf beschrieb Leo Baeck den jüdischen Sühnebegriff, der in offensichtlichem Gegensatz zu christlichen Vorstellungen vom Kreuz steht. Sühne sei, so Baeck, keine wundersame Erlösung, kein bloßer Gnadenakt, der die Auserwählten überkomme; sie erfordere die freie, moralische Entscheidung des Menschen. Der Sünder müsse sich selbst an Gott wenden. Niemand könne ersatzweise an seine Stelle treten, niemand anders könne für ihn sühnen. Baeck wie Joseph Soloveitchik verzerren die Wahrheit ein wenig. Für Christen ist Gnade schwerlich nur „bloß“, und der jüdische Glaube besteht selbstverständlich aus mehr als Moral. Doch ihre Erkenntnis ist auch nicht falsch. Sie haben den Unterschied zwischen Karfreitag und Jom Kippur beschrieben.

Während Rabbi M., Beth und die Mehrheit der restlichen amerikanischen Judenschaft in der Schul sind, gehe ich an Jom Kippur zu Hannah und Jim in Brooklyn. Ich verbringe den Großteil des Tages in ihrer Frühstücksecke mit der Lektüre einer Monographie zum Thema Glücksspiel im Amerika des neunzehnten Jahrhunderts, und Mary Johnson sieht mir dabei zu.

Kurz nach Sonnenuntergang brechen Hannah und ich zu einem Spaziergang auf. Juden strömen aus ihren Synagogen, sie haben gefastet, ihre Sünden bereut und Gott angefleht, dass er sie für ein weiteres Jahr ins Buch des Lebens schreiben möge. Sie haben mit Bagel und Kuchen das Fasten gebrochen und gehen nun heimwärts, hinaus aus dem Fasten, zurück ins Leben.

Wir beobachten eine Gruppe Jungen mit schwarzglänzenden Hemden und schwarzen *Kippas*, die draußen an ihrem Haus auf Sperrholz einhämmern. Ich erkläre Hannah, dass in ein paar Tagen Sukkot, das Laubhüttenfest beginnt und dass es bei manchen Juden Tradition ist, mit dem Bau ihrer Sukka direkt nach Jom Kippur zu beginnen. „So stellen sie eine Verbindung zwischen den beiden Festen her“, sage ich, „und darüber hinaus wird so der Übergang vom heiligsten Tag des Jahres zum Alltag erleichtert.“

Wir sehen einen schätzungsweise neunjährigen Jungen unge-
schickt einen Nagel in zwei dünne Holzstücke schlagen. „Wie
Jesus, der ans Kreuz geschlagen wird", murmelt Hannah.
„Sühne allenthalben."

Wiedererwachen des Glaubens

Meine Eltern haben sich die Religion eher zugezogen, zumindest hat es den Anschein.

Bei meinem Vater ging das wie folgt los: Während meiner
Highschool-Zeit besuchte ich hin und wieder an den Wochenenden meinen Vater in North Carolina, ich wollte an Freitagaben-
den in die Schul gehen und er kam dann mit. Und dann wurde in
seiner Synagoge ein neuer Rabbi engagiert. Der Mann, der dort
in meiner Kindheit auf der Kanzel stand, war ein Langweiler gewesen, die Sorte Mensch, wegen der alle Rabbis verschrien sind.
Als ich Teenie war, zog er weg und man berief einen neuen Rabbi, einen Professor mit zig Kindern, Witz und Verstand sowie einem Gespür für die Dinge. Mein Vater mochte ihn.

Dieser neue Rabbi ließ den Sonntagmorgen-Gottesdienst
wiederaufleben, den es schon seit etlichen Jahren in der Synagoge nicht mehr gegeben hatte, und mein Vater fing an, daran
teilzunehmen. Am besten gefiel meinem Vater, dass sich die Besucher nach dem Gottesdienst im Arbeitszimmer des Rabbis
zusammendrängten, wo man gemeinsam das wöchentliche
Thoraquantum diskutierte. Dann begann mein Vater, der Synagoge interessante Sachen zu spenden, zum Beispiel Kindergе-
betbücher für die hohen Festtage, und er fing an, sämtlichen
Bar- und Bat-Mizwas in der Gemeinde Büchergutscheine zu
schicken. Der Rabbi bat ihn, bei Rosch-Haschana-Gottes-

diensten den Segen der Haftara zu singen. Plötzlich war mein Vater einer der Gemeindeältesten.

Während das alles sich zutrug, besuchte ich das College, wurde orthodox, wurde dann eine Christin und ging nach England. An einem Weihnachten kam ich aus England nach Hause und stellte fest, dass meine Mutter begonnen hatte, in eine episkopale Gemeinde unmittelbar bei ihr in der Nähe zu gehen. Und das von einer Frau, die jahrelang behauptet hatte, dass man auch ohne organisierte Religion spirituell sein könne, dass sie dieses ganze Bedürfnis nach Gott sowieso nicht verstehe, dass sie ihr schwer verdientes Geld nicht irgendeiner institutionellen Kirche mit Kollektenteller geben wolle.

Im Laufe des Jahres kam ich dann nach Hause, um festzustellen, dass sie den Konfirmandenunterricht besuchte und irgendwann in der Osterzeit vom Bischof konfirmiert werden sollte. Bei meinem nächsten Besuch schnüffelte ich bei ihrem Nachttisch herum und entdeckte dort ein „Book of Common Prayer" und eine Bibel, bei der das Lesebändchen im Galaterbrief lag. Sie fing an, mir E-Mails zu schreiben, in denen sie sich nach meiner Meinung zu Dallas Willard, Dietrich Bonhoeffer und anderen christlichen Theologen erkundigte. Sie fuhr nach Israel, doch statt von ihrer „Israelreise" zu sprechen, redete sie von ihrer „Pilgerfahrt ins Heilige Land".

Eine Weile darauf kam mein Vater nach New York, und wir gingen in einem neuen französischen Restaurant in meinem Viertel Abendessen. Zu dessen Spezialitäten gehörten diese fürchterlich lecker aussehenden Schweinekoteletts mit Aprikosenglasur, und ich wusste, dass Schweinekoteletts zu seinen Lieblingsessen gehörten. Ich meinte zu ihm: „Du nimmst sicher das Schweinekotelett." Er wirkte überrascht und erklärte mir, dass er schon seit einem Jahr kein Schweinefleisch und keine Schalentiere mehr äße, weil sie laut Bibel nicht koscher seien. Er bestellte dann die Forelle.

Schule der Heiligung

Nach dem Morgengebet sitze ich mit Hannah in einem Café, und sie sagt, sie müsse mir etwas erzählen. „Rate mal!", meint sie. „Hat mit dem Lesetext zu tun." Beim letzten Mal hat sie da ihre Affäre verkündet. Im heutigen Text kommen allerdings keine ehebrecherischen Frauen vor. Der heutige Abschnitt aus dem Alten Testament stammt aus Nehemia 13, in dem der Prophet das Volk rüffelt, weil es den Sabbat entweiht habe. „Du willst am Sonntag wandern, statt in die Kirche zu gehen?", frage ich. Dann fällt mir der Brieftext wieder ein. „Oh", sage ich, „du kriegst ein Kind." Der Text war Offenbarung 12, Johannes' Vision der schwangeren Frau, „die mit der Sonne bekleidet war und den Mond unter ihren Füßen hatte. Auf dem Kopf trug sie eine Krone aus zwölf Sternen."

„Jo", sagt Hannah. „In sieben Monaten. Ein Kind." Sie lächelt. Ich zähle. Wir haben Anfang November. Sieben Monate ist Anfang Juni.

„Das ist ja toll!", sage ich und hebe meinen Caffé Latte. „Auf das Baby."

„Auf das Baby!", sagt sie.

So geht das jetzt die nächste Zeit, denke ich. Erst heiraten all deine Freunde, und dann kriegen sie alle Kinder. Hannah und auch drei Freundinnen aus dem College. In Bälde werde ich Stammkunde in Läden für Babysachen sein.

Manchmal senke ich beim gemeinsamen Gebet mit Hannah den Blick, sehe ihren Ehering glänzen und bekomme einen Anfall von Neid. Wenn das passiert, stelle ich mich unter die Dusche oder gehe spazieren und versuche mir darüber klar zu werden, worauf genau ich eigentlich neidisch bin. Das Offensichtliche: Sex, jeden Morgen neben jemandem aufwachen und – an den Tagen, wo ich vergesse, dass auch Verheiratete manchmal einsam sind – bin ich neidisch auf die Gemeinschaft, das Zusammensein, die Vertrautheit. Und ich bin neidisch, weil meine Freunde durchs Heiraten und Kinderkriegen erwachsen werden, während ich noch immer wie eine College-Studentin lebe, die sich gelegentlich in zufälligen New Yorker Restaurants mit irgendwem verabredet und an einer Doktorarbeit schreibt, die letzten Endes vielleicht drei Leute lesen werden.

Doch ich seh mir Hannah an und bin auch neidisch, weil ich glaube, dass die Ehe eine Schule der Heiligung ist. Für Heiligung braucht es keine Affäre – im treuen Alltag vieler Ehen gibt es Heiligung in Hülle und Fülle, bei Randi, bei Jeff und Amy. Allerdings habe ich das Wirken Gottes dieses Jahr bei Hannah und Jim deutlich gesehen. Zusammenhalten zu müssen, gezwungen zu sein, mit ihrem Verrat und seinem Leid zurechtzukommen, hatte aus ihnen bessere Eheleute und bessere Christen gemacht. Ich habe ihre Ehe beobachtet und ich habe gesehen, dass Gott der war, der zu sein er von sich behauptet. „Ich werde für euch wie Feuer im Schmelzofen sein und wie scharfe Lauge im Waschtrog. So wie man Gold und Silber schmilzt, um es zu läutern, so werde ich die Nachkommen Levis von ihrer Schuld reinigen." Er hat ihre Ehe als Lauge verwendet.

Ich preise Gott für seine Laugigkeit, und dann werde ich so neidisch, dass ich das Gefühl habe: Gleich wirst du buchstäblich grün im Gesicht. Es ist die alte Frage, die pathetische Frage: Warum sie, Herr? Warum sie und nicht ich?

Als ich aus dem Café nach Hause komme, setze ich mich aufs Bett und versuche, es mir auszumalen. Ich versuche sie mir schwanger vorzustellen, mir die Babyparty auszumalen, einen neugeborenen flaumigen Menschen in rosa Decke, und während ich mir das alles vorstelle, versuche ich mich mir selbst als glücklich für Hannah vorzustellen – und es misslingt mir. Ich kann mich mir nicht glücklich vorstellen. Ich bin bloß neidisch, erbärmlich, lahm. Ich fühle mich elend. Und wie zur Krönung komme ich mir auch noch wie ein schlechter, selbstsüchtiger Mensch vor, so herzlos, dass ich nicht mal eine Spur von Freude aufbringen kann, wenn meine Freunde tolle, freudige Dinge erleben wie Kinderkriegen.

Ich sitze auf dem Bett und erzähle Gott ganz unverblümt, dass ich nicht die Kraft habe zu sehen, wie Hannah dieses Kind kriegt. „Ich möchte wirklich etwas anderes empfinden", sage ich. „Ich möchte mich wirklich meiner Freundin gegenüber richtig verhalten. Aber ich schaffe das hier nicht mit dem Freundinsein, Gott." Ich bin mir ziemlich sicher, dass ich ihren Kinderbettchenkauffrohsinn keine fünf Minuten aushalte. Und dass ich ihr nicht verständnisvoll werde zuhören können, wenn sie über Schwangerschaftsübelkeit klagt.

Ich blicke zu meinen Ikonen. „Ich bin so neidisch, dass ich nicht mehr gerade stehen kann", sage ich. „Wenn ich mir das alles ansehen soll, wirst du mir die Augen dafür geben müssen." Wenn ich irgendetwas anderes mache, als mich in Stücke aufzulösen und zusammenzubrechen, dann bloß, weil Gott dafür sorgt. Weil er mich vorsichtig auseinandersortieren und wieder aufstellen wird, nachdem ich zu einem Haufen auf dem Boden zerbröselt bin.

Irgendwie weiß ich, dass er mich entbröseln wird. Es wird mir während der ganzen Schwangerschaft schlecht gehen und ich werde neidisch sein – aber ich kenne Gott nun lange genug, um zu wissen, dass er mir genug Aufschub von meinem Neid gewähren wird, um zum Babyladen zu gehen. Dass er mir genug Aufschub gewähren wird, um Hannah dabei zuzuhören, wie sie vom Ultraschall erzählt. Wenn ich um diesen Aufschub bitte und die Hände öffne, um ihn zu empfangen, dann wird er ihn mir geben. Er wird mir genügend inneren Frieden geben, um ihr eine Freundin sein zu können. Und so wie ich ihn kenne, hat er vielleicht sogar eine Überraschung für mich in petto. Vielleicht schenkt er mir inmitten der Monate an Neid ein paar

Augenblicke des Dankens und der Freude. Oder einen kleinen Ausbruch von Zuneigung und Erregung, wenn ich das flaumige rosa Bündel zum ersten Mal sehe.

Später unter der Dusche fällt dann der Groschen. Ich kapiere, dass Hannahs Schwangerschaft meine eigene Schule der Heiligung ist. Gott heilt Jim und Hannah durch Ehe und Elternschaft, aber er segnet nicht nur einfach sie und lässt mich ungesegnet draußen in der Kälte stehen. Er benutzt meinen lächerlichen Neid und mein endloses Selbstmitleid, um mich zu heiligen.

Das alles werde ich bei Hannahs Babyparty natürlich vergessen haben. Und während ich die Party über mich ergehen lasse, werde ich die Heiligung vergessen und nur noch an den Schmerz denken. Doch dann werde ich nach Hause kommen, und ich werde beten, und ich werde wieder daran denken. Ich werde wieder wissen, dass Gott nicht Ursache unseres Leidens ist, sondern dass er es gebraucht. Ich werde wieder wissen, dass er diese Babyparty benutzt, um mich irgendwie zu dem Menschen heranwachsen zu lassen, als den er mich haben möchte.

Wiederherstellung einer jüdischen Büchersammlung

Als ich mit meiner Mutter nach Charlottesville gezogen bin, wollte ich mein neues Zimmer schwarz streichen (im Wesentlichen, weil Jessica Wakefield aus der Serie „Sweet Valley High" ein schokobraunes Zimmer hatte, und schwarz schien mir der einzige Weg zu sein, um Jessica Wakefield zu übertreffen). Meine Ma, die mich im Allgemeinen meinen Launen nachgehen ließ, war wenig angetan von der Aussicht auf ein schwarzes

Zimmer. „Keine schwarzen Wände", sagte sie. „Aber wenn du möchtest, kannst du schwarze Möbel haben."

Wir gingen in ein Geschäft namens La Différence, und ich suchte mir zwei schwarze Betten aus, eine schwarze Kommode, einen schwarzen Lesesessel mit schwarzer Lampe, einen schwarzen Schreibtisch mit schwarzem Stuhl, sowie vier Bücherregale, zwei schwarz, zwei weiß. Vier Regale, insgesamt 20 Regalböden. Die Bücherregale nahmen in meinem Zimmer eine ganze Wand ein und eine meiner Lieblingsbeschäftigungen zu meinen Schulzeiten war das Sortieren und Umsortieren von Büchern.

Mein Ziel war, ein ganzes Brett nur mit Judaika zu füllen. Das fragliche Brett war der mittlere Boden des Regals direkt an meinem Bett und nach und nach begann es sich zu füllen. „The Jewish Catalogue" (Ratgeber für jüdisches Leben heute; d. Übers.), Adin Steinsaltz. „Ich und Du" von Martin Buber. Schmale Bücher aus Universitätsverlagen über säkulare Jüdinnen, die orthodox geworden waren. „Jüdisches Gebet heute" von Rabbi Hayim Halevy Donin. Sammelbände mit chassidischen Geschichten und Sprüchen.

An den Tag, an dem das Regalbrett endlich voll war, erinnere ich mich noch gut. Ich war in der Achten, und es war ein Mittwoch, Hebräischunterrichtabend. Meine Mutter hatte mich zwanzig Minuten vor Unterrichtsbeginn an der Synagoge abgesetzt und mir fünf Dollar in die Hand gedrückt, von denen ich mir in der Mall ein Stück Pizza zum Abendessen holen sollte. Ich stand vor meinem üblichen Mittwochabenddilemma: Pizza holen oder hungern und ein Buch kaufen? Ich betrat den Buchladen und fand – für $ 4,50 – ein Exemplar von Gershom Scholems „Die jüdische Mystik in ihren Hauptströmungen". Zu Hause zwängte ich Scholem in den letzten freien Spalt in meinem Judaikafach.

Während des Colleges, als meine Beziehung zum Judentum in die Brüche ging, sortierte ich meine Bücher neu. Die Judaika kamen in die Ecke an meinem Schreibtisch. An meinem Bett stapelten sich nun Bücher über amerikanische Geschichte.

Mittlerweile weiß ich, wenn ich das Interesse an den Büchern zu einem Thema verliere, ist das ein erstes Anzeichen dafür, dass auch meine Leidenschaft dafür selbst schwindet. Ungefähr so, wie wenn man davor ist, sich von jemandem zu trennen. Wenn ich das Interesse an einem Mann verliere, fällt als Erstes meine Libido ins Koma, und ihn zu küssen ist dann ungefähr so verlockend wie Pfeffermarmelade.

Als ich endlich begriffen hatte, dass ich Christin wurde, hatte ich meine jüdischen Bücher samt und sonders abgestoßen und nur die Bibel behalten, die mir Benjamin geschenkt hatte, sowie ein Exemplar von „Seasons of Our Joy" (Jahreszeiten unserer Freude), ein Buch über Festtage von Rabbi Arthur Waskow, das ich zu meiner Bat-Mizwa von Simone aus der Congregation Beth Israel bekommen hatte. Als Widmung hatte sie hineingeschrieben: „Mögen all deine Zeiten fröhlich sein. Du hast viel Freude in mein Leben gebracht, und ich bin sicher, das wirst du auch weiterhin, für mich und andere."

Und dann fing ich an, Bücher über den anglikanischen Glauben zu sammeln – eine Schar von Einführungstexten, im Cathedral-Buchladen in New York gekauft. Ich bestellte ungefähr ein Drittel des lieferbaren Programms aus dem Verlag eines episkopalen Klosters bei Boston. Einen Häuserblock vom Clare College in Cambridge/England entfernt lag der christliche Buchladen von S.P.C.K., der „Gesellschaft zur Verbreitung des christlichen Wissens", und ich verbrachte ganze Nachmittage damit, dessen Bücherbestand kennenzulernen.

Nach zwei Jahren in England stellte ich plötzlich fest, dass ich die Worte der Rabbinen vergaß, und dabei brauchte ich sie. Ich stürzte mich auf die ganzen Rut-Kommentare. Ich stand in den Judaika-Abteilungen von Antiquariaten und befummelte unterstrichene Ausgaben von Abraham Joshua Heschel. Ich begann die Neueinrichtung einer jüdischen Bibliothek in meinem Zimmer zu erwägen.

Heute nach dem Mittagessen laufe ich zur nächsten Buchhandlung und kaufe Bücher: Franz Rosenzweigs „Stern der Erlösung"; einen Kommentar zu Hosea; eine Essaysammlung zum Thema Judentum und Geschlechterfrage, das ich in erster Linie nehme, weil ein Aufsatz meiner Freundin Susan darin ist (zu Hause entdecke ich dann, dass es noch zig andere gute Gründe für den Besitz dieses Buches gibt, an vorderster Stelle die Bekundung Daniel Boyarins, dass „ich aus Liebe zum Talmud orthodox wurde"; das weiß man bereits, sofern man schon mal was von Boyarin gelesen hat, aber es ist gut, das mal so deutlich zu lesen). Ferner kaufe ich eine Ausgabe der „Klagelieder Rabba", und ein Buch von Emmanuel Levinas über Abschnitte im Talmud. Der Buchhändler an der Kasse sagt zu mir: „Ich hab ja noch nichts von Levinas gelesen, aber mein Freund studiert Philosophie und der meint, dass Levinas später als einer der herausragenden philosophischen Köpfe des 20. Jahrhunderts gelten wird."

„Ja, stimmt wohl", sage ich und traue mich nicht, seine Aussprache zu korrigieren – bei ihm reimte sich Levinas auf Penis. Ich hätte ihn doch berichtigen sollen. Ich hab jahrelang Walter Benjamin falsch ausgesprochen, bis mich Randi endlich verbessert hat. Ich bin froh, dass sie es getan hat.

Im Frühjahr meines zweiten Jahres in Cambridge/England bekomme ich aus heiterem Himmel einen Anruf von Benjamin. Die Sederabende seiner Familie in Washington waren mein erster Schritt in Richtung Orthodoxie. Wir hatten uns beinah zwei Jahre lang nicht gesprochen, das letzte Mal kurz vorm College. Damals hatte ich ihm erzählt, dass ich nach England gehen würde und von Jesus träumte und wohl bald in die Kirche gehen und mich taufen lassen würde, dass ich vielleicht zur Christin würde.

Als er mich in Cambridge anrief, war es nur noch ein paar Stunden bis Schawuot. Er lebte in Jerusalem und studierte an einer Jeschiwa. Er sagte, er wolle mir „Chag Sameach!" wünschen, „Frohes Fest", und dann fragte er mich, ob ich zum Christentum konvertiert sei, und ich sagte Ja.

Als Schawuot vorbei war, rief er mich direkt noch mal an, meinte, dass er den ganzen Tag lang Angst um meine Seele gehabt habe. Er sagte, er habe sich über meine Konversion mit seinem Rabbi unterhalten und sein Rabbi habe gemeint, ich sei *chayav mita*.

Als ich diese Wörter hörte, als er *chayav mita* sagte, wusste ich, dass ich die kannte. Sie kamen mir bekannt vor, geisterten in meinem Kopf herum, in der Ecke, die mit „Hebräische" markiert ist. Aber es wollte nicht klick machen. Ich konnte mich nicht mehr erinnern, was sie bedeuteten, wusste nicht mehr, wie sie zu übersetzen waren. Ich wollte zu meinem Hebräischwörterbuch greifen, aber das war natürlich nicht da. Ich hatte es längst weggegeben.

Benjamin hörte sich fast wie ein Christ an. Er konnte nicht gesagt haben: „Ich habe deinetwegen eine Last auf meinem Herzen", denn das ist eine Wendung, die nur von evangelikalen Christen benutzt wird, aber die Aussage war die gleiche. Er sorgte sich um meine Seele, er hatte meinetwegen eine Last auf dem Herzen. Er meinte, es passe, dass er mich kurz vor Schawuot angerufen habe. Schawuot ist der Tag, an dem Gott die Juden zu seinem Volk auserkoren hatte, ein Volk, von dem ich mich losgemacht hatte. Benjamin wollte mir helfen, zu diesem Volk zurückzufinden.

„Es gibt eine Geschichte über Schawuot", sagte Benjamin, „aus der Gemora." Er sprach das Wort mit jiddischer Betonung und breiten Vokalen aus. *Gemora*, und nicht das klare, korrekte *Gemara.* „Sie wurde im Namen von Reisch Lakisch erzählt, der einen Vers aus dem ersten Kapitel von 1. Mose erklärte. Warum spricht die Thora von *dem* sechsten Tag der Schöpfung, wenn sie die anderen Tage als *ein* zweiter Tag, *ein* dritter Tag bezeichnet? Warum der bestimmte Artikel? Der bestimmte Artikel lehrt uns, dass es einen Vorbehalt gab, als Gott die Welt erschuf. Falls das jüdische Volk die Thora akzeptieren würde, wenn Gott sie ihm am sechsten Tag des Monats Siwan gibt, würde die Welt intakt bleiben, doch wenn es sie zurückwiese, würde die Welt wieder zum Nichts werden."

Während er über Reisch Lakisch und das Geheimnis des bestimmten Artikel redete, fiel es mir plötzlich wieder ein: *Chayav mita* hieß „zum Tode verpflichtet". Wenn der Tempel noch stünde, der Hohe Rat zusammengerufen werden könnte, könnte mich jemand wegen meiner Abtrünnigkeit vor ein Beth Din beordern, von dem ich dann zur Steinigung verurteilt werden könnte.

Meine Wohnung in New York steht voller Bücherregale. In meinem Schlafzimmer stehen die Amerikanische Geschichte der Kolonialzeit sowie die christliche Theologie und Ethik. In der Küche Romane, Erzählungen und Lyrik, und Kochbücher und Martha Stewart und andere Rezepte für Abendessen, die ich niemals kochen werde.

In der Arbeitsecke sind Europäische Geschichte, Chinesische Geschichte und Alte Geschichte. Am Sofa Rassentrennung und Bürgerrechtsbewegung. Dann gibt es noch ein Regal mit Theorie zu Frauenthemen, Literaturtheorie und ein bisschen Marx. Es gibt ein Bord mit Nachschlagewerken, Handbüchern zu Urteilen des Obersten Gerichtshofs, eine Enzyklopädie über die amerikanischen Präsidenten.

Dann kommen die Bücher über Religion im zeitgenössischen Amerika – Ethnografien über evangelikale Gemeinden und konservative Synagogen, Bücher über buddhistische Gemeinschaften in Kalifornien, Bücher, in denen Soziologen ihre Ansichten zur Zukunft des protestantischen Mainstreams kund tun. Memoiren, Essays und die Geschichte Amerikas im neunzehnten Jahrhundert stehen zusammen im Flur, und direkt an meinem Schlafzimmer steht noch ein Regal mit Büchern zum Judentum. Bücher über die Festtage, die Thora, das Gesetz.

Benjamin ist vor Kurzem nach New York gezogen. Er bewirbt sich fürs Jurastudium und spielt Gitarre in einer Band, die ihren Namen – Orchard – einer Geschichte aus dem Midrasch über vier Rabbis entlehnt hat: Ben Azaj, Ben Zoma, Elischa ben Abuja und Rabbi Akiba. Die vier Rabbis, so der Midrasch, traten ins *pardes* ein, den „Hain" oder „Garten"; soll heißen, sie ergründeten den jüdischen Mystizismus, um einen Vorgeschmack aufs Paradies zu bekommen. Ben Azaj schaute das Paradies und fiel tot um. Ben Zoma schaute das Paradies und wurde verrückt. Elischa ben Abuja (welcher in der Geschichte Acher heißt, was so viel wie „anderer" bedeutet) fiel vom Glauben ab. Nur Rabbi Akiba (derselbe Akiba, der von den Römern ermordet wurde) überstand seine Reise in den Hain unbeschadet.

Pardes bedeutet aber auch noch etwas anderes. Es setzt sich aus den Anfangsbuchstaben der Wörter Pschat, Remes, Drusch und Sod zusammen, der vier Ebenen der Textauslegung: die einfache Bedeutung; Anspielung oder Hinweis; die bildliche oder erzählende Erklärung; die Interpretation im Midrasch; die geheime, verborgene Bedeutung. Der Name von Benjamins Band ist daher auch eine Gebrauchsanleitung zum Lesen.

Benjamin hat mich gestern Abend besucht. Er trägt einen langen Bart und Zizijot, jene geknoteten Fransen, die orthodoxe Männer unter ihren Hemden tragen, um 5. Mose 22 zu erfüllen: „Näht Quasten an die vier Enden eurer Obergewänder!", sowie eine braune Kippa. Er sah sich die ganzen Jesusse in meiner Wohnung an und wollte wissen, ob ich dieses Zeug wirklich glauben würde, doch dann brach er mitten im Satz ab. Ich hakte nach und er sagte: „Mir sind gerade deine vielen schönen *sefarim* aufgefallen." *Sefer* ist Hebräisch für „Buch".

„Mir sind gerade deine vielen schönen *sefarim* aufgefallen", sagte er und zeigte auf die ganzen jüdischen Bücher in meinem Regal. Die dicken braunen Bände mit Raschis Thorakommentar; Thorakommentare von Nechama Liebowitz in glänzenden, türkisfarbenen Einbänden; Umberto Cassutos Bücher über 1. Mose. Benjamin betrachtete die Bücher, griff nach der Bibel, die er mir vor fast einem Jahrzehnt geschenkt hatte, sah mich dann an. „Da hast du nun so viele Stunden mit dem Studium der Thora verbracht", meinte er. „Wie konntest du da auf diesen Zimmermann hereinfallen?"

Wir stritten uns bis tief in die Nacht darüber, wer Jesus war, was es hieß, „das Wort wurde Fleisch" zu sagen, ob er die Prophezeiung in Jesaja erfüllte oder ob nicht, und schließlich sagte ich: „Schluss, das führt doch zu nichts, das ist nur sinnlos und tut weh." Wir gaben auf, setzten uns aufs Sofa, hielten Händchen, rauchten und hörten eine Emmylou-Harris-CD.

Mein erster Ausflug, nachdem ich Christin geworden war, zurück zu „West Side Judaica", wo man in New York alles Jüdische kaufen konnte, was es nur gab, war wie mein erster Schultag. Ich hatte keine Lust dazu. Ich war mir sicher, dass mich Yaakov oder einer der anderen rothaarigen Verkäufer als die erkennen würde, die ich war, *Apikoros*, „Häretiker" rufen und sich weigern würde, mir auch nur einen Bleistift zu verkaufen. Ich erwog, einen langen Jeansrock anzuziehen, um zumindest wie eine junge orthodoxe Frau auszusehen, entschied mich aber dagegen. Ich nahm allerdings das Kreuz von meiner Halskette ab.

Zum Teil sind die Bücher, die ich kaufe, nur Ersatz, Zweitstücke von Büchern, die ich schon mal hatte: Elijahu Kitovs maßgebendes Werk über die jüdischen Feiertage, Raschi und hebräische Gebetbücher.

Den Talmud habe ich noch nicht nachgekauft, auch nichts von Ramban, dem Rabbi aus dem 13. Jahrhundert, auch unter dem Namen Nachmanides bekannt. Und auch noch kein neues Exemplar jener Zusammenstellung der Sabbatgebote, die ich bisweilen mit Beth vor der Schul gelesen habe. Meine Ausgabe war zweibändig, dunkelblau und wie alle hebräischen Bücher von rechts nach links zu lesen. Der Einband fühlte sich immer kühl an, wie Jade.

Zum Teil kaufe ich auch neue Bücher, Bücher, die ich bisher weder besessen noch gelesen habe. Die jüdische Philosophie ist neu, der Levinas ist neu, der Moses Mendelssohn, der Herman Cohen, und auch die Bücher über das Judentum nach dem Holocaust, die sind alle neu.

Meistens allerdings lese ich rabbinische Bibelkommentare, die ich teils schon in meiner orthodoxen Zeit gelesen habe, teils hätte lesen sollen. Beim Morgengebet weist uns das Lektionar der anglikanischen Kirche immer zu einer Stelle aus dem Alten Testament, und manchmal sitze ich nach dem Beten mit Lektionar, einer Bibel und einem Löffel Hebräisch auf dem Bett, versuche zu lernen und neu zu lernen, was die Rabbinen über das Goldene Kalb zu sagen hatten, über die Stiftshütte, die Feuerwagen bei Hesekiel und andere biblische Dinge.

Am Sonntag gehe ich nach der Kirche zu West Side Judaica. Ich gönne mir dann ein Hebräisch-Englisches Lexikon zum Alten Testament, ein Buch, um das ich schon seit über einem Jahr herumschleiche. Ein schweres Buch, über 1000 Seiten, das erste Nachschlagewerk, wenn man versucht, die Hebräische Bibel im Original zu lesen. Herausgegeben von Francis Brown, S.R. Driver und Charles A. Briggs, von Eingeweihten daher auch liebevoll BDB genannt.

Das BDB ist erstmals 1906 erschienen, geschrieben von Christen – die Herausgeber lehrten am Union Theological Seminary in New York und am Christ Church College in Oxford – für Christen. Entdeckt hatte ich es allerdings als Jüdin. Die Frau, mit der ich an Mittwochabenden den Talmud studierte, hat mich damit bekannt gemacht, und für mich bleibt es ein jüdisches Buch. Ich werde es neben den Raschi stellen, in ein anderes Zimmer als meine christlichen Wörterbücher und Lexika.

Seit Monaten und Abermonaten hatte ich in zwei Buchhandlungen ein Auge darauf. Ich habe es hochgehoben, in meiner Hand gewogen, mit den Fingern über die Seiten gestrichen, und ich habe es immer wieder ins Regal zurückgestellt. Zu viel Geld für ein Stück Nostalgie, habe ich mir gesagt, für ein Buch, das ich kaum genutzt habe, als ich es das erste Mal besaß, ein Buch, das ich jetzt ganz sicher nicht mehr aufschlagen werde.

Diesen Sonntag kaufe ich das Buch. Ich werde schließlich vom Schutzumschlag geködert, einem kräftigen Himmelblau. Mein erstes Exemplar hatte nur einen schlichten weißen Einband. Dieses Blau wird aus meinem Regal hervorstechen. Vielleicht wird mir das Blau einen Wink geben, und ich werde das Buch aufschlagen und darin lesen; vielleicht werde ich es dieses Mal öfter benutzen als früher.

Als ich den Laden verlasse und mich auf dem Broadway nach Norden wende, um heimwärts zu gehen, erspähe ich einen kleinen Mann mit einem lustigen Lachen und einem gestutzten grauen Bart. Einen Augenblick lang halte ich ihn für Rabbi M. Natürlich irre ich mich, es ist jemand anderes. Das passiert mir hin und wieder mal, dass ich meine, ihn oder jemand anders von früher zu sehen, und dann beginnt mein Puls zu rasen; ich versuche mir klar zu werden, was ich jetzt mache, verstecken oder auf ihn zugehen, und dann merke ich, dass ich mich geirrt habe, dass das überhaupt nicht Rabbi M. ist.

Auf dem Broadway blicke ich auf die Bücher in meinem Arm und denke, dass ich vielleicht Bibliothekarin werden sollte. Hätte ich früher gelebt, in einer anderen Zeit, vor den ganzen Riesenbuchhandlungen, dann hätte ich vielleicht einen altertümlichen kleinen Buchladen aufgemacht, samt Schaukelstühlen, Teetassen und Katze. Ich denke: Die ganzen Beziehungen kann ich nicht neu machen, aber ich kann meine Büchersammlung wiederherstellen.

ADVENT

Sabbatmorgen

Am Samstag wache ich auf, und man gibt mir zu verstehen, dass ich heute Morgen in die Schul gehen werde. Ich wache auf und die Schul scheint so unumgänglich wie das Frühstück zu sein, so sinnfällig, wie mein Bett zu machen. Und genau das mache ich. Ich stehe auf, mache mein Bett, frühstücke, ziehe ein Schottenkarokleid an und verlasse die Wohnung. Ich weiß nicht, warum ich gehe, nur, dass ich gehe.

An der 117. Straße bleibe ich stehen. *Soll ich wirklich in die Schul gehen?*, frage ich Gott.

Geh, sagt er.

An der 115. Straße bleibe ich wieder stehen. *Du hast nicht irgendwas Dramatisches, Großes vor, das mein ganzes Leben auf den Kopf stellt, oder?*

Geh einfach, sagt er.

Ich suche mir eine Schul weitab vom Schuss aus, wo die Gefahr nicht so groß ist, jemandem, den ich kenne, über den Weg zu laufen. Ich gehe die Stufen zur Empore hoch, setze mich in eine Ecke, greife nach einem Gebetbuch. Ich frage mich, ob ich noch wissen werde, was ich machen muss. Ich frage mich, ob ich mich entsinnen werde, wann ich aufstehen muss. Ob ich mich noch entsinnen werde, wie man als Jüdin betet.

Ich komme zu spät, wir sind schon mitten im Morgengebet

296

(Schacharit), doch in der nächsten halben Stunde kommen noch mehr Frauen hereingebummelt, während des ganzen Schacharit, gerade rechtzeitig für die Thoralesung. Ich blättere im Gebetbuch, und mir wird klar, dass ich mir keine Sorgen hätte machen müssen, ob ich mich an diese Gebete entsinne. Ich werde mich immer an diese Gebete erinnern.

Nach dem langen Dankgebet und den Fürbitten beginnt der Thoragottesdienst. Diese Woche ist die Lesung Parschat Wajischlach dran, die Mitte der Geschichte von Jakob und Esau. Irgendwo inmitten der Lesung werde ich unkonzentriert, und meine Gedanken schweifen ab, ich denke über den Rest des Gottesdienstes nach und ich weiß wieder, was die Haftara für diese Woche ist. Die Haftara, die Parschat Wajischlach folgt, ist das Buch Obadja.

Obadja ist das kürzeste Buch der hebräischen Bibel, nur einundzwanzig Verse lang. Es ist eine Prophezeiung über die Edomiter, die Nachfahren des heimtückischen Esau, Feinde der Juden seit alters her. Der Prophet Obadja war nicht der einzige Edomiter, der zum Judentum konvertiert war. Der Malbim (ein Rabbi des 19. Jahrhunderts aus Wolhynien) berichtet uns, dass während der Herrschaft des Herodes zwar alle Edomiter konvertierten, ihre Übertritte aber nicht aufrichtig gewesen seien. Als die Zeit kam, da der zweite Tempel zerstört werden sollte, legten sie los und marschierten Seite an Seite mit den Römern. Wie Obadja in seiner Botschaft an die Edomiter sagt: „Als fremde Truppen durch die Tore von Jerusalem eindrangen, als sie die Einwohner durch das Los unter sich verteilten und ihr Hab und Gut wegschleppten, da tatet ihr so, als ginge euch das gar nichts an. Ja, ihr habt sogar mit den Feinden gemeinsame Sache gemacht!"

Laut Obadja sieht es nicht gut aus für die Edomiter: „Und das Haus Jakob soll ein Feuer werden und das Haus Josef eine Flamme, aber das Haus Esau Stroh; das werden sie anzünden und verzehren, sodass vom Hause Esau nichts übrig bleibt" (rev. Lutherbibel).

Okay Gott, denke ich, als wir von der Thora zu Haftara kommen, *könntest du das bitte erläutern? Du hast mich in die Schul geschickt, damit ich dort Obadja höre? Um von der Strafe zu lesen, die Leute ereilt, die zum Judentum übertreten und dann die Juden verraten?* Ich denke an die ganzen orthodoxen Juden, die ich am College kannte. Ich frage mich, ob ich für sie eine Edomiterin geworden bin.

Der Kantor beginnt die Haftara zu singen. Ich habe eine bei Obadja aufgeschlagene Bibel auf dem Schoß und lese mit. Beim fünften Vers beginne ich schließlich zu weinen: „Wenn Diebe oder Räuber nachts über dich kommen, wie sollst du dann zunichte werden! Ja, sie sollen stehlen, bis sie genug haben. Und wenn die Weinleser über dich kommen, so sollen sie dir keine Nachlese übrig lassen. Wie sollen sie Esau durchsuchen und seine Schätze aufspüren!" (rev. Lutherbibel)

Ich weine und weine, weil ich das alles verloren habe und weil Gott so gütig ist.

Morgen früh werde ich aufwachen und das alles noch mal tun. Ich werde mein Bett machen, frühstücken, mir ein Kleid raussuchen und die paar Blocks bis zur Kirche gehen. Wenn ich dort bin, werde ich nach Gott suchen und ich werde beten. Wir haben Advent und warten auf Jesus. Wir werden das Lukasevangelium lesen, und wir werden ein spezielles Gebet sprechen, in dem Jesus an sein Kommen erinnert wird.

Und während ich dieses Gebet bete, werde ich an eine Geschichte aus dem Talmud denken, aus Masechet Sanhedrin, dem Traktat, der sich mit dem jüdischen Hohen Rat befasst. In der Geschichte traf Rabbi Jehoschua ben Levi den Propheten

Elia und fragte ihn, wann denn der Messias endlich käme. Elia antwortete: „Geh und frag ihn selbst."

„Aber wo ist er denn?", fragte Rabbi Jehoschua.

„An den Toren Roms", erwiderte Elia.

„Wie werde ich ihn erkennen?", fragte der Rabbi.

„Er sitzt zwischen den Armen und mit Krankheit Beladenen", sagte Elia. „Alle übrigen binden ihre Wunden mit einem Male auf und verbinden sie wieder. Er aber bindet sie einzeln auf und verbindet sie wieder, denn er denkt: Vielleicht verlangt man nach mir, da will ich mich nicht aufhalten."

Daraufhin ging Rabbi Jehoschua vor die Tore Roms, suchte den Messias, fand ihn und sprach zu ihm: „Friede sei mit dir, mein Herr und Meister!"

Der Messias erwiderte: „Friede sei mit dir."

„Wann kommt der Herr?", fragte Rabbi Jehoschua.

Der Messias erwiderte. „Heute."

Rabbi Jehoschua kehrte zu Elia zurück. Dieser fragte ihn: „Und, was hat er gesagt?"

Der Rabbi war enttäuscht und verärgert: „Er hat mich angelogen. Er hat gesagt, er komme heute, und er ist nicht gekommen."

Elia jedoch antwortete: „Er wollte dir damit sagen: Heute – wenn du nur auf seine Stimme hörst."

DANK

Die Nervosität der jungen Autorin hat mich Entwürfe dieses Manuskripts einer peinlich großen Zahl von Menschen in die Hand drücken lassen. Ihnen allen bin ich dankbar für ihre Anregungen und ihr Lächeln. Frederica Mathewes-Green, Mary E. Lyons, John Wilson, Helen Lee, Jonathan Kahn, Susan Shapiro, Randi Rashkover, Rodney Clapp, Rebecca Marshall und Debbie Caldwell haben einzelne Kapitel gelesen. Lil Copan, Jana Riess, Phyllis Tickle, Kim Phillips-Fein, Vanessa Ochs, Nora Gallagher, Mark Oppenheimer, Jenny Blair und Beth Samuels haben sich großzügigerweise durch das komplette Manuskript gearbeitet. Für Recherchehilfe in letzter Minute habe ich Terry Todd und Mary Kay Cavazos zu danken.

Ganz besonderer Dank geht an zwei, die weitaus mehr taten, als nur dem Ruf der Pflicht zu folgen. Durch Bobby Gross ist praktisch jede Seite dieses Buchs besser geworden, er hat mir in der Endphase der Überarbeitung im Gebet beigestanden. Charles Marsh war mir scharfer Kritiker, passionierter Cheerleader und unverbrüchlicher Freund.

Und zu guter Letzt: Dank an die Ausnahmeagentin Carol Mann dafür, dass dieses Buch ein gutes Zuhause gefunden hat, und Dank an Amy Gash und andere dafür, dass sie dieses Zuhause sind.

Verzeichnis wichtiger Wörter

Abendmahl – das letzte Mahl Jesu mit seinen Jüngern vor der Kreuzigung; dabei teilte er ihnen Brot und Wein als seinen Leib und
sein Blut aus. Wird als Gedächtnismahl der Christen im Gottesdienst gefeiert. In kath. und anderen Kirchen „Eucharistie"
(Danksagung) oder „Kommunion" (Gemeinschaft)

Amerikanischer Bürgerkrieg – wegen des von den Nordstaaten ange-
strebten Verbots der Sklaverei in den Vereinigten Staaten schlossen
die Südstaaten einen Bund und traten aus den USA aus. Daraufhin
begann der Bürgerkrieg zwischen Nord- und Südstaaten (1861-
65), der mit einer Niederlage der Südstaaten endete

Bagel – rundes, handtellergroßes jüdisches Hefegebäck

Bar-Mizwa, Bat-Mizwa – Feier anlässlich der Einführung eines jüdischen Jungen (Bar-M.) oder Mädchens (Bat-M.) in die religiöse
Gemeinschaft

Benjaminiter – Angehörige des jüdischen Stammes Israel zu biblischer Zeit (stammten von Benjamin ab, einem der Söhne Jakobs)

Beth Din – Gerichtshof aus drei Rabbinern, die über Konversion,
Adoption und Scheidung entscheiden

The Book of Common Prayer – das offizielle Gebetbuch der anglikanischen Kirche für den Gottesdienst

Brit Hadascha – Gotteshaus der messianischen Juden in Mem-
phis/Tennessee

Challa – Sabbatbrot

chassidisch – Anhänger des Chassidismus, einer im 18. Jahrhundert
in Osteuropa entstandenen jüdischen Erneuerungsbewegung;
setzt der starren Gesetzestradition eine lebendige Frömmigkeit
entgegen

Chumasch – die fünf Bücher Mose

Chuppa – Hochzeitsbaldachin

Congregation Beth Israel – reformjüdische Synagoge in Charlottesville/Virginia

Deuteronomium – 5. Buch Mose

Epiphanias – „Erscheinung"; christliches Fest am 6. Januar, das an den Besuch der Weisen aus dem Morgenland beim neugeborenen Kind Jesus erinnert. Hier wird gefeiert, dass Gott die Herrlichkeit Jesu als Retter der Welt offenbarte

Episkopale – Mitglieder der Episkopalkirche

Episkopalkirche – die anglikanische Kirche außerhalb von Großbritannien

Eucharistie – siehe Abendmahl

Gemara – zweiter Teil des Talmud (siehe dort)

Glosse – hier: Randbemerkung jüdischer Gelehrter zum Verständnis einzelner Textstellen in der hebräischen Bibel

Gründonnerstag – Donnerstag vor Ostern, an dem Christen sich an das Letzte Abendmahl Jesu mit seinen Jüngern vor seiner Gefangennahme erinnern

Halacha – Teil der Gemara (siehe dort)

Hamentaschen – dreieckiges Gebäck, dessen Form der Überlieferung nach an den Hut von Hamen erinnert; er trachtete den persischen Juden nach dem Leben (nachzulesen im Buch Ester im Alten Testament)

Hoher Rat – höchstes Regierungs- und Richterkollegium der Juden seit der Zeit nach dem Ende der Babylonischen Gefangenschaft

Jeschiwa – jüdische Hochschule zum Studium des Talmud; meist nur für Männer

Jom Kippur – höchstes jüdisches Fest, Versöhnungstag (September/Oktober)

Kaschrut – jüdische Speisegesetze

Katechumenen – Taufanwärter in der frühen Kirche

Kiddusch – Gebet am Sabbat und an jüdischen Feiertagen

Kippa – samtenes Käppchen, das jüdische Männer auf dem Kopf tragen

Konföderierte – die Anhänger der von den übrigen USA im Bürgerkrieg (siehe Amerikan. B.) abgefallenen Südstaaten

Latkes – frittierte Kartoffelpuffer

Laubhüttenfest – hebräisch Sukkot, mehrtägiges Fest im Herbst mit dem Brauch, in selbstgebauten Hütten aus Zweigen usw. zu essen und zu wohnen; zur Erinnerung daran, dass das Volk Israel während seiner 40-jährigen Wüstenwanderung in Hütten leben musste (Sukka Hütte)

Lektionar – liturgisches Buch mit den Bibelabschnitten für den christlichen Gottesdienst

Maariw – jüdisches Abendgebet

Menora – siebenarmige Leuchter aus dem jüdischen Gottesdienst

Messias – „Gesalbter", Bevollmächtigter Gottes und der im Alten Testament verheißene endzeitliche Heilsbringer, der nach jüdischem Glauben das ewige und alle Menschen umfassende Friedensreich bringen wird; nach christlichem Glauben Jesus Christus

Midrasch – rabbinische Auslegung der 5 Bücher Mose seit dem Altertum

Mikwe – rituelles jüdisches Bad

Mischna – Sammlung der jüdischen Gesetzeslehre, etwa 200 n. Chr. niedergeschrieben, Grundlage des Talmud

Mitzwoth – 613 Gebote aus der Thora, den 5 Büchern Mose (von: Mitzwa – gute, gottgefällige Tat)

Moabiterin – Angehörige des Volkes der Moabiter, die zur Zeit des Alten Testaments östlich des Toten Meeres siedelten

Möhrenzimmes – Süßspeise aus Karotten

Muktza – Sabbatgesetze: Was am Sabbat nicht benutzt oder bewegt werden darf

Passah/Pessach – Fest zum Gedenken an den Auszug des Volkes Israel aus der Sklaverei in Ägypten unter Führung des Mose; beginnt am Abend des ersten Frühlingsvollmonds. Gilt neben Jom Kippur, dem Laubhüttenfest und Schawuot als Hauptfest im Judentum

Purim – fröhliches jüdisches Fest zur Erinnerung an die im Buch Ester des Alten Testaments beschriebene Rettung der persischen Juden (Februar/März)

Rabbi – ehrenvolle Anrede eines jüdischen geistlichen Lehrers

Rabbinen – nur im Plural, Bezeichnung für „Rabbiner" im klassischen Judentum bis zum Mittelalter

Rabbiner, Rabbinerin – jüdische Gesetzes- und Religionslehrer, Prediger und Seelsorger im modernen Judentum

Rosch Haschana – jüdisches Neujahrsfest (September/Oktober)

Schacharit – jüdisches Morgengebet

Schawuot – jüdisches Wochenfest, fünfzig Tage nach Pessach, als Dank für die Ernte und zur Erinnerung an die Gesetzesverkündigung am Berg Sinai

Schul – jiddisch; Lehrraum für Bibel und Talmud in der Synagoge

Seder, Sederabend – häusliche Passahfeier im Judentum

Simchat Tora – jüdisches Fest im Anschluss ans Laubhüttenfest. An diesem Tag endet der jährliche Zyklus der Thoralesung und beginnt neu. Fröhlicher Umzug mit den Thorarollen durch die Synagoge

Sukka – Laubhütte der Familie für die Woche des Laubhüttenfestes

Sukkot siehe Laubhüttenfest

Talmud – im Laufe von vielen Jahrhunderten entstandene und überlieferte mündliche und schriftlich niedergelegte Sammlung der rabbinischen Auslegung des Alten Testaments. Besteht aus zwei Teilen: der Mischna und der Gemara. Neben der hebräischen Bibel das Hauptwerk des Judentums. Als klassischer Kommentar zum Talmud gilt der von (Rabbi) Raschi

Thora – jüdische Bezeichnung für die 5 Bücher Mose; auch: „das Gesetz"

Thoraschrein – Aufbewahrungsort der Thora in der Synagoge; befindet sich in der Regel an der Jerusalem zugekehrten Wand und repräsentiert das Allerheiligste im zerstörten Tempel von Jerusalem

Tu-Bischwat (Tu-b'Schwat) – Neujahrsfest der Bäume Anfang Februar; kein religiöses Fest

Zedaka – Wohltätigkeit